Hanna Klenk

In Israel sprechen die Steine

Eine archäologische Pilgerreise durch das Heilige Land

R.Brockhaus

SCM

Stiftung Christliche Medien

Der SCM Verlag ist eine Gesellschaft der Stiftung Christliche Medien, einer gemeinnützigen Stiftung, die sich für die Förderung und Verbreitung christlicher Bücher, Zeitschriften, Filme und Musik einsetzt.

Die
FASZINATION
BIBEL
Edition
erscheint in Zusammenarbeit zwischen
SCM R.Brockhaus, Witten
und dem
SCM Bundes-Verlag, Witten.
Herausgeber: Dr. Ulrich Wendel

Internet: www.scmedien.de; E-Mail: info@scm-verlag.de

Umschlaggestaltung: Miriam Gamper-Brühl, Essen,
www.dko-design.de
Titelbild: shutterstock/ Anton Kudelin
Satz: Christoph Möller, Hattingen
Druck und Bindung: CPI books GmbH, Leck
Gedruckt in Deutschland
ISBN 978-3-417-26718-1
Bestell-Nr. 226.718

Inhalt

MITTELMEER
10 Tell Dan
11 Cäsarea Philippi
6 Bet Schearim
12 Hazor
7 Akko
13 Kapernaum
See Genezareth -209m
14 Tiberias
5 Karmel
9 Nazareth
5 Tabor
34 Dor
8 Megiddo
4 Cäsarea Maritima
15 Bet-Schean
16 Samaria
27 Khirbet Qeiyafa
34 Apollonia
26 Aseka
29 Tell es-Safi
32 Geser
17 Jericho
1–3 Jerusalem
18 Qumran
31 Aschdod
36 Bethlehem
35Herodion
30 Aschkelon
Totes Meer -392m
28 Lachisch
25 Hebron
33 Bet Guvrin
19 En-Gedi
26 Socho
20 Masada
22 Arad
24 Beerscheba
23 Mamschit
23 Schibta
21 Timna
0 10 20 30 km
unter
0 bis
200 bis
500 bis
1000 bis
2000 bis

Vorwort

Was Sie hier in den Händen halten, ist die Einladung zu einer Pilgerreise. Ein Pilger – oder lateinisch *peregrinus* – ist eine Person, die aus religiösen Gründen in die Fremde geht. Das Heilige Land Israel eignet sich dazu für jeden Menschen aus dem christlichen Abendland. Solche Pilgerfahrten haben eine lange Tradition. Als sich im vierten nachchristlichen Jahrhundert die Nachricht verbreitete, Kaiserin Helena habe in Jerusalem die Kreuzreliquien aufgefunden, brachen viele Gläubige zu Wallfahrten auf. Darunter sind viele Frauen zu finden, die uns ihre Reisetagebücher mit den vielfältigen Erfahrungen hinterlassen haben. Das *Itinerarium Burdigalense* aus der Mitte des 4. Jahrhunderts n.Chr. ist das älteste dieser Dokumente.

Reiseführer in Form von Büchern oder Filmen, Informationen von Reiseveranstaltern und örtliche Guides gibt es in Hülle und Fülle. Dieses Buch möchte die Schwerpunkte etwas anders setzen. Als Archäologin beschäftige ich mich mit den alten Kulturen des Nahen Ostens und des Mittelmeerbereiches, als Christin aber auch mit der Bibel. Unterwegs durch das Heilige Land, auf Grabungen, bei der Lektüre und beim Studium suchte ich nach Zusammenhängen und vertieften Einsichten. Wie lebten die Menschen, deren Hinterlassenschaften wir heute betrachten? Welche Vorstellungen verbergen sich hinter Figurinen*[1], Altären und Tempeln*? Wie veränderten sich Landschaften im Laufe der Zeit? Welche Fragen stellen sich mir persönlich, welchen Einfluss haben die Antworten auf mein jetziges Leben?

Begleiten Sie mich durch das Land, beginnend natürlich in Jerusalem. Lassen Sie sich hineinversetzen in die Aufregung der Ausgräber der ausgewählten Orte. Überlegen Sie mit mir, wie Menschen in alter Zeit auf die Herausforderungen des Lebens reagierten. Natürlich kann dabei nicht jedes Thema erschöpfend behandelt werden. Die Fülle ist einfach zu groß!

Wandern Sie mit mir an die Küste nach Cäsarea, hinauf zum Karmelgebirge, ins Land hinein nach Galiläa, durch die Heimat des Jesus von Nazareth, bis hinauf nach Dan. Dann folgen wir dem Jordan, machen einen Abstecher nach Samaria und gelangen in Etappen zum Toten Meer. Auf dem Weg nach Beerscheba entdecken wir alte Siedlungen in der Wüste, kommen nach Hebron und anderen jüdischen Städten, beschäftigen uns mit den Philistern und beschließen die Reise in Bethlehem.

Mit den Worten des Psalms 122 machen wir uns auf den Weg:

„Ein Lied für die Pilgerfahrt nach Jerusalem. Ein Psalm Davids.
Ich freute mich, als sie zu mir sagten:
‚Wir wollen zum Haus des HERRN *gehen!‘*
Nun stehen wir hier in deinen Toren, Jerusalem.
Jerusalem ist eine herrliche Stadt, in wunderbarer Schönheit angelegt.
Alle Stämme Israels – die Stämme des HERRN *– kommen als Pilger hierher.*
Sie kommen, um den Namen des HERRN *zu loben, wie das Gesetz es vorschreibt.*
Hier stehen die Throne, von denen Recht gesprochen wird, die Throne des Königshauses David.
Betet um Frieden für Jerusalem! Gut gehen soll es allen, die dich lieben.
Friede herrsche in deinen Mauern, Jerusalem, und Wohlstand in deinen Palästen.
Um meiner Familie und meiner Freunde willen sage ich: ‚Friede sei mit dir.‘
Um des Hauses des HERRN *willen, unseres Gottes, will ich dein Bestes suchen, Jerusalem.“*

Jerusalem: Meine höchste Freude!

„Wenn ich dich jemals vergesse, Jerusalem, soll meine rechte Hand gelähmt werden. Meine Zunge soll mir am Gaumen kleben, wenn ich nicht mehr an dich denke, wenn Jerusalem nicht mehr meine höchste Freude ist.“ Das war das Lied der Verbannten, die fernab der geliebten Stadt leben mussten (Psalm 137,5-6). Während Jahrhunderten, ja Jahrtausenden bedeutete die Stadt Jerusalem für viele Menschen enorm viel. Manche wagten für sie ihr Leben – wie der Staatsdiener Daniel, der öffentlich an seinem Fenster in Richtung Jerusalem betete. Viele verloren Hab und Gut, Freiheit und Leben im Kampf der Kreuzzugsheere um die heiligen Stätten in Israel. Auch heute hat die Stadt nichts von ihrer Faszination, aber auch von ihrer Problematik verloren. Völkerschaften streiten sich um Privilegien, um ungehinderten Zugang, um fast jeden Stein.

Am deutlichsten zeigen sich die aufeinanderprallenden drei monotheistischen Religionen jeweils am Freitag. Setzt man sich auf dem Ölberg in den Schatten, so hört man zunächst die lautstarke Einladung zum Freitagsgebet vom Tempelberg her schallen. Gegen Mittag strömen dann die Gläubigen durchs Löwentor zu ihren Autos. Nun erhebt sich eine volltönende Kakofonie von Hupen, denn die Straßen im Kidrontal sind schmal. Begibt man sich am Nachmittag hinein in die Altstadt, stößt man auf eine christliche Prozession, die sich durch die Via Dolorosa bewegt. Jeweils vorne und hinten trägt ein Priester einen Lautsprecher, um die Pilger im Gebet zu leiten. Die mitgeschleppten Holzkreuze wechseln ihre Träger, damit jeder zum Zug und zum Fotografieren kommt. Ziel ist die Grabeskirche, die als „Nabel der Welt“ betrachtet wird (siehe Seite 30). Ganz andere Klänge ertönen am Freitagabend vor der Klagemauer. Festlich gekleidete Männer, Frauen, Kinder, Soldaten und Studenten singen, tanzen, beten und begrüßen die Königin Schabbat.

Keine Beschreibung wird dieser „Tochter Zion“ gerecht. Fast jeder Tag bringt neue Erkenntnisse. Sei es, dass in den zahlreichen Schulen, Instituten, Universitätsabteilungen geforscht wird, sei es, dass nur eine Wasserleitung zu reparieren ist, denn dort stehen die Archäologen „bei Fuß“. Dieses und die folgenden beiden Kapitel versuchen, einige Details aus der großen Fülle Jerusalems herauszuheben und archäologische Funde zu beschreiben:

- die Stadt Davids,
- Jerusalem zur Zeit von Jesus,
- jüdische, christliche und muslimische Pilgerstätten.

Die Stadt Davids

„Danach führte der König seine Truppen nach Jerusalem, um gegen dessen Einwohner, die Jebusiter, zu kämpfen. ‚Hier werdet ihr nie hereinkommen‘, höhnten die Jebusiter. ‚Selbst Blinde und Lahme könnten euch abwehren!‘ Sie hielten sich für sicher. Doch David eroberte die Festung Zion, die heutige Stadt Davids. An diesem Tag sagte David: ‚Kriecht durch den Wassertunnel in die Stadt hinauf und bringt diese Jebusiter um, die mir so verhasst sind, auch die Lahmen und Blinden‘“ (2. Samuel 5,6-8). Schauen wir uns diese Davidsstadt etwas genauer an. Das Gebiet ist strategisch günstig auf einem Felssporn gelegen und auf drei Seiten von Tälern umgeben. Seit dem Chalkolithikum*, der Kupfersteinzeit, war die Festung bewohnt, was Keramikscherben und Felsabarbeitungen belegen. Von der Spätbronzezeit* zeugen Pfeilspitzen und Tontafeln mit akkadischer Keilschrift*. Die Herrscher der damaligen Siedlung und die der Ägypter standen miteinander in brieflichem Austausch.

Die charakteristische Lage der damaligen Stadt Davids ist auch heute noch zu erkennen: Sie war auf einer Art Felssporn oder „Landzunge" erbaut und von drei Tälern umgeben. Diese „Zunge" reicht vom Tempelberg bis zur linken vorderen Ecke des Bildes.

Mauern und Häuser

Aus der Zeit der Jebusiter sind Teile einer Befestigung und ein Tunnelsystem erhalten. Diese Schächte wurden nach dem Forscher Charles Warren benannt und sind heute für Besucher erschlossen. Kathleen Kenyon, die berühmte Archäologin, die 1961–67 in Jerusalem tätig war, legte die sogenannte *stepped stone structure* frei, einen treppenartigen Steinmantel. 55 Bruchsteinlagen bilden eine Abstützung und Verstärkung von Befestigungs- oder Palastmauern. Die Anlage war ursprünglich ca. 27 Meter hoch und 40 Meter breit. Als David die Stadt übernahm, baute er sie um und auf. In der Bibel wird der Ort als „Millo" bezeichnet, der im archäologischen Befund aber nicht einfach zu lokalisieren ist. In den letzten Jahren gräbt Eilat Mazar und fragt, ob nicht die monumentalen Steinlagen den

Palast Davids darstellen könnten. Die Funde werden noch kontrovers diskutiert.

Die sogenannte *stepped stone structure* in der Davidsstadt, eine Abstützung und Verstärkung von Befestigungs- oder Palastmauern, vermutlich aus der Jebusiterzeit.

Häuser wurden im Laufe der Zeit in die Befestigung hineingebaut. Das am besten erkennbare und teilweise restaurierte „Achiel-Haus" besteht aus vier Räumen. Den Namen erhielt es von zwei Ostraka*, beschrifteten Tonscherben. Auf einem ist zu lesen: *„Sohn von Achiel, der Lumpen zerreißt (?) … Sohn von Chasdijahu, der Silber sammelt … Sohn von Jedajahu, der Gold (?) sammelt."*[2] 37 gestempelte Vorratskrüge aus dem 7. Jahrhundert v.Chr. deuten auf einen regen Handel mit Öl und Getreide hin. Die Menschen müssen damals recht bequem gelebt haben, was eine private Toilette mit sorgfältig ausgehauenem Sitz aus Kalkstein und darunterliegender Sickergrube in Haus 3 belegt. Die Fäkalien wurden regelmäßig mit Asche und Kalk überdeckt. Die Analyse von Abfall- und Sickergruben ergibt nicht nur ein Bild über solche hygienischen Vorkehrungen, sondern auch, dass die Menschen damals Fisch vom Jordantal und aus dem Mittelmeer sowie Importe aus Ägypten konsumierten. Auch Krankheiten lassen sich erkennen: Band- und Spulwürmer müssen die Bewohner Jerusalems geplagt haben.

Andere Spuren weisen auf kriegerische Handlungen hin. Im Zuge der babylonischen Eroberung der Stadt im 6. Jahrhundert v.Chr. verbrannten im Haus vier Balken aus einheimischen Pistazienbäumen, geschnitzte Möbel aus Buchsbaum von Nordsyrien und Gegenstände mit Elfenbein- und Knochenschnitzereien. Im Haus 5 fanden sich zahlreiche Bullae*. Das sind Siegelabdrücke auf Tonklumpen. Sie stellen aufschlussreiche Urkunden dar und helfen uns, Namen, Art der Transaktionen und religiöse Vorstellungen zu erkennen. Unter anderem wurde der Siegelabdruck eines *Gemarjahu ben Schafan* entziffert, der in Jeremia 36,10 erwähnt wird.

Tunnel und Teiche

Tauchen wir nun in das Tunnelsystem der Davidsstadt ein. Als Lebensnerv der Siedlung kann die Gichonquelle bezeichnet werden. Sie spendet heute noch frisches Wasser und war für die Bewohner lebenswichtig. Ihrem Schutz wurde große Aufmerksamkeit geschenkt – sie musste unbedingt stets zugänglich bleiben! Aus dem 3. Jahrtausend stammen Wohnhöhlen. Von 1750–1550 v.Chr. wurde ein stark befestigtes Wassernutzungssystem in den Felsen gehauen. Der Warren-Tunnel bietet einen unterirdischen Zugang zu einem Speicherbecken, das über den Gichon-Kanal mit Quellwasser versorgt wurde. Die Quelle selbst war durch Türme und Mauern geschützt. Im Laufe der Zeit besserte man das System wiederholt aus, und auch natürliche Felsschächte wurden mit einbezogen.

Unter König Hiskia entstand dann ein 533 Meter langer Tunnel, der heute noch Wasser führt und vielen Tausenden Besuchern ein besonderes Erlebnis beschert. Er mündet in den Teich Siloah. An den Wänden sind die Hackspuren noch deutlich zu erkennen und erzählen von der Arbeit unter Tage. Zwei Teams waren von beiden Seiten her an der Arbeit. Sie trafen passgenau aufeinander, wie auf einer im Tunnel angebrachten Tafel (heute im Museum in Istanbul) zu lesen ist: „*(Der Tag [oder der Abschluss]) der Durchbohrung. Und dies war die Geschichte der Durchbohrung: Als noch (die Arbeiter) die Hacke (schwangen), einer auf den anderen zu, und als noch drei Ellen durchbohrt (werden mussten, hörte) man, wie einer dem anderen zurief, dass ein Loch (oder: ein irreführendes Echo) im Felsen entstanden sei nach rechts und (nach links [?]). Und am Tag des Durchbruchs schlugen die Tunnelarbeiter einer dem anderen entgegen, Hacke gegen Hacke. Da strömten die Wasser aus der Quelle in den Teich über 1200 Ellen hin. Und die Höhe des Felsens über den Köpfen der Tunnelarbeiter betrug 100 Ellen.*“[3]

› Ein Teil des warrens shaft, einem unterirdischen Zugang zu einem Speicherbecken der Gichonquelle.

Blick in den Hiskiatunnel.

Neue Ausgrabungen haben Teile des großen Teichs Siloah ans Licht gebracht. Hierhin schickte Jesus einen Blindgeborenen, damit er wieder sehen konnte.

Bis vor wenigen Jahren galt das Becken oder die Zisterne einer byzantinischen Basilika als Teich Siloah. Im Jahr 2004 wurden im Zuge von Bauarbeiten einige Hundert Meter weiter weg Stufen gefunden. Die Archäologen Ronny Reich und Eli Shukron konnten eine Seite und zwei Ecken eines sehr großen Teiches freilegen und so die Anlage rekonstruieren. Es wird sich dabei – wie beim Teich Bethesda – um ein Reinigungsbad gehandelt haben. Die Pilger, die zu den großen Tempelfesten nach Jerusalem zogen, führten dort rituelle Waschungen durch, bevor sie zum Tempel hinaufstiegen.

Inzwischen ist auch ein langes Stück einer Abwasserleitung und der darüberliegenden Treppenstraße erforscht und dem Publikum zugänglich. Diesen Weg werden zur Zeit des zweiten Tempels die Priester genommen haben, wenn sie anlässlich des Laubhüttenfestes in einer feierlichen Prozession Wasser vom Teich Siloah hinauf zum Brandopferaltar brachten. Interessant sind die Vertiefungen in den Steinstufen am Beckenrand. Dort konnten die Frauen Jerusalems ihre Amphoren, die im Haus auf Ständern ruhten, abstellen. In den mannshohen Abwasserkanälen fanden

Der unterirdische Abwasserkanal führte vom Tempelberg hinunter zum Teich Siloah. Hier suchten vor allem Frauen und Kinder während der Belagerung von Jerusalem im Jahr 70 n.Chr. Zuflucht.

sich Hinweise auf die Eroberung Jerusalems durch die Römer im Jahre 70 n.Chr. Frauen und Kinder hielten sich dort verborgen. Keramikscherben, Münzen, im Schlamm erhaltene Textilreste und auch menschliche Skelette zeugen von der furchtbaren Situation der in der Stadt eingeschlossenen Juden.

Die Stadt Davids liegt heute außerhalb der Altstadt. Die Grabungen dauern an, allerdings unter schwierigen Bedingungen, denn das politische Gleichgewicht ist labil. Man darf gespannt sein, was die Zukunft an neuen Erkenntnissen bringt.

Schuld und Reue

David gilt als *der* große König Israels. Von vielen heutigen Forschern wird bezweifelt, ob er überhaupt gelebt habe – oder zumindest, ob er einen solchen Einfluss auf die Geschichte des Volkes Israel hatte, wie ihm in der Bibel zugeschrieben wird. Die Figur und die Legenden um das Königtum seien zu einem späteren Zeitpunkt als in der Bibel angegeben „erfunden" worden, um Israel größeren Glanz zu verleihen. Aber gerade die Tatsache, dass David nicht als unfehlbarer Übermensch gezeichnet wird, macht den Lebensbericht glaubwürdig. Die folgende Begebenheit aus Jerusalem zeigt auch die dunklen Seiten des Mannes und belegt damit die Zuverlässigkeit des biblischen Berichtes. Der Prophet Nathan kam zum König und erzählte ihm eine Geschichte (2. Samuel 12,1-13): *„In einer Stadt lebten zwei Männer. Der eine war reich, der andere arm. Der Reiche besaß viele Schafe und Rinder. Der Arme hatte nichts außer einem kleinen Lamm, das er gekauft hatte. Er zog es zusammen mit seinen Kindern auf. Es aß vom Teller des Mannes, trank aus seinem Becher und es schlief in seinen Armen. Er behandelte es wie eine Tochter. Eines Tages kam ein Gast in das Haus des reichen Mannes. Doch statt ein Lamm oder ein Rind aus seiner eigenen Herde für den Gast zu schlachten, nahm er das Lamm des Armen, schlachtete es und setzte es seinem Gast vor."*

So weit das Gleichnis. Wie reagierte der König? *„David wurde sehr zornig über diesen Mann. ‚So wahr der* HERR *lebt', schwor er, ‚wer so etwas tut, verdient den Tod!'"* Nathan hatte durch sein kluges Vorgehen David dazu gebracht, ein Urteil über sich selbst zu sprechen. Nathan sagte: *„Du bist dieser Mann!"*, und es bedurfte keiner weiteren Worte. Der König sah seine Schuld ein. Er hatte vom Dach seines Palastes aus eine Frau beim Baden beobachtet und sie zu sich holen lassen. Als Bathseba, so hieß die Frau, schwanger wurde, lieferte er ihren Ehemann auf hinterlistige Weise dem Tod aus. Auf die Worte Nathans hin bekannte er nun: *„Ich habe gegen den* HERRN *gesündigt."*

Hier erweist sich Davids Größe. Er versucht nicht, sich herauszureden. In Psalm 51 ruft er und hofft auf die Gnade des Herrn: *„Gott, sei mir gnädig um deiner Gnade willen und vergib mir meine Sünden* *nach deiner großen Barmherzigkeit. Wasche mich rein von meiner Schuld und reinige mich von meiner Sünde. Denn ich bekenne meine Sünde, die mich Tag und Nacht verfolgt … Gott, erschaffe in mir ein reines Herz und gib mir einen neuen, aufrichtigen Geist. Verstoße mich nicht aus deiner Gegenwart und nimm deinen Heiligen Geist nicht von mir … Das Opfer, das dir gefällt, ist ein zerbrochener Geist. Ein zerknirschtes, reumütiges Herz wirst du, Gott, nicht ablehnen. Hilf und erbarme dich über Zion, baue die Mauern Jerusalems wieder auf."*

Jerusalem – für David war es der Ort seiner Versuchung, als er von seinem Palast herab Stielaugen machte. Es war die Stadt der Reue und Reinigung: Aus späteren Jahrhunderten sehen wir die verschiedenen Reinigungsbäder, aber schon zu seiner Zeit betete David, Gott möge ihn von seiner Schuld reinwaschen. Und mit ihren Mauern ist Jerusalem noch heute Sinnbild der Gnade Gottes für ein reuiges Herz.

Dem vielseitig begabten König David ist dieses Denkmal in Jerusalem gewidmet.

2

Jerusalem zur Zeit von Jesus: Kein Stein bleibt auf dem anderen

Die Heilige Stadt zur Zeit von Jesus verdankt ihr „Gesicht“ vor allem dem König Herodes. Er ist die große Figur in Jerusalem unter der Herrschaft der Römer. Die Bauwerke aus seiner Zeit - soweit sie noch zu sehen sind - erkennt man leicht an den typischen „Rahmen“, den die Bausteine aufweisen. In der Zitadelle rund um den sogenannten Davids-Turm sind noch viele solche Steine erhalten. Um die Zeitenwende beherrschte Rom die Provinz Judäa. Die Stadt Jerusalem hatte aber bis zur Zerstörung 70 n.Chr. noch nicht die typisch römischen Merkmale. Die heutigen Mauern und Tore der Altstadt folgen nicht dem antiken Muster. Die wichtigste christliche Gedenkstätte, die Grabeskirche, lag damals außerhalb der ummauerten Stadt.

Typische Rahmen an Bausteinen aus der herodianischen Zeit.

Die archäologischen Schichten sind in Jerusalem so beschaffen wie überall, wo sich Ausgrabungsstätten befinden: Sie überlagern sich, sodass es schwierig zu erkennen ist, was wann gebaut wurde. David hatte den Tempelplatz oberhalb seiner damaligen Stadt ausgesucht und Baumaterialien gesammelt. Aus den biblischen Berichten kann das Aussehen der salomonischen Anbetungsstätte rekonstruiert werden. Wo genau der allerheiligste Teil des Bauwerks stand, ist Gegenstand vieler Spekulationen und Theorien. Genau weiß man es nicht. Heutigen Juden ist es deshalb generell nicht erlaubt, die Tempelplattform zu betreten, damit niemand unwissentlich in verbotenes Territorium gerät, das der Priesterschaft vorbehalten war. Möglicherweise befinden sich einige der ungeheuer großen Fundamentblöcke aus der Zeit Salomos noch vor Ort, aber an eher verborgenen Stellen.

Was heute noch gut sichtbar in der Klagemauer erhalten ist, stammt aus herodianischer Zeit. Der Tempelberg und die Burg Antonia überragten die Häuser. Vom sogenannten zweiten Tempel*, der nach der Rückkehr aus dem Exil in Babylon erbaut wurde, sind kaum Reste erhalten geblieben. In jüngster Zeit kamen allerdings Balken zum Vorschein, die möglicherweise alle Umbauten überstanden haben. Das kostbare Holz aus dem Libanon wurde immer wieder verwendet.

Ein archäologischer Park

Im Schatten des Tempelbergs, der Südmauer entlang, befindet sich heute ein archäologischer Park. Er vermittelt Einblicke in das Leben der Stadt zur Zeit von Jesus. Benjamin Mazar und Meir Ben-Dov legten zwischen 1968 und 1977 Schichten von der Eisenzeit (der Zeit Davids) bis zur omajjadischen Bebauung (7.–8. Jahrhundert n.Chr.) frei. In der Bibel wird der Ort Ophel genannt. Keramikscherben aus unterschiedlichen Zeiten blieben dort in Felsspalten und Höhlen liegen.

Gräber wurden mit Beigaben bestückt und auch Depots, sogenannte *favissae**, wurden angelegt. Solche Gruben finden sich überall auf der Welt. Offenbar unterschieden die Menschen immer schon zwischen heiligen und alltäglichen Dingen. Krüge, Schalen, Figurinen*, Opfergaben und anderes, was nicht verbrannt werden konnte, begrub man rituell und warf es nicht einfach weg. Solche Depots sind Fundgruben im wahrsten Sinn des Wortes. Die Interpretation der solcherart bestatteten Gegenstände ist zwar nicht einfach, zeigt aber die ganze Bandbreite der religiösen Gepflogenheiten längst vergangener Zeiten. Ein Vorratskrug trug die Inschrift *für Jescha(j)ahu*, eine Schüssel die Buchstaben *qd(sch)*, was „heilig" bedeuten könnte. Namen wie Haggai und Nachum waren in Stempelsiegel geritzt. In einem Speicherhaus kamen viele Vorratskrüge für Öl oder Wein zum Vorschein. Einer trug die Bezeichnung *für den Obersten der Bäcker*.[4]

Ein Familiengrab der Herodianer in Jerusalem zeigt die Beschaffenheit von Gräbern mit Rollstein, wie sie zur Zeit von Jesus gebaut wurden.

Als Herodes den Tempel von Grund auf erneuerte und vergrößerte, wurde die alte Bebauung zum Teil bis auf den Felsen abgetragen.

Ein monumentaler Treppenzugang zur Plattform entstand. Auch durch die Huldatore (heute verschlossen und in die Mauer integriert) konnten die Gläubigen zum Tempel gelangen.

Das Wohl-Museum

Um einen Einblick in das Leben der Priesterschaft werfen zu können, lohnt es sich, in das Wohl-Museum hinunterzusteigen. Aufwendige Grabungen und Rekonstruktionen unter den heutigen Häusern zeigen elegante Räume und Höfe, aufwendig verzierte Fußböden, Heizungsanlagen und Bäder. Besonders eindrücklich sind die Steingefäße, die von der wohlhabenden Priesterschaft verwendet wurden. Keramikschalen und -krüge, die mit etwas Unreinem in Berührung kamen, mussten zerbrochen und ausgemustert werden (3. Mose 11,33). Teure Steingefäße dagegen konnte man reinigen und wiederverwenden – für sie galt die Vorschrift aus dem 3. Mosebuch nicht.

Zisternen und Straßenpflaster

Um auf das Niveau der Straßen und Plätze zur Zeit von Jesus zu gelangen, muss man von der Via Dolorosa aus etliche Stufen hinuntersteigen. In Johannes 19,13 wird ein spezieller Ort erwähnt. *„Auf diese Worte hin ließ Pilatus Jesus wieder hinausführen. Dann setzte er sich auf den Richterstuhl, an einer Stelle, die man ‚Steinpflaster' nannte (auf Hebräisch Gabbata).“* Grabungen unter der Ecce-Homo-Kirche legten fein gerillte Steinplatten frei, die als Lithostrotos-Forum bezeichnet werden und nach der Tradition auf jene Bibelstelle zurückgeführt werden. Heute weiß man, dass dieses Pflaster nichts mit dem Prozess Jesu zu tun hat. Die Bearbeitung der Platten sollte verhindern, dass Tiere darauf ausrutschten. Wer heute in der Altstadt von Jerusalem unterwegs ist, weiß diese Methode ebenfalls zu schätzen, denn durch das Begehen der Gassen und Treppen wurden diese im Laufe der Jahrhunderte sehr glatt.

Andere Spuren im Steinpflaster stellen bekannte und unbekannte Geschicklichkeits- und Zufallsspiele dar. Mit Wurfgegenständen wie Knöchelchen (sog. Astragalen*), Nüssen, Steinchen und Würfeln wurde gespielt und gehüpft, wie es die Kinder heute noch tun. Solche Spielfelder im Straßenpflaster waren in römischer Zeit sehr beliebt und sind überall zu finden. In Jerusalem sind sie jedoch besonders gut erhalten, da sie jahrhundertelang zugedeckt waren.

Spielplan aus römischer Zeit, ins Straßenpflaster eingeritzt.

Da Jerusalem 800 Meter über dem Meeresspiegel gelegen ist, erhält es im Winter eine beträchtliche Menge an Regen. Das kostbare Nass wurde sorgfältig gesammelt und in Zisternen* geleitet. Viele davon sind heute noch unter dem Straßenpflaster, den Kirchen und Häusern erhalten. Ablaufrinnen und Wassereinlässe transportierten die Niederschläge in einen unter dem erwähnten Steinpflaster liegenden riesigen Speicher, das Struthion-Becken. Diese Wasserspeicheranlage misst etwa 14 × 50 Meter und ist in den Fels gehauen. Schon vor Herodes dem Großen und dann unter ihm wurde das Becken ausgebaut und mit aufwendigen Gewölbekonstruktionen abgedeckt.

Auch die Teiche - wie im Bereich des Löwentores die riesige Bethesda-Anlage - dienten der Speicherung von Wasser. Jahrhundertelang nutzten Pilger die Becken zur rituellen Reinigung. Auch siedelten sich dort Ärzte an. Verschiedene Staubecken waren übereinander angelegt und mit einem ausgeklügelten Überlaufsystem versehen worden.

› Modell der Teichanlage Bethesda mit den beiden Becken und fünf Säulenhallen.

Ungeahnte Einblicke in das Zisternensystem der Stadt bietet ein Besuch der Kirche St. Peter in Gallicantu. Der Name dieser Kirche leitet sich vom lateinischen Wort für „Hahnenschrei" ab und erinnert daran, dass der Hahn krähte, nachdem Petrus den Herrn zum dritten Mal verleugnet hatte. In herodianischer Zeit lag hier ein Wohnquartier. Wohnhöhlen mit Kellern und Küchen, eine Mühle mit Silos, Bäder und Werkstätten mit Vorratsräumen sind neben den zahlreichen Zisternen nachgewiesen.

Die Kirche St. Peter in Gallicantu.

Besonders interessant ist ein ehemaliger Türsturz, der später in eine Kanalisation verbaut wurde. Die aramäische Inschrift lautet: *le eschta qorban*. Es bezieht sich auf das Gelübdewesen. Ein Gegenstand wurde durch diese Bezeichnung dem alltäglichen Gebrauch entzogen, wie es Jesus in Markus 7,10-13 als fromme Täuschung kritisiert. *„Mose gab euch das Gebot von Gott: ‚Ehre deinen Vater und deine Mutter', und: ‚Wer Vater oder Mutter verflucht, soll mit dem Tod bestraft werden.' Ihr dagegen behauptet, es sei durchaus richtig, wenn jemand zu seinen Eltern sagt: ‚Es tut mir leid, ich kann euch nicht helfen. Ich habe gelobt, Gott alles zu geben, was ich euch hätte geben können.'"* Hier steht in der Bibel der Fachausdruck *qorban*, der die Widmung einer Sache als Opfergabe für Gott bezeichnete. Jesus dazu weiter: *„Ihr lasst zu, dass er seine eigenen Eltern, die Not leiden, vernachlässigt. Auf diese Weise brecht ihr das Gebot Gottes, um eure eigenen Vorschriften zu halten."* Vielleicht wurde durch den Stein mit der Inschrift *le eschta qorban* ein Raum bezeichnet, in dem Holz für den Tempelgebrauch gelagert wurde.

Mauern, die einstürzen werden

Jesus fühlte sich mit der Hauptstadt und besonders mit dem Tempel sehr verbunden. Trotzdem musste er Kritik äußern und prophezeite eine düstere Zukunft. In Matthäus 23,37 bis 24,2 kündigte er an:

„O Jerusalem, Jerusalem, du Stadt, die Propheten ermordet und Gottes Boten steinigt! Wie oft wollte ich deine Kinder zusammenrufen, wie eine Henne, die ihre Küken unter ihren Flügeln birgt, doch ihr habt es nicht zugelassen. Und nun seht, euer Haus ist euch überlassen, leer und verödet. Denn ich sage euch, ihr werdet mich nicht wieder sehen, ehe ihr nicht sagt: ‚Gelobt sei, der da kommt im Namen des Herrn.' Als Jesus das Tempelgelände verließ, zeigten seine Jünger ihm die verschiedenen Gebäude, die zum Tempel gehörten. Doch er sagte zu ihnen: ‚Seht ihr diese Gebäude? Ich versichere euch: Sie werden alle zerstört werden, sodass kein Stein auf dem anderen bleibt.'"

Die Jünger konnten sich gar nicht vorstellen, dass es mit dem prachtvollen Tempel einmal ein Ende haben könnte. Er schien so stabil gebaut, und schließlich wohnte der höchste Gott darin. Die jüdischen Gelehrten und Priester waren sich sicher, dass sie alle Gebote und Regeln beachtet hatten und es ihnen demnach nicht so ergehen konnte wie den Menschen vor der Zerstörung des ersten Tempels und dem Exil. Sie erkannten aber nicht, dass Jesus von ihnen eine Entscheidung forderte. Das Befolgen des „toten Buchstabens" bringt keine Erlösung. Entscheidend war vielmehr, Gott auf dem Weg zu begegnen, den Jesus zeigte und den er eröffnete. Schon bei der Darstellung des kleinen Kindes im Tempel von Jerusalem weissagte ein alter Mann, der sich an Maria, die Mutter von Jesus, wandte: *„Dieses Kind wird von vielen in Israel abgelehnt werden, und das wird ihren Untergang bedeuten. Für viele andere Menschen aber wird er die höchste Freude sein"* (Lukas 2,34).

Als Jesus von der Zerstörung Jerusalems sprach, redete er als Jude zu Juden und zeigte mit seinen Worten auf, was die Juden damals falsch gemacht hatten. Uns Christen von heute steht es jedoch nicht zu, distanziert auf geschichtliche Ereignisse zu zeigen und zu benennen, wo Menschen zu anderen Zeiten das Gericht des Himmels erlitten haben.

Vielmehr sind wir auch heute noch gefordert, uns für die Annahme oder die Ablehnung zu entscheiden. Schon bevor Jesus von Jerusalem und dessen stürzenden Mauern sprach, benutzte er das Bild vom zusammenbrechenden Haus: *„Wer auf mich hört und nicht danach handelt, ist ein Dummkopf; er ist wie ein Mann, der ein Haus auf Sand baut. Wenn der Regen und das Hochwasser kommen und die Stürme an diesem Haus rütteln, wird es mit Getöse einstürzen"* (Matthäus 7,26-27). Ob unser Lebensgebäude stehen bleibt oder ob kein Stein auf dem anderen bleiben wird – das entscheidet sich daran, wie wir zu den Worten von Jesus stehen.

3

Jerusalem: Jüdische, christliche und muslimische Pilgerstätten

Überreste des *cardo*, der römischen Hauptstraße von Jerusalem.

Nach der Eroberung Jerusalems durch die Römer im Jahr 70 n.Chr. erhielt die Stadt ein völlig neues Aussehen. Das unter Hadrian gestaltete Stadtbild wurde durch den *cardo maximus*, die Hauptachse von Norden nach Süden, und den *decumanus*, die West-Ost-Achse, gegliedert. Es waren schnurgerade, säulenbegrenzte Straßen. Jerusalem hieß damals *Aelia Capitolina*. Reste des eindrücklichen Cardo liegen unter dem heutigen Straßenniveau. Säulen lassen erahnen, wie die Menschen damals im Schatten der Arkaden flanierten, feilschten, Rednern zuhörten und Nachrichten aus aller Welt erfuhren.

So kann man sich das Leben und Treiben im römischen Jerusalem vorstellen.

Hier ist die moderne Darstellung eines Ausschnittes der sogenannten Madaba-Karte zu finden. In einer christlichen Kirche in Madaba, Jordanien, hatte man im 6. Jahrhundert einen Fußboden mit einem aufwendigen Mosaik versehen. Es bildet eine Landkarte vom Heiligen Land – eines der ältesten topografischen Bilder Palästinas in der byzantinischen Zeit*. Aus der Vogelperspektive werden Städte, Flüsse, wichtige Pilgerorte, sogar Tiere und Pflanzen gezeigt. Allerdings ist die Ansicht gewöhnungsbedürftig, denn der Betrachter muss sich vorstellen, vom Mittelmeer her zu schauen, d. h., die Karte in Madaba ist nach Osten ausgerichtet, nicht nach Norden, wie wir es gewohnt sind. Jerusalem bildet dabei das Zentrum. Zu sehen sind damalige Mauern und Tore, Straßen und Kirchen.

Modernes Mosaik im *cardo*, den Ausschnitt von Jerusalem der Madaba-Karte darstellend.

Mauern und Tore

Das heutige Bild der Altstadt Jerusalems ist geprägt von der Plattform des jüdischen Tempels (der bis 70 n.Chr. dort stand); sie trägt den Felsendom und die al-Aqsa-Moschee. Der *Haram* genannte Bereich ist umgeben von vier Mauern und 16 offenen oder verschlossenen Toren. Der *Kotel*, die Klagemauer, ist ein 50 Meter langes Mauerstück. In osmanischer Zeit* wurde es für die Juden freigelegt. Es wird bezeichnet als der *„Ort, zu dem jeder Jude, der Jerusalem besucht, sich zuerst hinwendet"*.[5] Aus herodianischer Zeit sind noch sieben Steinlagen zu sehen, 19 weitere Schichten liegen darunter bis in eine Tiefe von 21 Metern, wo sie auf dem Fels aufliegen. Ohne Mörtel wurden die Quader mit großer Präzision aufeinandergesetzt. Die durch die Jahrhunderte entstandenen Ritzen werden immer wieder aufs Neue mit Gebetszettelchen gefüllt.

Die heutigen eindrücklichen Mauern der Altstadt entstanden unter Süleyman II. in den Jahren 1532–39. Sie sind bis zwölf Meter hoch und ruhen zum Teil auf den Stadtbefestigungen der Colonia

Luftaufnahme der Tempelplattform.

des Kaisers Hadrian und auf byzantinischen Fundamenten. Ein zweiteiliger „Rampart Walk“ (Mauerumgang) beginnt beim „Jaffator“ und ist sehr zu empfehlen, um eine bessere Übersicht über die verwirrende Anlage der Altstadt zu gewinnen.

Von den Toren ist besonders das „Goldene Tor“ von Bedeutung. Die heute verschlossene Anlage stammt aus spätbyzantinischer-omajjadischer Zeit. Der Name *Porta Aurea* (lateinisch für „Goldenes Tor“) wird gerne von dem Bericht in Apostelgeschichte 3,1-10 hergeleitet, wo ein Gelähmter vor dem „Schönen Tor“ des Tempels von Petrus geheilt wird. Bei näherer Betrachtung hält diese Annahme aber nicht stand. Ebenso verhält es sich mit dem Einzug von Jesus in Jerusalem zu Beginn der Passionsgeschichte. Allerlei Legenden ranken sich um das Tor, durch das Jesus in die Stadt eingezogen ist, historisch unterlegt ist aber keine. Im 9. Jahrhundert berichtet der gelehrte Mainzer Erzbischof Hrabanus Maurus, dass Kaiser Heraklius das heilige Kreuz aus Persien nach Jerusalem zurückgebracht habe. Er wollte umjubelt - auf einem Pferd und in kaiserlicher Robe - durch jenes Tor eintreten, durch welches der Herr eingetreten sei. Dieses aber verschloss sich vor ihm. Erst als er sich erniedrigte, seine Prachtkleider auszog und sich barfuß niederwarf, hätten die harten Steine sofort dem göttlichen Befehl gehorcht, das Tor habe sich erhoben und die Leute frei hineingehen lassen.

Das aufwendigste und archäologisch am besten untersuchte Tor ist dasjenige, welches zur Straße nach Damaskus führte. Es war ein dreifacher Durchgang in die Stadt. In byzantinischer Zeit wurden die Türme zur Ölproduktion genutzt. In omajjadischer Zeit kamen Zisternen* dazu, die das von Norden zufließende Wasser speicherten. Die Kreuzfahrer errichteten als zusätzlichen Schutz ein Vorwerk. Suleiman der Prächtige baute es 1538 um. Von 1967–1979 wurde das Tor vom Schutt befreit und mit einem Theaterrund versehen.

In römischer Zeit stand im Zentrum des halbkreisförmigen Torplatzes eine Säule mit dem Abbild des jeweiligen Kaisers. Sie diente als hodometrischer Fixpunkt, d. h., von ihr aus wurde jeder Weg (*hodos*) gemessen. Der irische Abt Adamnanus verbindet mit ihr mythologische Aussagen zum „Nabel der Welt“: *„Diese Säule wirft wunderbarerweise zur Sommersonnenwende um die Mittagszeit, wenn die Sonne über das Himmelszentrum geht, keinen Schatten. Sie beweist, dass das Gebiet von Jerusalem in der Mitte der Welt gelegen ist. Daher singt auch der Psalmist mit Bezug auf die heiligen Orte des Leidens und der Auferstehung, die sich in der Helia (= Aelia Capitolina) befinden, weissagend: ‚Gott aber, unser König von alters her, hat das Heil in der Mitte der Welt bereitet‘, d.h. Jerusalem, das Mitte und Nabel der Erde genannt wird.“*[6]

Der Nabel der Welt

Je nach Glaubensüberzeugung sahen die Menschen aller Zeiten das Zentrum ihrer jeweiligen Religion als Nabel der Welt an. Die Griechen bezeichnen ihn als *omphalos* und lokalisierten diesen in Delphi. Dort soll ein Meteor vom Himmel gefallen sein, der entsprechend verehrt wurde. Die Römer siedelten den Mittelpunkt der Welt in Rom an und nannten ihn *umbilicus*. Der Bischof Kyrill von Jerusalem übertrug den Gedanken im 4. Jahrhundert auf den Felsen

Golgatha, auf dem heute die Grabeskirche steht: „*Jesus breitete am Kreuz die Hände aus, damit er die Enden der bewohnten Welt umfasse; denn dieser heilige Ort Golgotha ist die Mitte der Erde. Nicht von mir aus sage ich dieses, sondern der Prophet ist es, der gesagt hat: ‚Inmitten der Erde hast du Heil bewirkt.‘*"[7]

Die große Kuppel der Grabeskirche wird als Nabel der Welt bezeichnet.

Die Grabeskirche ist ein sehr komplexes Gebäude. Geweiht wurde die anstelle eines römischen Heiligtums erbaute Basilika* am 13. September 335. Für die Lokalisierung als Ort der Kreuzigung sprechen die lange Tradition sowie historische und archäologische Hinweise. Das Gebiet lag zur Zeit von Jesus außerhalb der Stadtmauern, und es wurden in der näheren Umgebung auch Gräber gefunden. In einer armenischen Nebenkapelle sind Felsnischen zu sehen, die aus jener Zeit stammen könnten.

Verschiedene christliche Denominationen erheben Anspruch auf die Grabeskirche und verteidigen ihre jeweilige Tradition. Der jahrhundertealte Streit führte dazu, dass die Türe jeden Morgen und

Abend von einer muslimischen Familie geöffnet und geschlossen wird. Renovierungen, die eigentlich nötig wären, sind so kaum durchführbar. Schaut man an der Fassade hoch, entdeckt man eine unscheinbare hölzerne Leiter. 2010 eskalierte ein Streit darum: Man konnte sich nicht einigen, wer das alte Ding entfernen darf, und so wird sie wohl weiterhin dort stehen, bis sie vermodert.

Der Felsendom

Die goldene Kuppel des Felsendoms beherrscht – vom Ölberg aus gesehen – das Panorama von Jerusalem. Für Muslime ist der Dom neben Mekka und Medina der drittwichtigste Pilgerort. Möglicherweise wollte Abd al-Malik, ein Kalif der Omajjaden, im 7. Jahrhundert den salomonischen Tempel wieder aufleben lassen. Eine jüdische Schrift aus dem 8. Jahrhundert – sie hat endzeitlichen Inhalt und will eine Offenbarungsschrift sein – liest sich folgendermaßen: *„Und es wird einer der Söhne Qedars kommen, und ein König unter seinen Nachkommen nach Jerusalem; er wird den Tempel wiederaufbauen für den ewigen Gott Israels und sein Name wird Abd al-Malik ibn Marwan sein."*[8] Offenbar waren die Gegensätze zwischen den Glaubensauffassungen damals noch nicht so stark wie heute. Die frühislamische Gemeinde suchte ihre Identität im Anschluss an biblische Traditionen. Der „Küster"-Dienst im Felsendom lag am Anfang noch in jüdischen Händen.

Die Moschee kann auch als eine Art Kontrapunkt zur Grabeskirche konzipiert worden sein. Der arabische Geograf Al-Muqaddasi machte im 10. Jahrhundert folgende Aussage: *„Du weißt, dass Abd al-Malik, als er die Pracht und edle Form der Kuppel der Auferstehungskirche sah, aus Furcht, dass diese auf die Muslime zu großen Eindruck mache, über dem Felsen die gegenwärtige Kuppel errichtete."*[9] Dieser Abd al-Malik hinderte scheinbar die Gläubigen aus Syrien daran, durch sein Gebiet nach Mekka zu pilgern, weil sie dort von einem anderen Machthaber zur Huldigung genötigt wurden. Er argumentierte, dass Mohammed drei gleichwertige Orte zur Anbetung bezeichnet habe: Mekka, Medina und Jerusalem. Der Fels, von dem überliefert sei, dass der Gesandte Gottes seinen Fuß auf ihn gesetzt habe, als er in den Himmel aufstieg (nämlich der Fels in Jerusalem), soll die Kaaba in Mekka vertreten. Es sei also nicht nötig, weiter zu ziehen als nach Jerusalem. Man sieht: Dem Felsendom hat man schon immer die unterschiedlichsten Deutungen gegeben. Wenden wir uns wieder den handfesten materiellen Hinterlassenschaften der Kulturen und Religionen zu, welche das eigentliche Arbeitsgebiet der Archäologie ausmachen.

Ein unterirdischer Steinbruch

Absolut erstaunlich ist eine riesige Höhle direkt unter der Stadtmauer zwischen dem Damaskus- und dem Herodestor. Mit einer Breite von 100 Metern schiebt sie sich ca. 230 Meter unter die Altstadt und wird Salomo zugeschrieben. Das Brechen der riesigen Steine konnte nach jüdischen und muslimischen Legenden nur durch Zauberkräfte bewältigt werden. Die Bibel berichtet in 1. Könige 6,7: *„Die für den Bau verwendeten Steine wurden bereits im Steinbruch behauen, sodass das Gebäude errichtet werden konnte, ohne dass der Klang eines Hammers, einer Axt oder eines anderen Eisenwerkzeugs zu hören war."*

Der Steinbruch unter der Altstadt Jerusalems erstreckt sich weit in den Fels hinein.

Damit ist aber wahrscheinlich nicht der heute sichtbare unterirdische Steinbruch gemeint. Die Größe der Anlage lässt vermuten, dass dieser über eine lange Zeit hinweg entstand. Staatsbauten, Tempel, Straßen und Mauern wurden mit den Blöcken erbaut. Die Blütezeit war sicher unter Herodes dem Großen und seinen Nachfolgern.

Kidrontal und Ölberg

Wer vom Ölberg nach Jerusalem hinübermöchte, muss ins Kidrontal hinabsteigen. Es wurde einerseits oft zur Abfallentsorgung benutzt, andererseits boten die Felswände eine ideale Topografie für Gräber – hier konnten die Nischen angelegt werden, ohne dass man in den Boden hineingraben und das Grab dann wieder abdecken musste. Die vermögenden Leute der israelitisch-frühjüdischen Zeit nutzten den Hügel gegenüber der Davidsstadt als Nekropole*. Im Grab eines Palastvorstehers ist zu lesen: *„Dies ist [das Grab von] -yahu, der über das (königliche) Haus (eingesetzt war). Es gibt [hi]er weder Silber noch Gold, [son]dern nur [seine Gebeine] und die Gebein[e] seiner Sklavin bei ihm. Verflucht sei der Mensch, der dieses (Grab) öffnet."*[10] Von Schebna, dessen Name eine Verkürzung von Schebanjahu sein kann, spricht Jesaja in seinem 22. Kapitel in den Versen 15-17: *„Der Herr, der Herr, der Allmächtige, sagte zu mir: ‚Geh zu Schebna, dem Palastverwalter und sag ihm: ‚Was machst du hier und für wen tust du das hier, dass du dir hier ein Grab herrichten lässt? Du haust dir hier oben ein Grab aus, du meißelst eine letzte Ruhestätte in den Felsen. Bedenke: Der Herr wird dich mit der Wurfkraft eines Athleten weit wegschleudern! Er wird dich hart anpacken.'"* Viele Forscher sind der Meinung, dass das Grab im Kidrontal tatsächlich dem biblischen Schebna gehörte.

In hellenistisch-römischer Zeit wurden die Grabanlagen weiter im Norden angelegt. Die tieferen Teile des Tales dienten aber auch gewöhnlichen Leuten als letzte Ruhestätte. Einfache Senkgräber (in den Boden oder eine Felswand hineingearbeitete Gräber) wurden im Schutt angelegt. Deshalb galt jene Gegend als unrein. Damit die

Priester auf dem Weg zum Tempelberg nicht in ihrer gottesdienstlichen Reinheit beeinträchtigt wurden, soll zur Zeit des zweiten Tempels* eine speziell konstruierte Brücke für Abhilfe gesorgt haben. Mit der Zeit zogen sich die Gräberfelder immer weiter den Hang hinauf. Im 9. und 10. Jahrhundert wohnten aber auch Menschen zu ihren Lebzeiten in den Höhlen. Sie wurden zu Mönchsbehausungen, Kapellen und Klausen umgestaltet.

Die als Absalom-, Josafat-, Jakobus- und Zachariasgrab bezeichneten Bauten stammen aus dem 2. und 1. Jahrhundert v.Chr. und dienten vornehmen Familien. Als Auftraggeber wird die priesterliche und schriftgelehrte Oberschicht vermutet. Sie hatte ein ausgesprochenes Traditions- und Repräsentationsbedürfnis. Unwillkürlich denkt man an die Aussage von Jesus in Matthäus 23,27-32:

„Euch Schriftgelehrten und Pharisäern wird es schlimm ergehen. Ihr Heuchler! Ihr seid wie weiß getünchte Gräber – mit einer sauberen, ordentlichen Außenseite, doch innen voller Gebeine und Schmutz. Ihr gebt euch den Anschein rechtschaffener Leute, doch euer Herz ist voller Heuchelei und Gesetzesverachtung. Euch Schriftgelehrten und Pharisäern wird es schlimm ergehen. Ihr Heuchler! Ihr baut Grabmäler für die Propheten, die von euren Vorfahren ermordet wurden, und schmückt die Gräber der gottesfürchtigen und gerechten Menschen, die von euren Vorfahren umgebracht wurden. Und dann behauptet ihr dreist: ‚Wir hätten niemals mitgemacht, als sie die Propheten ermordeten.' Damit bestätigt ihr selbst, dass ihr die Nachkommen der Prophetenmörder seid. Macht weiter so! Bringt zu Ende, was sie angefangen haben."

Der Ölberg (in anderen Sprachen nennt man ihn den Berg der Oliven) diente als Ort der Anbetung: *„Als David die Stätte auf dem Ölberg erreichte, an der die Menschen Gott anbeteten, kam ihm der Arkiter Huschai entgegen"* (2. Samuel 15,32). Er ist heute geprägt von Tausenden von Gräbern sowie den christlichen Anbetungsstätten des Gartens Gethsemane, „Dominus flevit", der russisch-orthodoxen Maria-Magdalena-Kirche und anderen Gedenkstätten. Der Name „Dominus flevit" (lateinisch für: „Der Herr weinte") leitet sich ab von der Stelle in Lukas 19,41: *„Als sie sich jedoch Jerusalem näherten und Jesus die Stadt vor sich liegen sah, begann er zu weinen."* Untersuchungen dort brachten eine kanaanäische Grabanlage und

Siedlung zutage. Runde Felskammern enthielten über 2000 Objekte aus ca. 400 Jahren: Schüsseln und Schalen, Lampen, Schöpfgefäße, Kannen, Amphoren, Krüge und Spezialgefäße wie Pilgerflaschen. Viele Stücke stammen aus Zypern, den ägäischen Inseln und Ägypten. Das zeigt, wie selbstverständlich damals internationale Verbindungen waren. Weiter fand man auch Klingen, Ringe, Nadeln, Perlen, Plaketten und Skarabäen*.

Ossuarien unter der Kirche Dominus flevit

Etwa von der 1. Hälfte des 2. Jahrhunderts v.Chr. bis in die Zeit des 2. Jüdischen Krieges (135 n.Chr.) bestand hier eine ausgedehnte Nekropole*. Die Toten einer Familie wurden zunächst in Schiebegräber verbracht – das sind niedrige Nischen, in die der Leichnam hineingeschoben wurde. Dort blieb er, bis der Verwesungsprozess vorbei war. Danach wurden die Gebeine in kleine Knochenbehälter, sogenannte Ossuarien, gelegt. So konnte eine einzelne Anlage über lange Zeit genutzt werden. Viele Namen und Bildmotive sind uns von diesen Behältern überliefert. Man fand zahlreiche Personennamen, die auch im Neuen Testament vorkommen.

Der weinende Herr

Die Stadt Jerusalem kann im Rahmen dieser kurzen Kapitel nicht ausreichend beschrieben werden. Am besten ist es, sich selbst ein Bild zu machen, den dortigen Menschen zu begegnen, den Geräuschen zu lauschen und die intensiven Gerüche einzuatmen. Der Ort „Dominus flevit" ist mir im Laufe der Jahre besonders ans Herz gewachsen, denn oft bin ich versucht, ebenfalls über Jerusalem zu weinen. Die Gefühlsäußerung von Jesus kommt im Zusammenhang sehr überraschend, wurde er doch als König gefeiert. Lukas berichtet:

„Als sie die Stelle erreichten, an der der Weg den Ölberg hinabführte, fingen alle seine Anhänger an, Gott mit lautem Jubel für die großen Wunder zu loben, die sie gesehen hatten. ‚Gepriesen sei der König, der im Namen des Herrn kommt! Friede in der Höhe und Ehre im höchsten Himmel!‘ Einige der Pharisäer in der Menge forderten ihn auf: ‚Meister, rufe deine Jünger zur Vernunft!‘ Doch er entgegnete ihnen: ‚Würden sie schweigen, dann würden die Steine schreien!‘ Als sie sich jedoch Jerusalem näherten und Jesus die Stadt vor sich liegen sah, begann er zu weinen. ‚Wie sehr wünschte ich, du würdest noch heute den Weg des Friedens finden. Doch nun ist es zu spät, und der Friede bleibt dir fremd. Nicht mehr lange, und deine Feinde werden einen Wall rings um dich aufschütten, dich einkreisen und gegen dich vorrücken. Sie werden dich und deine Kinder dem Erdboden gleichmachen und keinen Stein auf dem anderen lassen, weil du die Gelegenheit, die Gott dir geboten hat, nicht ergriffen hast‘“ (Lukas 19,37-44).

Diese Weissagung hat sich leider bis heute als traurige Wahrheit erwiesen, denn der Friede bleibt Jerusalem fremd. All die großartigen Hinterlassenschaften von Jahrtausenden mahnen uns, ja die Steine schreien, wahren Frieden zu suchen. Schalom, Salem, Jeruschalajim – das Wort für „Frieden“ ist im Namen der Stadt enthalten. Dass hier Frieden entsteht, kann kein Einzelner schaffen. Aber die eigenen Füße auf den Weg des Friedens zu setzen, ist möglich. Genauer gesagt: die eigenen Füße von Christus auf den Weg des Friedens setzen zu lassen. Denn mit diesem Prophetenwort wurde der Auftrag von Jesus beschrieben:

„Durch die Güte und Barmherzigkeit Gottes wird nun das Licht des Himmels uns besuchen, um die zu erleuchten, die in der Dunkelheit und im Schatten des Todes sitzen, und um uns auf den Weg des Friedens zu leiten“ (Lukas 1,78-79).

4

Cäsarea Maritima: Was ist rein, was soll gemieden werden?

Eine mächtige Wasserleitung, sechs Kilometer lang, dazu Hafen, Palast, Pferderennbahn und Theater: Cäsarea hat eindrucksvolle Bauten zu bieten. Hier hat jemand eine Stadt in großem Stil geprägt. Dieser Jemand war Herodes der Große.

Der Aquädukt von Cäsarea Maritima im Abendlicht.

Doch fangen wir von vorn an: 600 Jahre lang war nicht Jerusalem, sondern Cäsarea die Hauptstadt der römischen Provinz Judäa. Um sie von anderen Städten zu unterscheiden, die zu Ehren des Kaisers („Cäsar“) benannt wurden, wird die Bezeichnung *Maritima* (bezüglich der Lage am Meer) angehängt. Bevor Herodes der Große hier so großartig baute, stand ein einsamer hellenistischer Turm am Ufer. Vermutlich siedelten im 2. Jahrhundert v.Chr. erstmals Juden am Meer. Pompeius eroberte 66 v.Chr. Palästina für die Römer und Octavian (der spätere Kaiser Augustus) schenkte die Siedlung dann Herodes dem Großen. Zwischen den Jahren 22–10 v.Chr. ließ dieser eine üppig angelegte Stadt erbauen – wie erwähnt mit Hafen, Palast, Tempel, Hippodrom*, Theater und Amphitheater sowie zahlreichen Thermen*. Ein Aquädukt brachte das dafür benötigte Wasser aus dem Karmelgebirge herab.

Die Stadt war die Residenz der römischen Präfekten oder Statthalter. Der erste außerbiblische Hinweis auf Pontius Pilatus wurde hier gefunden. Der ergänzte Text lautet: *„(DIS AVGVSTI)S TIBERIVM (PO)NTIVS PILATVS (PRAEF)ECTVS IVDA(EA)E (FECIT ET D)E(DICAVIT)" – „Den Göttern hat Pontius Pilatus, Präfekt von Iudaea, das Tiberieum gewidmet"*. Das Tiberieum war wohl ein großer Leuchtturm. Andere Forscher rekonstruieren die fehlenden Teile der Inschrift in dem Sinne, dass Pilatus den Leuchtturm für die Bürger oder Seeleute erneuert hatte.

Diese Inschrift bezeugt das Amt des Pilatus: Präfekt von Judäa.

Wechselnde Herrscher durch die Jahrhunderte

Nach 135 n.Chr. wurde Cäsarea Mittelpunkt der christlichen Gemeinden in Palästina. 195 fand unter Bischof Theophilos eine Synode statt. Um 500 soll Cäsarea etwa 50 000 meist christliche Einwohner gezählt haben. Mit einer Fläche von 100 Hektar war sie damals die wohl größte aller byzantinischen Städte. 613 übernahmen die Perser, schon 26 Jahre später dann die Araber das Gebiet. Die Stadt hieß damals Qaisariya. 1101 erstürmten die Kreuzfahrer den Ort, weil sie den Heiligen Gral darin vermuteten. 1187 besetzte ihn Saladin und zerstörte die Befestigungen. Allerdings wurden sie 1191 durch Richard Löwenherz wieder aufgebaut. Noch einige Male wechselte das Gebiet zwischen Christen und Muslimen hin und her. Die beeindruckenden Mauern, die heute noch zu sehen sind, stammen aus dem 13. Jahrhundert.

Ende des 18. Jahrhunderts ließ ein türkischer Pascha die schönsten übrig gebliebenen Säulen in das gut 60 Kilometer nördlich gelegene Akko bringen. 1884 siedelten die Türken hier muslimische Flüchtlinge aus Bosnien an. Diese bauten eine Moschee. 1940 schließlich gründeten die Israelis gleich außerhalb der Ruinenstätte einen Kibbuz.

Unterwasserfunde

Seit 1972 beschäftigten sich Archäologen mit den Ruinen. Der Ort wurde seither gezielt zur Tourismusattraktion ausgebaut. Im Theater werden regelmäßig Veranstaltungen durchgeführt und ein Museum ist eingerichtet.

Aufhorchen ließ eine Meldung vom Februar 2015. Hobbytaucher fanden 2000 Goldmünzen vor der Küste der Stadt. Sie gaben den Schatz vorschriftsgemäß ab, und so können professionelle Archäologen ihn weiter untersuchen. Noch viel wird hier zu finden sein, obwohl der Meeresgrund schon gründlich untersucht wurde.

Wenn die See ruhig ist und die Sonne hell strahlt, sind gute Luftaufnahmen möglich, auf denen man die Ruinen des ehemaligen Hafens erkennen kann. Hier kam die Unterwasserarchäologie zum Zug. Die Arbeitsmethoden sind zwar in etwa die gleichen wie auf dem Land, aber eine saubere Stratigrafie* ist nicht zu erreichen. Es kann geschehen, dass das Team sich durch byzantinische, römische und herodianische Schichten hinunterwühlt und unten am Grund auf Teile moderner Taue stößt oder auf einen Turnschuh. Wenn einzelne Objekte sich dermaßen nach unten durcharbeiten können, dann erst recht Keramik, Steinanker, Münzen und dergleichen. Nichtsdestotrotz wurden antike Funde sichergestellt: Gefäße, Lampen und Schiffsteile zeigen Handel und Verkehr im Hafen Cäsareas. Auch ein Wrack wurde untersucht sowie Teile der Hafenbefestigung, sodass gute Rekonstruktionen angefertigt werden konnten.

Die Wellen des Mittelmeeres nagen an den Ruinen. Ab und zu finden Taucher neue Schätze aus alter Zeit.

Herodes der Große

„Ich würde eher ein Schwein des Herodes sein wollen als einer seiner Söhne", soll Caesar Augustus über den König der Juden gesagt haben. Dieser zeigte sich zwar als frommer Mann, der sich des Genusses von Schweinefleisch enthielt, jedoch im Ruf eines brutalen Mörders stand. Drei seiner eigenen Söhne soll er getötet haben, und auch die Ehefrauen waren vor ihm nicht sicher. Die Ausgräber von Cäsarea meinen, es sei wichtig, den Charakter des Herodes zu kennen, um die von ihm gebaute Stadt zu verstehen: Der König machte durch seinen Eigenwillen den Ort zu dem, was er darstellte. Dabei standen nicht wirtschaftliche Faktoren im Vordergrund, sondern Karri-

ereinteressen und ein kolossaler Hang zur Selbstdarstellung. Seine Persönlichkeit und seine Träume spiegeln sich in den Bauten.[11] Von Herodes ist kein einziges Portrait erhalten, nicht einmal auf einer Münze, denn im Judentum war es verboten, Menschenabbilder zu schaffen, und Herodes vermied die Konfrontation. Umso mehr sind die Überreste seiner Bauten Repräsentanten seiner Macht und Größe – oder vielleicht auch seines Größenwahns. Allerdings liegt seine Bedeutung auch darin, dass er den Juden einen neu und monumental ausgebauten Tempel in Jerusalem schenkte.

Ein Stadtrundgang

Schauen wir uns die römische Stadt im Detail an: Vom Meer her war als Erstes der Leuchtturm zu sehen, der die Hafeneinfahrt markierte (vergleichbar dem Pharos von Alexandria). Rechts davon stand der Palast auf einer Klippe, links der Aquädukt, welcher Frischwasser in die Stadt brachte. Wer in den Hafen einfuhr, den grüßte von einer Terrasse, 15 Meter über dem Meer gelegen, der Tempel der Roma und des Augustus. Die Plattform war auf riesigen Gewölben erbaut worden.

› Das wiederaufgebaute Theater von Cäsarea Maritima dient heute erneut seinem ursprünglichen Zweck.

Stieg man hinauf, befand man sich auf dem Forum, dem Marktplatz, welches mit öffentlichen Gebäuden und Säulenhallen umfasst war, von denen aber nichts erhalten geblieben ist. Südlich der Tempelterrasse erstreckte sich die Vergnügungsmeile, d.h. ein Hippodrom* und ein Theater für etwa 5000 Zuschauer. Im 4. Jahrhundert wurde dieses sogar für Wasserspiele umgerüstet.

In den angrenzenden Straßen kann man sich alle möglichen Tavernen (Gaststätten mit Garküche), fliegende Händler, Bordelle, Thermen* und was sonst noch so dazugehört, vorstellen. Ein ausgeklügeltes System sorgte für Trinkwasser, und das Abwasser wurde in Kanäle geleitet. Die Stadt verfügte über viele Handwerksbetriebe. Gefunden und untersucht wurde vor allem eine Töpferei. Das Straßennetz zeigt ein griechisch-orthogonales Muster. Aus der Zeit um 200 n.Chr. sind bekannt: ein Nymphäum* (eine monumentale Brunnenanlage auf dem Forum), ein Mithraeum (ein Heiligtum des geheimen Mithraskultes), ein erweitertes Theater und außerhalb der Mauern ein Amphitheater. Rings um die Stadtmauern entstanden Friedhöfe.

Detail eines Mosaikbodens von den byzantinischen Thermen.

Ein Fischteich?

Der Palast des Herodes gab einiges zu rätseln. Die *piscina*, das Wasserbecken des Herodespalastes, wird „Teich der Kleopatra" genannt. *Vivaria,* Fischteiche, waren eine Modeerscheinung im Italien des ersten Jahrhunderts v.Chr. Der Historiker Plinius berichtet, dass der Konsul Licinius Murena eine Vorliebe für Muränen hatte und solche in Teichen züchtete. Daher stammte dann sein Spitzname.[12] Ein anderer Konsul, Lucius Lucullus, habe einen Tunnel durch den Hügel bei seiner Villa graben lassen, um Meerwasser für seine Fischteiche bei Neapel bereitzustellen. Cicero, Seneca und Martial machen sich lustig über Potentaten, die mehr Geld für ihre Fischteiche als für ihre Villen ausgegeben haben sollen. Manche Herren liebten es, von ihrer Liege aus frischen Fisch zu fangen, andere betrachteten die Meeresbewohner als Haustiere oder Luxusobjekte. *Piscinae* wurden zum Statussymbol. Geeignet dazu waren Meeresvillen, da dort ein konstanter Frischwasserzufluss mittels Kanälen und Leitungen möglich war. Schleusen und Ventile regelten diesen.

Offenbar haben wir so etwas auch in Cäsarea. Die *piscina* in Herodes' Palast ähnelt stark jener von Lapithos auf Zypern (im Blick auf die Größe, 35 × 18 Meter, den Namen „Bad der Kleopatra" und die Konstruktion). Die Anlage lässt sich gut einordnen und vergleichen mit anderen Palästen des Herodes in Jericho, Masada und im Herodion. Diese waren von der Anlage und Bestimmung her zwar ganz anders konzipiert, boten aber ebenfalls ein Bild der Angleichung oder „Anbiederung" an römische Vorbilder. Vergleichbar sind auch der Aufwand an Kosten, der Zweck der Repräsentation und die Absonderung vom jüdischen Volk. Herodes hatte seine architektonischen Spuren überall im Land hinterlassen – und besonders eben in Cäsarea Maritima.

Die Befestigung der Kreuzfahrer

Jahrhunderte später waren die aus dem Westen kommenden Kreuzfahrer die Baumeister der Stadt. Die Mauern aus dieser Zeit umschließen ein trapezförmiges Terrain, das aber nur etwa ein Achtel des bisherigen römisch-byzantinischen Stadtgebietes ausmacht. Die äußeren Mauern sind vier bis sechs Meter hoch, dahinter liegt ein sieben Meter breiter Graben. Die darauf folgende Befestigung stellt ein sogenanntes Glacis* dar. Dessen glatte Steinblöcke steigen in einem Winkel von 60 Grad an und erreichen eine Höhe von acht Metern. Gekrönt wird das Ganze dann von einer zehn Meter hohen Mauer. 16 Türme verstärkten die Bastion. Vor den Toren wurde der Burggraben mit Brücken überspannt. Das Haupttor wurde zusätzlich durch einen gewinkelten Gang und einen hohen Turm gesichert. Ein wunderschönes Kreuzrippengewölbe ist dort zu bewundern. Die äußere Hälfte der Brücke bestand aus schweren Holzbohlen, die zur Verteidigung leicht entfernt werden konnten.

Das Glacis der Befestigung aus der Kreuzfahrerzeit.

Unrein oder rein – worauf kommt es an?

Herodes hielt sich an die Speisegebote des jüdischen Volkes, Schweine waren vor ihm sicher. Auch die ersten Nachfolger Jesu hielten sich als Juden an diese Gebote. Eine seltsame Vision wird in Apostelgeschichte 10,11-17 berichtet, die Petrus in der Stadt Joppe gehabt hatte, ca. 60 Kilometer südlich von Cäsarea.

„Er (Petrus) sah den Himmel offen stehen, und etwas wie ein großes Tuch wurde an den vier Zipfeln zur Erde heruntergelassen. In diesem Tuch befanden sich verschiedene vierfüßige Tiere sowie Schlangen und Vögel. Er hörte eine Stimme, die sprach zu ihm: ‚Petrus, steh auf. Schlachte sie und iss davon.' ‚Niemals, Herr', erklärte Petrus. ‚In meinem ganzen Leben habe ich noch nie etwas gegessen, das uns nach unserem jüdischen Gesetz verboten ist.' Da sprach die Stimme zum zweiten Mal: ‚Wenn Gott sagt, dass etwas rein ist, dann sag du nicht, dass es unrein ist.' Diese Vision wiederholte sich drei Mal, und sofort danach wurde das Tuch wieder in den Himmel hinaufgezogen. Petrus war ratlos, was dies zu bedeuten hatte."

Anlass für die Vision war ein römischer Hauptmann mit Namen Kornelius, der Befehlshaber der italischen Einheit in Cäsarea. Von ihm wird berichtet: *„Er war ein gottesfürchtiger Mann, der mit allen in seinem Haus den Gott Israels achtete. Kornelius unterstützte die Bedürftigen und betete regelmäßig zu Gott"* (Vers 2). Zu ihm wurde Petrus gerufen. *„Am folgenden Tag trafen sie in Cäsarea ein. Kornelius erwartete sie schon. Er hatte seine Verwandten und engsten Freunde eingeladen, damit sie Petrus kennenlernen konnten. Als Petrus sein Haus betrat, fiel Kornelius ehrfürchtig vor ihm auf die Knie. Aber Petrus richtete ihn auf und sagte: ‚Steh auf! Ich bin ein Mensch wie du!' Und sie sprachen miteinander, während sie hineingingen. Drinnen fand Petrus eine große Menge versammelt. Er erklärte ihnen: ‚Ihr wisst, dass es mir nach jüdischem Gesetz verboten ist, mit einem Angehörigen eines fremden Volkes zusammenzukommen oder ein nicht jüdisches Haus wie dieses zu betreten. Aber Gott hat mir gezeigt, dass ich niemanden für unrein halten darf. Deshalb bin ich sofort, als ihr mich holen ließt, mitgekommen. Nun sagt mir aber, warum ihr nach mir geschickt habt'"* (Apostelgeschichte 10,24–29).

Der Hauptmann Kornelius berichtete, wie ihm während des Betens ein Engel erschienen war und ihm gesagt hatte, er solle einen Mann namens Petrus aus Joppe holen lassen. Dieser Petrus habe eine Botschaft für ihn. *„Da erwiderte Petrus: ‚Jetzt weiß ich, dass es wahr ist: Gott macht keine Unterschiede zwischen den Menschen. In jedem Volk nimmt er jene an, die ihn achten und tun, was gerecht ist.'"* (Apostelgeschichte 10,34-35).

Petrus hatte begriffen: Gott wollte nicht die Speisegesetze aufheben (auch nach heutigen Erkenntnissen beeinträchtigt der Genuss von Schweinefleisch die Gesundheit), wohl aber sollte die Trennung nach Volkszugehörigkeit aufgehoben sein.

Es ist nicht einfach, althergebrachte Gewohnheiten zu durchbrechen und festgefahrene Meinungen zu ändern. Petrus ließ sich überzeugen, Vorurteile abzubauen und Kontakt zu einer neuen Menschengruppe aufzunehmen. Allerdings musste er sich danach der Kritik der Gläubigen in Jerusalem stellen. Er argumentierte: *„‚Wenn Gott diesen dieselbe Gabe geschenkt hat wie uns, als wir zum Glauben an den Herrn Jesus Christus gekommen waren: Wer war ich, dass ich Gott daran hätte hindern können?' Als die anderen das hörten, beruhigten sie sich und fingen an, Gott zu loben. Sie sagten: ‚Also schenkt Gott allen Menschen die Möglichkeit zur Umkehr, damit sie leben können'"* (Apostelgeschichte 11,17-18).

Diese Chance gilt für alle Menschen auch jetzt und heute. Zu Gott zu kommen ist keine Frage von rein und unrein, und auch auf die Volkszugehörigkeit kommt es nicht an. Entscheidend ist die Antwort auf die Botschaft von Christus.

5

Karmel, Tabor & Co.: Auf Höhen und Bergen wird Gott verherrlicht

Begegnungen mit Gott – in der Bibel fanden die wichtigsten von ihnen oftmals auf Bergen statt. Mose sah am Berg Sinai den brennenden Dornbusch und empfing später dort die Gebote Gottes. Und am Ende seines Lebens blickte er vom Berg Nebo ins versprochene Land. Zwei andere biblische Berge, die nur 50 Kilometer voneinander entfernt sind, sollen in diesem Kapitel vorgestellt werden.

Der Karmel ist ein 23 Kilometer langer Gebirgszug, der sich bis 546 Meter über den Meeresspiegel erhebt. Der Name kann abgeleitet werden von *kerem el*, der „Weingarten Gottes". Moderne Philologen interpretieren den Namen allerdings anders und kommen zu Erklärungen wie: ein Wald mit hohen Bäumen, ein Gestrüpp, ein Waldgebiet mit reicher Vegetation. Dank der Niederschläge wachsen auf dem Karmel viele Pflanzen, darunter auch solche, die nur dort heimisch sind. Um diese und auch die vielfältige Tierwelt zu schützen, wurde das Gebiet zum Nationalpark erklärt. Leider zerstörte ein Waldbrand im Dezember 2010 schätzungsweise fünf Millionen Bäume, vor allem Pinien.

Eine Seilbahn führt die Ausflügler und Naturliebhaber von Haifa hinauf auf eine Aussichtsterrasse mit einem wunderbaren Blick auf das Mittelmeer. Die üppige Vegetation des Karmel diente dem Dichter des Hohen Liedes als Vergleich mit seiner Geliebten: *„Dein Kopf ist wie der Berg Karmel, dein gelöstes Haar wie Purpur. Ein König liegt in deinen Locken gefangen"* (Hohes Lied 7,6).

Kleine Karmel-Geschichte

Menschliche Kultur ist auf dem Karmel schon aus ältester Zeit nachweisbar. Skelette von sogenannten Neandertalern, Feuerstein-Klingen und -Fischspeere, Angelhaken aus Knochen, Steinschalen und Muschelhalsbänder zeugen von früheren Zeiten. Damals sind offenbar Naturgötter verehrt worden, später Baal und Aschera, dann Zeus und Jupiter. Der Philosoph Pythagoras soll auf dem Karmel einige seiner Lehrsätze konzipiert haben. In byzantinischer Zeit* ließen sich in den Höhlen viele Eremiten nieder und zahlreiche Klöster entstanden. Am Fuß des Kap Karmel befindet sich die Elia-Höhle. Sie wird auch als Schule des Propheten bezeichnet, weil dieser dort im 9. Jahrhundert v.Chr. seine Anhänger unterrichtet haben soll.

› Elias-Höhle in Haifa, am Fuße des Karmel. Am Deckengitter hängen viele bunte Stoffstreifen. Diese und die in die Ritzen eingeschobenen Zettel stellen Gebete von Gläubigen dar.

Das kleine Karmeliterkloster wurde 1886 über den Trümmern einer älteren Kirche errichtet. Es erinnert an das Gottesurteil unter Elia. Der „Orden der Brüder der allerseligsten Jungfrau Maria vom Berge Karmel" wurde allerdings weit früher, nämlich um das Jahr

1150, in Israel gegründet; er entsprang der Tradition des Eremitentums und der strengen Askese. Der Orden betrieb in der Nähe des Eliasbrunnens auf dem Berg eine Niederlassung von Kreuzfahrern und Pilgern.

Von der Terrasse aus schweift der Blick weit hinaus über die Jesreel-Ebene. Am südöstlichen Fuß des Karmel lag das Fort von König Ahab und dessen Frau Isebel aus der Zeit des Elia. Was schon länger bekannt war, wurde kürzlich mithilfe von besonderen Untersuchungstechniken neu erforscht. Durch das *LiDAR mapping** wurde klar, dass die Siedlung weit größer war als vermutet. Dieses Verfahren ermöglicht eine Sicht auf Dinge, welche durch Bewuchs verdeckt sind. Natürliche und auch von Menschenhand geschaffene Strukturen wie eine Quelle, terrassierte Felder, Gräber, landwirtschaftliche Anlagen wie Wein- und Ölpressen, Steinbrüche, Steinmauern und Zisternen* wurden entdeckt. Im Jahr 2012 kamen so 361 Befunde zusammen. Danach wandten die Forscher ihre Aufmerksamkeit der Terrasse über der

› Das Elia-Denkmal auf dem Karmel.

Quelle zu, wo besondere Strukturen auf größere Gebäude schließen lassen.

Wieder ein Nabel der Welt

Die Jesreel-Ebene, die sich zu Füßen des Karmel-Höhenzugs hinstreckt, wird im Norden durch den Berg Tabor begrenzt. Er erhebt sich als Inselberg (d.h. in einer Ebene frei stehender Berg) auf 588 Meter ü.d.M. und wirkt wie ein umgestülpter Topf.

Der Berg Tabor wirkt wie ein umgestülpter Topf.

Nach der Überlieferung fand dort die Verklärung von Jesus statt, wobei die biblischen Texte allerdings keine genaue Ortsangabe machen. Das hebräische *tabbur* wird von Christen als „Nabel der Welt" gedeutet (diese Bezeichnung findet sich in Richter 9,37). Die Jünger hätten dort das „Taborlicht", die Verklärung Jesu, miterlebt. Um 1100 bestand ein Kloster der Benediktiner auf dem Berg. In den Wirren der Kreuzzüge geriet die Anlage in muslimische Hand und wurde zu einer Gipfelburg umgestaltet. Im 13. Jahrhundert siedelten dann wieder christliche Mönche auf dem Tabor, allerdings nicht sehr lange. Ein neuer Anfang wurde im 17. Jahrhundert gemacht,

Der Blick vom Tabor schweift über die Ebene Jesreel mit ihren Bewässerungsbecken.

als sich Franziskaner auf dem Berg niederließen. In Anlehnung an die Wehranlagen aus der Kreuzfahrerzeit wurden zahlreiche mittelalterliche Wehrkirchen *Tabor* genannt. Verschiedene Orte auf der ganzen Welt verteilt wurden in der Folge auch so bezeichnet und galten ursprünglich als Siedlungen von „Verklärten". Die heute bestehende Verklärungsbasilika entstand von 1921–24 über byzantinischen Resten.

Archäologisch gesehen bietet der Tabor nicht viel. Es sollen wohl schon im 2. Jahrtausend v.Chr. Menschen auf den Berghöhen den Gott Baal angebetet haben, aber davon sind vor Ort keine Spuren mehr sichtbar. Der ägyptische Pharao Ramses II. zählte eine Stadt auf dem Tabor zu seinen Eroberungen, und die Richterin Debora

unterstützte in der Gegend den Heerführer Barak gegen die Truppen des Sisera. In ergreifenden Worten besingt sie den Sieg (Richter 5). Im 3. Jahrhundert v.Chr. war eine griechische Garnison auf dem Gipfel stationiert. Um 100 v.Chr. eroberte der Makkabäerkönig Alexander Jannaios den Ort. Kurz danach soll laut dem Historiker Flavius Josephus zu Beginn des ersten jüdischen Aufstandes die Siedlung mit einer Mauer geschützt worden sein, die innerhalb von 40 Tagen errichtet wurde.

Ein eifersüchtiger Gott?

Der Baalskult ist für Bibelleser weniger mit dem Berg Tabor verbunden, eher mit dem Berg Karmel. Der Prophet Elia versuchte, ihn im Nordreich zu bekämpfen und die Menschen zum *einen* Gott, dem Schöpfer und Erhalter, zurückzuführen. Drei Jahre lang blieb der Himmel auf sein Geheiß verschlossen, dann sollte sich das Volk auf dem Karmel einfinden. Elia fragte: *„Wie lange wollt ihr noch hin- und herschwanken? Wenn der* HERR *Gott ist, folgt ihm! Wenn aber Baal Gott ist, dann folgt ihm!"* (1. Könige 18,21). Indem Gott Feuer vom Himmel fallen ließ, um das Opfer auf Elias Altar zu verzehren, zeigte er seine lebendige Kraft. Sein Name wurde damals verherrlicht, denn

„als das Volk das sah, warfen die Menschen sich zu Boden und riefen: ‚Der HERR *ist Gott! Der* HERR *ist Gott!' Da gebot Elia ihnen: ‚Ergreift die Baalspropheten. Nicht ein einziger darf entkommen!' Und sie ergriffen sie alle, und Elia ließ sie an den Bach Kischon hinunterbringen und tötete sie dort"* (1. Könige 18,39-40).

Ob diese Hinrichtung im Sinne Gottes war oder ob Elia in seinem Einsatz für Gott zu eifrig war, soll hier dahingestellt bleiben – auf jeden Fall duldet der Gott Israels keine Konkurrenz. *„Lauft nicht den Göttern eurer Nachbarvölker hinterher, denn der* HERR, *euer Gott, der mitten unter euch wohnt, ist ein eifersüchtiger Gott. Sonst wird sich sein Zorn gegen euch richten und euch vernichten"* (5. Mose 6,14-15). So hatte es schon Mose gesagt.

Die Not der Helfer

Elia stand in den Diensten des großen Gottes und erlebte auf wunderbare Weise, wie Menschen sich überzeugen ließen. Allerdings erfuhr er kurz danach einen absoluten Tiefpunkt seiner „Karriere". Die Drohung der Königin Isebel – *„Die Götter sollen auch mich töten, wenn ich nicht morgen um diese Zeit das Gleiche mit dir tue, wie du es mit ihnen gemacht hast"* (1. Könige 19,2) – erwischte ihn in seiner Erschöpfung, und er konnte keine Kraft mehr aufbringen, sich dem Problem zu stellen. Gott schickte einen Engel zu ihm, um ihn zu verköstigen und später auch mit einem neuen Auftrag zu versehen – übrigens auch auf einem Berg (1. Könige 19,8). Manchmal geraten Helfer in Not, und Antworten auf die Frage „Warum?" sind nicht einfach zu haben.

So ist es auch Jahrtausende später. Der große Waldbrand im Dezember 2010 auf dem Karmel bedrohte die Einwohner der Stadt Haifa und der angrenzenden Orte. 41 Justizangestellte, die meisten davon noch jung und in Ausbildung, retteten die 500 Insassen der Haftanstalt Damon. Danach versuchten sie, in einem Bus den Flammen zu entkommen. Aufgrund der schlechten Sichtverhältnisse und der wechselnden Winde wurde das Fahrzeug vom Feuersturm eingeschlossen. Nur drei der Helfer überlebten. Auch die

Polizeichefin von Haifa und zwei Feuerwehrmänner erlagen ihren schweren Verbrennungen. Viele Länder reagierten auf den Hilferuf aus dem Karmel und entsandten Helfer und Löschmaterial. Auslöser des verheerenden Brandes waren zwei Jugendliche, die für ihre Wasserpfeife Feuer im Wald entzündet hatten. Nein, einfache Antworten auf die Fragen des Lebens gibt es nicht.

Dem Volk Israel waren solche schweren Situationen und solche unlösbaren Fragen an Gott vertraut. Die Gefangenschaft in Babylon ist nur ein Beispiel dafür. Als der Prophet Jesaja in diese Hoffnungslosigkeit hinein eine Mut machende Botschaft sprach, benutzte er unter anderem den Vergleich mit dem Berg Karmel, der in diesem Zusammenhang für üppige Vegetation steht: *„Die Wüste und das dürre Land sollen sich freuen und die Steppe soll frohlocken und wie ein Krokusfeld erblühen. Dort werden Blumen im Überfluss wachsen und sie wird singen, jubeln und sich freuen! Sie wird so herrlich werden wie der Libanon, prächtig wie der Karmel und die Ebene von Scharon. Denn sie werden die Herrlichkeit des* HERRN, *die Pracht unseres Gottes, sehen“* (Jesaja 35,1-2).

„Wie wunderbar ist das!“

Das Karmelgebirge und der Berg Tabor sind auf besondere Weise miteinander verbunden. Auf dem Gipfel eines hohen Berges (ob es nun der Tabor war, ist aus dem Text nicht ersichtlich) wurde Jesus verwandelt und Gottes Glanz leuchtete aus ihm. Seine Herrlichkeit zeigte sich den ihn begleitenden Jüngern. Mose und Elia erschienen und stärkten Jesus für seine irdische Mission. Da rief Petrus aus: *„Herr, wie wunderbar ist das! Wenn du willst, baue ich drei Hütten, eine für dich, eine für Mose und eine für Elia“* (Matthäus 17,4).

Solch eine Begeisterung ist naheliegend, wenn unser Glaube Höhenflüge erlebt, wenn Menschen die Macht Gottes anerkennen und seine Herrlichkeit offenbar wird. Aber wahres Vertrauen in Gott zeigt sich auch in schwierigen Situationen und angesichts des Todes. Mose erschien auf dem Verklärungsberg als Vertreter der Menschen, die durch den Tod hindurchgehen müssen, um von Gott auferweckt und in den Himmel geholt zu werden. Elia durfte in einem feurigen Wagen diese Reise antreten. Er wurde, ohne den Tod zu schmecken, in die himmlische Herrlichkeit entrückt. Jesus würde dann beides erleben: den Tod, wie Mose, und nach der Auferweckung die direkte Aufnahme in den Himmel, wie Elia.

„Als sie den Berg wieder hinunterstiegen, befahl Jesus ihnen: ‚Erzählt niemandem, was ihr gesehen habt, bis der Menschensohn von den Toten auferstanden ist'" (Matthäus 17,9). Nun ist Jesus auferstanden und wir können aus voller Überzeugung die Botschaft der beiden Berge in Israel verkünden: Die Herrlichkeit Gottes bleibt bestehen. Er wird am Ende der Tage die Toten auferwecken und diejenigen verwandeln, die voll Sehnsucht auf ihn warten. *„Wenn dann alles bereit ist, werde ich kommen und euch holen, damit ihr immer bei mir seid, dort, wo ich bin"* (Johannes 14,3). Wie wunderbar ist das!

Die Kirche auf dem Tabor erinnert an die Verklärung Jesu.

6

Bet Schearim: Die jüdische Totenstadt und die gestörte Ruhe

Die meisten Stätten des Heiligen Landes sind wegen ihrer Geschichte berühmt – und Geschichte wird nun einmal von lebendigen Menschen geschrieben. Mit Bet Schearim ist es anders. Die Bedeutung dieses Ortes liegt weniger an den Lebenden als an den Toten.

Bet Schearim ist westlich von Megiddo gelegen und weist zunächst gewöhnliche Spuren menschlicher Besiedelung auf: die Stadtmauer mit einem Tor, eine Synagoge, eine Versammlungsbasilika, Ölpressen. Ähnliches sieht man auch an anderen Orten – nicht jedoch eine solche Nekropole*, wie sie Bet Schearim aufweist. Das Gräberfeld bildet so etwas wie eine Stadt der Toten. Es ist in den weichen Stein eingehauen und besteht aus weitläufigen Höhlen. Die Grablegungen wurden alle schon in antiker Zeit ausgeraubt, was aber für die Archäologen eine positive Seite hat.

Oft wurden innerhalb von Höhlen einfache Grablegen, sogenannte *loculi*, in den weichen Stein gehauen.

Gestörte Ruhe

Stößt heute ein Team während einer Grabung auf menschliche Überreste, bedeutet dies in jedem Fall eine Unterbrechung. Entweder muss die Polizei Untersuchungen aufnehmen und den Fall zu klären versuchen, wenn das Geschehen noch nicht allzu lange zurückliegt - oder die religiösen Obrigkeiten sorgen dafür, dass die Totenruhe erhalten bleibt. Archäologen können allenfalls etwas DNA entnehmen, weitere Grabungen vor Ort sind dann aber nicht mehr möglich.

Das Ausgrabungsteam in Aschdod-Yam z.B. stieß 2015 auf mehrere Skelette. Deren Alter war zunächst nicht zu bestimmen. Die Polizei begutachtete den Platz in den Sanddünen und entschied, dass es sich dabei wahrscheinlich um Angehörige von Nomadenstämmen handeln müsse, die noch vor der Gründung des Staates Israel ihre Toten in der Nähe eines Baumes und eines herausragend großen Steines bestattet hatten. Eine solche Umgebung war damals recht selten anzutreffen, wie alte Luftaufnahmen zeigen. Hätten die Menschen, welche sich ohne feste Wohnstätten mit ihren Herden durchs Land bewegten, ihre Familienmitglieder ohne auffallende Landmarken im Sand begraben, wäre die Stätte nach einigen Jahren nicht mehr zu erkennen gewesen. Dank der Einwilligung der Polizei, die Skelette zu entnehmen und sie an einem anderen Platz vor Ort wieder der Erde zu übergeben, war es möglich, die Grabung fortzusetzen.

Die Totenstadt

Zurück zur Nekropole von Bet Schearim. Wie kam es dazu, dass in 30 Höhlen über 400 Grablegungen in Nischen oder Sarkophagen stattfanden? Dazu müssen wir in die Geschichte des Ortes zurückblicken.

In der Zeit des zweiten Tempels*, d.h. nach dem Exil der Juden in Babylon, war Bet Schearim eine kleine jüdische Stadt in Galiläa wie manch andere auch. Nach der Zerstörung des Tempels in Jerusalem und dem Bar-Kochba-Aufstand (132–135 n.Chr.) verlagerte sich das Zentrum der jüdischen Gemeinschaft nach Galiläa. Der Sanhedrin - der oberste religiöse Rat - versammelte sich zunächst in Jabne, dann in verschiedenen anderen Städten und war um das Jahr 200 in Bet Schearim angesiedelt. An seiner Spitze stand Rabbi Jehuda Hanassi. Er unterrichtete in der Schule und unterwies dort eine ganze Generation von Nachfolgern in den Weisheiten der Thora und den traditionellen Überlieferungen des Volkes. Zusammen mit dem Sanhedrin wechselte der damals schon berühmte Rabbi nach Sepphoris, wo er im Jahre 220 starb. Sein Leichnam wurde nach Bet Schearim verbracht und dort in einer aufwendig ausgestalteten Höhle beigesetzt.

Das Portal der Grabhöhle des berühmten Rabbi Jehuda Hanassi in Bet Schearim.

In den nachfolgenden Jahrhunderten galt dieser Ort von Babylon bis Phönizien, von Anatolien bis Arabien als besonders begehrenswert für eine letzte Ruhestätte. Wände und Sarkophage zeigen Inschriften in Hebräisch, Aramäisch, Palmyrisch und Griechisch.

Als Wohnort für Lebende bestand Bet Schearim bis ins 6. Jahrhundert und wurde dann verlassen und schließlich vergessen. 1926 kam Alexander Zaid mit seiner Familie an den Ort, um das Land des jüdischen Nationalfonds zu bewachen. Zufälligerweise entdeckte er eine Grabhöhle. Von 1936–40 führte Benjamin Mazar Grabungen durch und Nahman Avigad arbeitete von 1953–57 in der alten Stadt und den Grabhöhlen.

Die Höhlen, Inschriften und Dekoration

Eine Grabanlage in Bet Schearim besteht typischerweise aus einigen Treppenstufen, die in einen Hof münden, einer Fassade mit klassischer Architektur, Steintüren, die Holz und Beschläge nachahmen, und einer Höhle mit verschiedenen Kammern. Die Grabräuber verschafften sich meist Zugang durch die relativ dünnen und weichen Wände und machten sich nicht die Mühe, die Steintüren aufzubrechen. Auch in den Stein vertiefte ehemalige Zisternen wurden später zu Grablegen umgewandelt. An zwei Orten sind über den Gräbern U-förmig Bänke übereinander angeordnet. Sie dienten wahrscheinlich dazu, Versammlungen zum Gedenken der Verstorbenen durchzuführen.

Inschriften sind auf den Türstürzen, über den Nischen oder auf den Sarkophagen angebracht. Eine lautet: *„Der Begräbnisplatz der Theodosia, auch Sarah genannt, von Tyrus"*; eine andere: *„Herr, gedenke deines Dieners Sarcadus"*. Man liest auch: *„Unsere Geliebten ruhen*

Diese Grabhöhle wird durch eine Menora geziert, einen siebenarmigen Leuchter.

hier"; „Benjamin, Sohn des Julius des Stoffhändlers, Sohn des über alles gerühmten Macrobius"; „Wer immer dieses Grab öffnet, wird einen schlimmen Tod erleiden".

Verschiedene Darstellungen - darunter auch solche, die mit dem Judentum nichts zu tun haben - verzieren Säulen, Wände und Särge. Sie zeigen etwa den siebenarmigen Leuchter (die Menora), Palmwedel, Zitronen, Weihrauchschaufeln, Widderhörner, einen Thoraschrein, Stierköpfe, Adler, Löwen, Fische, die griechische Siegesgöttin Nike, auch Masken. Warum sich die Motive mischen, ist schwer zu sagen. Vielleicht wurden auch Sarkophage quasi „von der Stange" gekauft. Solche konfektionierten Steinsärge mit Standarddekoration in noch unfertigem Zustand wurden im ganzen Land gefunden, und die Menschen folgten der Tradition oder nahmen auf die Schnelle, was eben vorhanden war. Wussten Sie übrigens, was das Wort „Sarkophag" bedeutet? Wörtlich heißt es „Fleischfresser". Sarkophage waren in der ganzen antiken Welt in Gebrauch und wurden oft auch umgearbeitet und dabei z.T. mit christlichen Motiven versehen. Kaum einer wurde in unversehrtem Zustand aufgefunden. Die Räuber brachen sich - wie bei den Höhlen - durch die Seitenwand, ohne den schweren Deckel zu heben.

Dieser prächtige Sarkophag ist geschmückt mit Stierköpfen, Löwen und Girlanden.

Wunderglaube oder Aberglaube?

Eine der seltsamsten Geschichten der Bibel wird in 2. Könige 13,20-21 erzählt: *„Jedes Jahr im Frühjahr fielen Räuber aus Moab ins Land ein. Einmal, als einige Israeliten gerade einen Mann begruben, sahen sie eine solche Räuberbande. Da warfen sie den Leichnam hastig in Elisas Grab. Doch sobald der Leichnam die Gebeine Elisas berührte, erwachte der Tote wieder zum Leben und sprang auf die Füße."*

Es ist sehr schwierig, ja eigentlich unmöglich, aus wissenschaftlicher Sicht herauszufinden, was die Grundlage des Berichts ist. War da einmal ein Mensch noch nicht ganz tot und sollte zu schnell begraben werden? War es die Absicht des Erzählers, die Taten des Elisa posthum zu erhöhen? Soll gezeigt werden, dass ein Prophet, ob lebendig oder tot, nichts weiter als ein Gefäß für Gottes Kraft ist – selbst ein bedeutender Prophet wie Elisa? Solche Geschichten jedenfalls trugen mit dazu bei, dass Menschen auf die Idee kamen, die Nähe des eigenen Grabes zu demjenigen eines berühmten Propheten oder Lehrers könne von Vorteil sein.

Die feste Zuversicht auf eine Auferstehung der Toten, wie sie auch in einigen Höhlen in Bet Schearim zum Ausdruck kommt, gründet sich für Christen nicht auf irgendeinen Wunderglauben oder auf die Nähe zum Grab eines Heiligen, sondern auf eindeutige Aussagen von Jesus: *„Habt keine Angst. Ihr vertraut auf Gott, nun vertraut auch auf mich! Es gibt viele Wohnungen im Haus meines Vaters, und ich gehe voraus, um euch einen Platz vorzubereiten. Wenn es nicht so wäre, hätte ich es euch dann so gesagt? Wenn dann alles bereit ist, werde ich kommen und euch holen, damit ihr immer bei mir seid, dort, wo ich bin"* (Johannes 14,1-3). Zur Schwester des verstorbenen Lazarus sagte Jesus: *„Ich bin die Auferstehung und das Leben. Wer an mich glaubt, wird leben, auch wenn er stirbt"* (Johannes 11,25). Und der Apostel Paulus folgert: *„Denn durch die Taufe sind wir mit Christus gestorben und begraben. Und genauso wie Christus durch die herrliche Macht des Vaters von den Toten auferstanden ist, so können auch wir jetzt ein neues Leben führen. Da wir in seinem Tod mit ihm verbunden sind, werden wir auch in der Auferstehung mit ihm verbunden sein"* (Römer 6,4-5).

Gläubige Menschen brauchen kein Grab in der Nähe eines Heiligen. Wichtiger ist, was das Grab von Jesus bedeutet: Es war leer. So bekamen es die Frauen am Ostermorgen gesagt: *„Ich weiß, ihr sucht Jesus, der gekreuzigt wurde. Er ist nicht hier! Er ist von den Toten auferstanden, wie er gesagt hat. Kommt und seht, wo sein Leichnam gelegen hat"* (Matthäus 28,5-6). Eine leere Grabhöhle ist hier das starke Zeichen der Hoffnung. Daran kann uns auch Bet Schearim mit seinen leeren Grabhöhlen erinnern. Freude und Gewissheit sind die Folge – wie bei den Frauen am leeren Grab von Jesus: *„Die Frauen liefen schnell vom Grab fort. Sie waren zu Tode erschrocken und doch zugleich außer sich vor Freude"* (Vers 8).

7

Akko: Nach den Krümeln schnappen

Am Nordrand der Bucht von Haifa liegt die alte Hafenstadt Akko oder Ptolemaïs. Die Landzunge ist mit einer starken Festungsanlage aus der Kreuzfahrerzeit gesichert. Der Hafen hat heute an Bedeutung verloren, war aber viele Jahrhunderte in Betrieb. Die Geschichte des Ortes geht weit zurück.

› Mächtige Verteidigungsanlagen wurden unter den Kreuzrittern gebaut und von Muslimen verstärkt.

Frühe Funde

Keramik*, Mauerfundamente, Fußböden und in den Felsen gehauene Gruben zeugen von der Besiedelung zwischen Chalkolithikum* und Frühbronzezeit*. Die Menschen damals waren Bauern. Möglich ist, dass sich die Höhe des Meeresspiegels veränderte und die Gegend längere Zeit danach nicht besiedelt war. Zur Zeit der kanaanitischen Städtegründungen an der Küste in der Mittelbronzezeit* bestand die Befestigung aus massiven Erdwällen mit einer Ziegelmauer darauf.

In einem Torraum fanden Archäologen eine Steinbank, welche vielleicht von den Stadtältesten bei Handelsgeschäften oder zur Urteilsverkündung benutzt wurde. Das Tor war üblicherweise der Ort für Rats- und Gerichtsversammlungen (siehe auch Seite 74). Deshalb heißt es z.B. bei Amos: *„Hasst das Böse und liebt das Gute und richtet das Recht auf im Tor!“* (5,15; ELB). Und Hiob konnte von sich sagen: *„Wenn ich damals zum Stadttor ging, nahm ich einen Ehrenplatz ein“* (Hiob 29,7). Die Bank im Torraum von Akko macht das anschaulich.

In einem Gebäude mit zwei Meter dicken und heute noch vier Meter hohen Wänden fanden die Ausgräber, die hier seit 1973 an der Arbeit waren, ein großes, mit Steinplatten ausgelegtes Grab. Es enthielt die Skelette einer Frau und zweier Kinder. Keramikgefäße, Silberschmuck, Bronzefigurinen und Gussformen zeigen Verbindungen zu Griechenland, Zypern und Ägypten. Tatsächlich ist der ägyptische Einfluss auf die Stadt auch anderweitig belegt: Akko wird auf einem Relief des Pharao Ramses II. in der Palastanlage von Karnak unter den eroberten Städten erwähnt. Auch in den Amarna-Briefen und den Ächtungstexten von Thutmosis III. wird die Stadt aufgelistet. Aus der Spätbronzezeit* ist eine Grube mit zerbrochenen Gehäusen der Purpurschnecke erwähnenswert. In Akko war demnach eine Purpurfärberei angesiedelt.

Im 7. Jahrhundert v.Chr. verwendeten die Leute von Akko zum ersten Mal Steine für ihre Verteidigungsanlage. Verschiedene Spuren deuten auf Metall verarbeitendes Gewerbe in jener Zeit hin.

Perser und Griechen

Unter den Persern* war Akko eine wichtige Verwaltungs- und Handelsstadt. Über sie wurde die Verbindung nach Ägypten aufrechterhalten. Zwei Ostraka* zeigen Handelsaktivitäten der an der Mittelmeerküste ansässigen Phönizier. Ein Stadtviertel war im 6.–7. Jahrhundert von griechischen Kaufleuten bewohnt, die ihre Keramik* mitgebracht hatten.

Während der hellenistischen Periode* wurde die Stadt Ptolemaïs genannt. Zahlreiche Krughenkel mit griechischen Stempeln lassen auf große Weinimporte schließen. Münzfunde belegen die strategische Bedeutung in römischer Zeit. Julius Caesar landete 48 v.Chr. mit seinen Legionen in Akko.

Christen und Muslime

Schon 60 n.Chr. bestand in Ptolemaïs eine Christengemeinde, die Paulus auf seiner Reise von Tyrus nach Cäsarea besuchte (Apostelgeschichte 21,7). Im 2. Jahrhundert n.Chr. wird die Stadt als Bischofssitz bezeichnet. 636 geriet sie unter islamische Herrschaft. 1104 gelang es den Kreuzfahrern, die Stadt zur Übergabe zu zwingen. Akko wurde zum Haupthafen des fränkischen Königreichs. Wie schon lange vorher trafen dort auch die Karawanen von Damaskus her ein. Viele arabische Kaufleute blieben ansässig. Schon 1187 wechselte das Schicksal wieder. Sultan Saladin baute daraufhin die Befestigungsanlagen weiter aus, konnte sich aber nur zwei Jahre halten.

1198 gründeten Ritter und Kaufleute in Akko den Deutschen Orden. Es folgten Klöster der Klarissinnen und Franziskaner. 1291 übernahmen die Mameluken die Kontrolle über die Stadt und später herrschten die türkischen Osmanen*. Moscheen, eine Zitadelle und mehrere Karawansereien* wurden gebaut. Noch manches Mal wurde die Stadt belagert. Sogar Napoleon hatte es auf sie abgesehen. Im 19. Jahrhundert schließlich verlor der Hafen an Bedeutung, denn das Becken versandete.

Eine der alten Karawansereien in Akko erstrahlt in neuem Glanz.

Die Kreuzfahrerstadt

Das Hauptquartier des Johanniterordens mit seinen Hallen und Sälen befindet sich heute etliche Meter unter dem Straßenniveau. Frühgotische Spitzbogengewölbe, schwere Rundpfeiler, riesige Kamine und ein unterirdischer Gang, der zum Spital und der Meldestelle für Pilger führt, zeugen von den Aktivitäten der christlichen Ritter. Dieser Tunnel ist 350 Meter lang und wurde erst 1994 durch Zufall entdeckt: Eine Frau hatte sich über eine verstopfte Abwasserleitung beschwert und der Reparaturtrupp stieß auf das unterirdische System.

Unterirdische Tunnel verbanden die einzelnen Einrichtungen miteinander.

Von Häppchen und Krümeln

Ptolemaïs, wie Akko im Neuen Testament heißt, war für Paulus auf seinem Weg nach Jerusalem Durchgangsstation. Man könnte meinen, er hätte seine Zeit für die Gemeinden in der Gegend dabei ungerecht aufgeteilt: Vorher, in Tyrus, blieb er eine Woche bei den Gläubigen. Eine bewegende Abschiedsszene am Strand zeigt, wie man in jenen Tagen einander ans Herz gewachsen war (Apostelgeschichte 21,4-6). Die übernächste Station war Cäsarea Maritima - und auch dort blieb Paulus mehrere Tage (Verse 8-14). Dazwischen aber, in Ptolemaïs, hielt Paulus sich nur für einen Tag auf (Vers 7). Die Gemeinde dort bekam quasi nur ein Häppchen vom Apostel mit. Doch wenn der biblische Bericht sagt, Paulus „begrüßte" die Jünger dort, dann hat das durchaus Gewicht. Einander zu begrüßen war damals keine flüchtige Geste, sondern brachte eine echte Begegnung mit sich. Häppchen sind kaum etwas Großes - doch wenn es Häppchen von Gottes Geschichte sind, dann haben auch sie es in sich.

Fischerboote im Hafen von Akko

Ptolemaïs liegt im Süden des phönizischen Küstenstreifens. In diese Gegend, aber weiter nördlich, kam Jesus einmal, nämlich in das Gebiet von Tyrus. In Markus 7,25-30 heißt es: *„Sofort kam eine Frau zu ihm, deren kleine Tochter von einem bösen Geist besessen war. Sie hatte von Jesus gehört, und nun kam sie, warf sich ihm zu Füßen und bat ihn inständig, ihr Kind von dem Dämon zu befreien. Da sie eine Griechin war, die aus Syrophönizien stammte, sagte Jesus zu ihr: ‚Ich muss zuerst meiner eigenen Familie, den Juden, helfen. Es ist nicht recht, den Kindern das Essen wegzunehmen und es den Hunden vorzuwerfen.' Sie erwiderte: ‚Das ist wahr, Herr, aber selbst den Hunden unter dem Tisch gibt man die Krümel von den Tellern der Kinder.' ‚Damit hast du recht!', sagte er. ‚Nun geh nach Hause. Der böse Geist ist aus deiner Tochter ausgefahren.' Und als die Frau nach Hause kam, lag ihre kleine Tochter ruhig im Bett, und der Dämon war fort."*

Ungewohnt harsche Worte hören wir hier aus dem Mund des großen Menschenfreundes Jesus. Er bewegte sich außerhalb des jüdischen Gebietes an der Küste des Mittelmeeres und reagierte auf die Bitte der Syrophönizierin so, wie es von strengen Juden erwartet wurde. Mit Götzendienern wollte man nichts zu tun haben. Bewundernswert ist die Reaktion der Frau. Sie ließ sich nicht einschüchtern, war schlagfertig und bestand darauf, dass sie zumindest ein Anrecht auf „Krümel" hätte. Ihr Glaube wurde belohnt.

Manche Christen denken, mit der Entscheidung zu Jesus beginne ein Weg der Freude und der Zufriedenheit, und sind dann herb enttäuscht, wenn dem nicht so ist, wenn es ungerecht zuzugehen scheint und sie Gottes Segen allenfalls häppchenweise erleben. Sie geraten in Zweifel und fragen sich, ob ihre Hinwendung zu Gott echt war oder ob nicht doch etwas fehle. Die hartnäckige und schlagfertige Frau, der Jesus in diesem Landstrich begegnete, kann einen Hinweis darauf geben, dass auch mit einem starken Glauben nicht alles so läuft, wie man sich das vorgestellt hat. Manchmal braucht es Durchhaltevermögen, um zu seinem „Recht" zu kommen. Jesus hat nämlich jedem verheißen, dass er sich als Familienangehöriger Gottes sehen darf und sich nicht länger zu den Fremden oder Ausländern zählen muss.

Schnapp also nach den Krümeln, es lohnt sich!

Megiddo: Schlachtenlärm und Hufgetrappel

Megiddo, Armageddon oder Harmagedon – dieser Ort erregt seit Jahrtausenden die Gemüter. Im Judentum wurde die Erinnerung an große Schlachten aufrechterhalten und unter Lesern des Buches der Offenbarung haben die Visionen des Johannes Erwartungen über die endgültige Abrechnung mit dem Bösen geweckt. Was hat es mit diesem Ort auf sich?

Die alte Stadt Megiddo, der heutige Tell* Megiddo, liegt in der Jesreel-Ebene an der Kreuzung der Handelsstraße von Ägypten nach Syrien mit der Route vom Mittelmeerhafen Akko aus über Sichem nach Jerusalem. Diese Lage war schon immer strategisch höchst bedeutsam. Wer Megiddo kontrollieren konnte, saß an der Schaltzentrale der Region. Der Autor und Journalist Wayne Stiles meint: *„Wenn man das Land Israel auf dem Spielbrett von ‚Monopoly' darstellen würde, wäre Megiddo die Schlossallee"* (in der schweizerischen Ausgabe wäre es der Zürcher Paradeplatz).

Seit 2005 gehört die Ausgrabung zum UNESCO-Weltkulturerbe. Die Erforschung des Ruinenhügels begann 1903 und fand ihren Höhepunkt zwischen 1960 und 1972 unter dem israelischen Archäologen Yigael Yadin. Auch heute noch wird der Platz intensiv unter der Leitung von Israel Finkelstein interdisziplinär bearbeitet. Mindestens 25 Besiedelungsschichten* werden unterschieden und zeigen die bewegte Vergangenheit des Ortes.

Zwischen Syrien und Ägypten

Schon vor 5000 Jahren entstand an der strategisch wichtigen Lage am Ende des von Nordwest nach Südost laufenden Karmelgebirges ein befestigter Ort. Bullen* aus Ton mit Siegelabdrücken jener Zeit zeigen Kontakte über Syrien nach Mesopotamien und in der Gegenrichtung nach Ägypten auf. Ein erster Tempel* wurde errichtet. Einblicke in die Bronzezeit* ergaben sich vor allem durch einen Tiefenschnitt* (den sogenannten Schumacher-Graben, benannt nach dem ersten Ausgräber von Megiddo). Massive Mauern und ein runder Altar aus Bruchsteinen kamen ans Tageslicht. Die Konstruktion weist einen Durchmesser von neun Metern auf. Sieben Stufen führten zu ihm empor. Knochenfunde zeigen, dass dort Tiere geopfert wurden.

Der Opferplatz aus tieferen Schichten.

Im 18. Jahrhundert v.Chr. wurde die Stadt mit einem gewaltigen Erdwall umgeben, und das Stadttor erlebte eine Verbreiterung, sodass auch Streitwagen hindurchfahren konnten. In der Mitte des 15. Jahrhunderts eroberte Thutmoses III. die Stadt Megiddo. Der Bericht über die Schlacht wurde im Tempel von Karnak eingemeißelt.

In einem der berühmten Amarnabriefe* wird ein König von Megiddo erwähnt. Biridiya – so sein Name – bat in diesem Brief seinen Oberherrn Pharao Echnaton um militärische Unterstützung gegen die „Habiru", welche das Land zunehmend verunsicherten. Die Frage, ob unter jenem Volk die Hebräer zu verstehen sind, wird in Forscherkreisen heiß diskutiert. Man hätte dann einen Hinweis darauf, dass die Hebräer bereits vor dem 14. Jahrhundert v.Chr. in das Land Kanaan eingedrungen seien. War das die Eroberung unter Josua? Doch diese Frage ist kompliziert, und die Erwähnung der „Habiru" ist bei Weitem nicht eindeutig genug, um sie zu beantworten.

Der ägyptische Einfluss auf das Handwerk der blühenden Stadt ist vor allem in den Elfenbeinarbeiten zu erkennen. Zahlreiche sehr fein ausgeführte Stücke wurden in Megiddo gefunden.

Israel übernimmt

Unter der Führung von Josua schlug das Volk Israel den König von Megiddo (Josua 12,21). Der Stamm Manasse, in dessen Gebiet Megiddo lag, vertrieb aber die Bewohner nicht (Richter 1,27). Die Stadt wird dann wieder zur Zeit Salomos erwähnt. Er ließ eine Reihe von Ortschaften, darunter auch Megiddo, ausbauen: *„Das Folgende ist der Bericht über die Fronarbeiter, die König Salomo verpflichtete, um das Haus des HERRN, den königlichen Palast, den Millo, die Stadtmauer von Jerusalem und die Städte Hazor, Megiddo und Geser zu bauen … Er errichtete Siedlungen, in denen große Kornspeicher waren, und andere, in denen seine Streitwagen und Pferde stationiert waren. Überall, in Jerusalem, im Libanon und in seinem ganzen Herrschaftsbereich, ließ er durch die Fronarbeiter Bauten errichten"* (1. Könige 9,15.19).

Treppen führen hinab in ein riesiges Getreidesilo.

In der Tat finden sich in Megiddo eindrucksvolle Spuren eines Ausbaus. Das Stadttor, ein riesiges Getreidesilo und Futterkrippen belegen die Bedeutung des Ortes. Zwar sind runde Getreidesilos aus Bruchsteinen für die Eisenzeit in Israel nichts Besonderes. Was die Funde in Megiddo jedoch außerordentlich macht, sind die riesigen Ausmaße der Vorratsanlage. Die Anlage der Tore in den Städten Megiddo, Geser und Hazor entsprechen einem einheitlichen Plan. Jeweils sechs Kammern beherbergten Räume für die Wächter. Zumindest in Geser sind auch umlaufende Steinbänke erhalten, auf denen die Entscheidungsträger einer Siedlung Platz nahmen, um anstehende Geschäfte zu besprechen. Schon in der Zeit der Richter wurden solche Gepflogenheiten geübt und sind typisch für das Volk Israel. *„Boas ging zum Stadttor und setzte sich dort hin. Als der andere Loskäufer, von dem er gesprochen hatte, vorbeilief, rief Boas ihm zu: ‚Komm doch herüber und setz dich zu mir.' Und der Mann kam und setzte sich zu Boas. Dann holte Boas zehn weitere Männer von den Ältesten der Stadt und bat sie ebenfalls Platz zu nehmen. Also setzten sie sich dazu"* (Rut 4,1-2).

Die Datierung dieser großen Tore ist, wie so vieles in der biblischen Archäologie, umstritten. William Dever – ein Forscher, der sicher nicht zu denen gehört, die um jeden Preis die Bibel bewei-

Die Toranlage von Megiddo mit ihren Kammern, von der Stadt aus gesehen.

sen wollen – ordnet sie in die Zeit Salomos ein. Sie wären also ein eindrücklicher Beleg für die Bautätigkeit dieses Königs, wie sie die Bibel erwähnt.

Wem gehörten die Pferdeställe?

Gilt das auch für die großen Stallanlagen von Megiddo? Als sie in der ersten Hälfte des letzten Jahrhunderts ausgegraben wurden, sah man in ihnen tatsächlich die in der Bibel genannten Ställe Salomos. Später war man sich in der Wissenschaft nicht mehr so sicher, ob es wirklich Ställe waren oder nicht vielmehr Lagerhäuser, Markthallen oder Baracken. Doch der jetzige Ausgrabungsleiter Israel Finkelstein – sonst eher skeptisch gegenüber den Angaben der Bibel – hält die Deutung als Pferdeställe für zutreffend.

Eine Futterkrippe aus der Stallanlage in Megiddo.

Die Datierung in die Zeit Salomos wird allerdings von den meisten stark in Zweifel gezogen. Heute werden die Anlagen mit König Ahab in Verbindung gebracht, der ungefähr hundert Jahre nach Salomo regierte. Doch die Debatte über die verschiedenen Ansätze der biblischen Chronologie ist längst nicht abgeschlossen, und selbst wenn die Pferdeställe von Megiddo nicht die biblisch erwähnten wären, so bleibt doch das imposante Stadttor als steinerne Spur des biblischen Berichts.

Eindrucksvoll ist auch die ausgeklügelte Anlage zur Wasserversorgung. Um die strategisch so wichtige Stadt zuverlässig mit Wasser zu versorgen, grub man einen 30 Meter tiefen Schacht in die Erde. Wer in Megiddo Wasser holen wollte, musste also erst einmal tief hinabsteigen. Von diesem Tiefpunkt des Schachts aus führte ein 70 Meter langer Tunnel zu einer Quelle.

Kämpfende Truppen und betende Offiziere

Zur Geräuschkulisse von Megiddo gehörten nicht nur Hufgetrappel und das Plätschern von Wasser, auch Schlachtenlärm erscholl immer wieder in dieser Gegend. Die Ebene östlich der Stadt war über Jahrhunderte hinweg ein Kriegsschauplatz. Debora und Barak besiegten dort die Kanaaniter. Ein Vers aus dem Siegeslied der

Tief unter dem Felsen führt ein Tunnel zur Wasserstelle.

Richterin illustriert ihre enge Beziehung zu Gott: „HERR, *all deine Feinde sollen umkommen wie Sisera! Aber die dich lieben, sollen in ihrer Kraft wachsen wie die aufgehende Sonne!*" (Richter 5,31).

Im Jahr 733 v.Chr., also 400 oder noch mehr Jahre später, kamen die Assyrer von Norden her und eroberten das Land der zehn nördlichen Stämme Israels, töteten viele Menschen und siedelten Tausende in andere Weltgegenden um. So erfüllten sich die Vorhersagen der Propheten, die den Götzendienst im Nordreich schon lange verurteilt und deshalb Gottes Strafe angekündigt hatten. Selbst König Josia hatte wenig Glück bei Megiddo, obwohl er einer der Könige von Juda (also des Südreichs) war. *„Keiner der früheren Könige war wie Josia gewesen, denn er wandte sich wirklich von ganzem Herzen, mit ganzer Seele und aus ganzer Kraft dem Herrn zu und hielt alle Gesetze Moses. Und auch nach ihm gab es nie wieder einen solchen König … Während Josias Herrschaft zog Pharao Necho, der König von Ägypten, zum Euphrat, um gegen den König von Assyrien zu kämpfen. König Josia marschierte ihm entgegen, doch König Necho tötete ihn, als er ihn bei Megiddo traf"* (2. Könige 23,25.29).

In römischer Zeit war Megiddo Standort einer Militärkaserne. Im antiken jüdischen Dorf wurden im Jahr 2005 Spuren einer sehr alten christlichen Hauskirche gefunden - und zwar auf dem Gebiet des heutigen Gefängnisses. Die Inschrift eines Bodenmosaiks spricht von einem „Tisch zur Erinnerung an den Gott Jesus Christus". Man nimmt an, römische Offiziere hätten hier das Abendmahl gefeiert - offenbar gab es einige Christen im römischen Heer.

1918 fand bei Megiddo die sogenannte Palästinaschlacht zwischen Briten und Osmanen statt. General Allenby brachte den Türken eine schwere Niederlage bei. Es war eine der letzten großen Schlachten des Ersten Weltkriegs. Doch war das hier die letzte Auseinandersetzung? Nach Auffassung vieler Christen steht eine weitere Schlacht bei Megiddo noch aus.

Und die Schlacht von Harmagedon?

Die Schlacht bei Harmagedon oder Armageddon bedeutet für namhafte Bibelausleger und Verkünder die endzeitliche Auseinandersetzung zwischen Gut und Böse, Satan und Christus. Harmagedon ist schon fast sprichwörtlich geworden für einen letzten großen Kampf oder Zusammenbruch. Bis in Titel von Katastrophenfilmen hinein taucht der geheimnisvolle Name auf. Er stammt aus Offenbarung 16,16. Oft wird „Harmagedon" als „Berg von Megiddo" gedeutet - obwohl Megiddo nicht auf einem Berg liegt, sondern allenfalls an einem langgestreckten Bergrücken, einem südöstlichen Ausläufer des Karmel. Eine apokalyptische Schlacht bei Megiddo anzunehmen ist aber zu weit hergeholt. Zum einen ist diese Namensdeutung von „Harmagedon“ unsicher und zum anderen spricht die Offenbarung des Johannes gar nicht von einer endzeitlichen Schlacht! Die Rede ist zwar vom Anmarsch von Truppen, nicht nur bei Harmagedon, sondern auch bei Jerusalem (Offenbarung 16,16; 19,19; 20,8-9). Doch bevor es zum Kampf kommt, sind die Gegner schon vernichtet. Für Szenarien mit Schwertgemetzel und Bombenkriegen gibt es in der Offenbarung keine Anhaltspunkte.

Egal, wo und wie sich die Ereignisse am Ende der Weltgeschichte - kurz bevor Christus wiederkommt - zuspitzen werden, wichtiger als Spekulationen ist die Mahnung, die im Zusammenhang mit dem Harmagedon-Hinweis ausgesprochen wird. Da heißt es: *„Der Herr spricht: ‚Siehe, ich komme so unerwartet wie ein Dieb! Glücklich ist der, der wachsam auf mich wartet und seine Kleider anbehält, damit er nicht nackt gehen und sich schämen muss‘“* (Offenbarung 16,15).

Tief einsteigen, um Erfrischung zu finden

Was am Ende also zählt, ist die Beziehung zu Jesus Christus. Er ist es, der kommt, und nicht eine unklare apokalyptische Bedrohung. Die Geräuschkulissen von Megiddo über die Jahrhunderte hinweg sind dafür ein schönes Symbol. So bedrohlich der Schlachtenlärm ist: An diesem Ort erklangen auch Christuslieder. Hier wurde Jesus verehrt - derjenige, der stets die Fäden in der Hand behält.

Irreführende oder unvollständige Drohbilder zurechtrücken wie das von der apokalyptischen Harmagedon-Schlacht - das gelingt denen, die tiefer und genauer in die Bibel hineinblicken. Wie die Frauen von Megiddo mehr als hundert Stufen hinuntersteigen mussten, um Wasser zu schöpfen, so sucht auch Gottes Wort Leserinnen und Leser, die tief hinuntertauchen, um die lebensnotwendige Erfrischung zu finden.

9

Nazareth: Was kann schon Gutes von dort kommen?

„Jesus von Nazareth" – dass Jesus aus dieser Stadt kam, weiß fast jeder. In Nazareth selbst gibt es kaum archäologische Stätten, die in die Zeit von Jesus zurückführen. Aber gemeinsam mit dem nahe gelegenen Ort Kana können die Pilgerstätten zeigen, welche Bedeutung Jesus auch heute noch hat.

Geboren wurde Jesus in Bethlehem. Dorthin mussten seine Eltern – als Nachkommen aus dem Haus Davids – reisen, um registriert zu werden. Dass jene Volkszählung (Lukas 2,1) nicht eine Erfindung des Evangelisten Lukas ist, bezeugt eine Inschrift in der Hauptstadt der Türkei. Die Wände eines Tempels in Ankara enthalten ein seltenes Zeugnis der sogenannten *Res gestae divi Augusti*, einem Tatenbericht des Kaisers Augustus. In diesem Dokument werden auch Volkszählungen und Erhebungen aufgelistet. Der Text ist eindeutig propagandistisch, also kein objektiver Report. Er lässt sich nicht eins zu eins mit dem biblischen Bericht in Einklang bringen, zeigt aber klar, dass es damals Volkszählungen im ganzen Römischen Reich gab.

Verheißung für Nazareth

Die Bibel berichtet weiter von der Flucht der Familie nach Ägypten und ihrer Heimkehr. *„Die Familie zog in die Stadt Nazareth, um sich dort niederzulassen. Damit erfüllte sich, was die Propheten vorausgesagt* *hatten: ‚Man wird ihn den Nazarener nennen'"* (Matthäus 2,23). Nun findet sich aber nirgends im Alten Testament eine Erwähnung jenes Städtchens. Einen möglichen Hinweis enthält Jesaja 11,1: *„Aus dem Stumpf Isais wird ein Spross hervorgehen – ein neuer Trieb aus seinen Wurzeln wird Frucht tragen."* Vom Wort „Trieb, Spross", hebräisch *nezer*, wäre eine Beziehung zum Ortsnamen Nazareth denkbar. Zumindest hat Matthäus hier wohl einen sprachlichen Anklang gehört. Es ist möglich, dass sich eine Sippe von Nachkommen Davids dort niederließ, als ca. 100 v.Chr. Juden wieder in Galiläa Fuß fassten (zuvor war die jüdische Bevölkerung dort stark vermindert).

Zur Zeit von Jesus war die Gegend dünn besiedelt. Nazareth war wohl eher ein Dorf als eine Stadt. (Mit dem griechischen Begriff *polis* wurden auch Dörfer und kleinere Siedlungen bezeichnet.) Johannes berichtet über die ersten Jünger. Einer rief begeistert: *„‚Wir haben den gefunden, von dem Mose und die Propheten geschrieben haben! Es ist Jesus, der Sohn von Josef aus Nazareth.' ‚Aus Nazareth!', rief Nathanael aus. ‚Kann denn aus Nazareth etwas Gutes kommen?' Philippus antwortete: ‚Komm mit und überzeuge dich selbst'"* (Johannes 1,45-46). Nathanael ließ sich auf das Wagnis ein und erlebte bald selbst, wie dieser scheinbar unbedeutende Mann aus dem kleinen Städtchen in Galiläa Wunder vollbrachte.

Wasserkrüge in Kana

Ungefähr 20 Kilometer nördlich von Nazareth liegt der kleine Flecken Kana. Von diesem Ort ist kaum etwas bekannt außer dem ersten Wunder, das von Jesus berichtet wird (Johannes 2). In byzantinischer Zeit* gelangten mehr und mehr Pilger ins Heilige Land. Sie reisten von Tiberias nach Nazareth und kamen dabei an Kafr Kana vorbei. In diesem Ort machte man später eine Stelle aus, von der man annahm, hier habe das „Hochzeitshaus", in dem Jesus das Wunder der Weinvermehrung vollbrachte, gestanden. 1566 wurde dort eine griechische Kirche errichtet. Franziskanische Mönche bauten 1883 ein weiteres Gotteshaus über dieser Stelle. Dabei stießen sie auf vorbyzantinische Säulen, Kapitelle*, Friese und eine aramäische Mosaikinschrift. Die Reste stammen wahrscheinlich von einer judenchristlichen Kirche des 3. Jahrhunderts n.Chr.

Johannes berichtet von den Ereignissen: *„Im Haus gab es sechs steinerne Wasserbehälter, die für die vorgeschriebenen Reinigungshandlungen der Juden verwendet wurden und jeweils rund hundert Liter fassten"* (Johannes 2,6). Meist richtet sich das Augenmerk in diesem Bericht auf die Verwandlung von Wasser in Wein, welcher den schon „mit Getränken gesättigten" Besuchern des Festes vorzüglich mundete. Im Zusammenhang mit der Stadt Nazareth jedoch und den dort gefundenen Anlagen zur Wasserversorgung kommen die großen Wasserkrüge in ein anderes Licht.

Diese Kirche wurde zum Andenken an das erste Wunder Jesu in Kana errichtet.

Die Marienquelle von Nazareth

Der Evangelist Lukas berichtet die meisten Details von der Geburt Jesu. *„Als Elisabeth im sechsten Monat schwanger war, sandte Gott den Engel Gabriel nach Nazareth, in eine Stadt in Galiläa"* (Lukas 1,26). Auch dieses Ereignis gab Anlass, zum Gedenken daran eine Kirche zu bauen, und zwar die griechisch-orthodoxe Gabrielskirche. Hier sprudelt noch heute eine Quelle. Ein Aquädukt leitet das Wasser zum Marienbrunnen. Wo die schicksalsträchtige Begegnung stattfand, kann allerdings nicht bestimmt werden. Sehr wahrscheinlich kam Maria mit all den anderen Frauen der Siedlung, welche damals an die 400 Menschen umfasste, dorthin, um Wasser zu schöpfen. Neue Untersuchungen in der Umgebung des Brunnens brachten Wasserleitungen und Reste von römischen Thermen* ans Licht. Maria selbst wird nicht darin gebadet haben, denn die römische Art der Körperpflege war bei den Juden verpönt. Das aufwendige Baumaterial weist auf eine Garnison hin, die in der Nähe von Nazareth stationiert war. Dass Juden und „heidnische" Römer, später auch Christen, hier miteinander oder zumindest nebeneinander lebten, bezeugt in reichem Maß der sechs Kilometer nördlich gelegene Moschaw Zippori mit den Resten der Stadt Sepphoris (von den Römern Diocäsarea genannt).

Das alte und neue Nazareth

In Nazareth sind alte Höhlenwohnungen erhalten. Zum Teil wurden unterirdisch bis drei Stockwerke angelegt und durch Gänge miteinander verbunden. Außerdem gibt es Felsgräber. Beide, Höhlen und Gräber, zeugen von der Besiedelung des Gebietes in der Bronzezeit*. 800 Jahre später, zur Zeit Davids und Salomos, wurden auch in den Fels gehauene Getreidesilos benutzt. Aus der Zeit der Wiederbesiedelung im 2. Jahrhundert v.Chr. stammen 23 Gräber. Es handelt sich um einen typisch jüdischen Friedhof mit *kokhim,* Schiebestollengräbern. Zunächst wurde der Leichnam in Tücher gehüllt und auf eine Grabbank oder in einen Felsentrog gelegt. War der Tote verwest, bettete man die Knochen in Ossuarien* um und schob sie in den Grabstollen.

Die Stadt Nazareth heute.

Heute bedeckt die moderne Stadt mehr als das damalige Siedlungsgebiet und verhindert so großflächige Untersuchungen. Aktuell leben ca. 70 000 Menschen dort. Ein markantes Zeichen im Häusermeer bildet die Verkündigungskirche. Vor der nördlichen Kirchenmauer sind Grotten, Silos, Zisternen, Ölpressen und Weinkeltern aus herodianischer Zeit zu sehen. Die Verkündigungsgrotte diente damals als Vorratshöhle und gehörte zu einem der bescheidenen Wohnhäuser. Schon im 2. Jahrhundert n.Chr. unterhielten Judenchristen dort eine Kultstätte. Basen, Kapitelle und Gesimsreste in der sogenannten „Unterkirche" stammen aus einer Synagogenkirche des 3. Jahrhunderts und von der byzantinischen Anlage aus dem 5. Jahrhundert. Eine Weinkelter wurde mit einer Zisterne verbunden und diente als Taufbecken. Sieben Stufen führen zu dem zwei mal zwei Meter großen wasserdicht verputzten Becken hinunter. Es ist auch möglich, dass die Anlage vorher als *Mikwe** diente, ein kultisches Reinigungsbad der Juden. Ein weiteres solches Becken wurde im angrenzenden Wohngebiet gefunden. Beide ergänzte man im frühen 3. Jahrhundert mit Stufen. In den Verputz sind Zeichen geritzt – kleine Boote, ein Fischernetz, eine Pflanze und ein Kreuz mit drei Punkten.

Es ist wahrscheinlich, dass die christliche Gemeinde in Nazareth ein etwas anderes Bild bot als diejenigen in der westlichen Welt.

Von der Pilgerin Paula wird in ihrer Lebensbeschreibung berichtet, dass sie 386 n.Chr. nach Galiläa kam. Sie *„durcheilte in schneller Reise Nazareth, die Stadt des Wachstums unseres Herrn, Kana und Kafarnaum“*. Einen Hinweis auf den Grund der Eile liefert ihr Begleiter Hieronymus. Er schrieb, dass *„die Nazarethaner weder Juden noch Christen“* seien, weil sie *„mit jenen die Lebensgewohnheiten und mit uns den Glauben gemeinsam“* hätten. Lebten hier Judenchristen, die erwachsene Menschen tauften, den Sabbat hielten und sich an die alttestamentlichen Speisegebote hielten?

Eine im 12. Jahrhundert erbaute Kreuzfahrerkirche umschloss die gesamte byzantinische Basilika*. 1620 erwarben die Franziskaner das Areal und gruben eine unterirdische Verbindung von ihrem Kloster zur Grotte, um von den Muslimen ungesehen die Stätte nutzen zu können. 1969 wurde nach zehn Jahren Bauzeit die fünfte Verkündigungskirche vollendet. Die Kuppel ist einer umgestülpten Lilienblüte nachempfunden. Das Portal zeigt im Bild einige Stationen des Lebens Jesu.

Wein statt Waschwasser

Archäologisch gesehen bietet Nazareth nicht viele Einsichten in die Vergangenheit, denn wie gesagt, die moderne Stadt bedeckt das Gelände. Nehmen wir aber die geschilderten Gedenkstätten hinein in eine Betrachtung über die Bedeutung des Wirkens Jesu, so erschließen sich grundlegende Prinzipien. Bestimmt füllte das Wasserholen im Leben Marias einen wesentlichen Teil ihrer Zeit als Mädchen, Hausfrau und Mutter aus. Die Frauen trafen sich am Brunnen und tauschten Neuigkeiten aus. Vielleicht wurde dort auch zuerst hinter der Hand von der Schwangerschaft der jungen Frau getuschelt. Eine solche Schande in dem kleinen jüdischen Städtchen wurde damals durch eine Steinigung ausgemerzt. Josef musste speziell durch den Besuch eines Engels dazu gebracht werden, seine Verlobte trotzdem zu heiraten.

Hochzeitsfeste dauerten etliche Tage. Verwandte und Freunde kamen und wurden bewirtet. So besuchte auch 30 Jahre später

Die Kuppel der Verkündigungskirche ist einer Lilienblüte nachempfunden.

Maria eine Familie im Nachbarort Kana und traf dort ihren Sohn wieder, der begonnen hatte, Jünger um sich zu scharen. Selbstverständlich wurden auch diese Gäste willkommen geheißen. Der aufmerksamen Frau entging aber nicht eine Verlegenheit des Brautpaares: Der Wein ging zur Neige und der Besucherstrom riss noch nicht ab. Maria muss wohl gespürt haben, dass im Leben ihres Sohnes eine entscheidende neue Zeit anbrach. Sie hatte tief in ihrem Herzen die Worte Simeons anlässlich der Opfergabe für ihren Erstgeborenen im Tempel von Jerusalem bewahrt: *„Herr, nun kann ich in Frieden sterben! Wie du es mir versprochen hast, habe ich den Retter gesehen, den du allen Menschen geschenkt hast. Er ist ein Licht, das den Völkern Gott offenbaren wird, und er ist die Herrlichkeit deines Volkes Israel!"* (Lukas 2,29-32).

Von der Blamage, nicht angemessen für Hochzeitgäste sorgen zu können, wollte Maria die befreundete Familie gerne befreien, und sie traute dies ihrem Sohn auch zu. Trotz der in unseren Ohren groben Abfuhr, die Jesus seiner Mutter erteilte, ging sie zu den Bediensteten und sagte: *„Tut, was immer er euch befiehlt"* (Johannes 2,5). Jesus holte nicht auf wundersame Weise irgendwo Geld her, wie er es bei einer anderen Gelegenheit tat (Matthäus 17,27), sondern er griff bewusst zu einem anderen Mittel. Die Diener wurden aufgefordert, etwa 600 Liter Wasser aus dem Brunnen herbeizuschleppen. Das ging nicht mit einem Fingerschnippen vonstatten und löste wohl auch unzufriedenes Grummeln aus. Sollten etwa noch einmal alle Füße gewaschen werden? Brauchte da jemand ein Bad? Stellen wir uns das Erstaunen und vielleicht auch den Widerstand vor, als ein Becher Wasser geschöpft wurde mit der Aufforderung: *„Schöpft daraus und bringt es dem Zeremonienmeister"* (Johannes 2,8). Was riskierte der Diener, wenn er mit einem Schluck gewöhnlichen Wassers ankam? Wir kennen den guten Ausgang der Geschichte. *„Durch dieses Wunder in Kana in Galiläa zeigte Jesus zum ersten Mal seine Herrlichkeit. Und seine Jünger glaubten an ihn"* (Vers 11). Anlässlich der Taufe Jesu war seine Bestimmung schon klar geworden, jetzt folgte sein erstes Handeln.

Was macht wirklich sauber?

Ob sich die Jünger anlässlich des letzten Abendmahls an das Wunder von Kana erinnerten? Johannes berichtet als Einziger von der Fußwaschung im Rahmen der letzten Mahlzeit von Jesus vor seiner Kreuzigung. Die Jünger drückten sich vor diesem Dienst. Als Jesus ihn dann selbst ausführte, wollte Petrus sich erst weigern, die Waschung an sich geschehen zu lassen, forderte dann allerdings noch wesentlich mehr: *„Da rief Simon Petrus: ‚Dann wasche mir auch die Hände und den Kopf, Herr, und nicht nur die Füße!'"* (Johannes 13,9). Jesus erklärt geduldig: *„Wer gebadet hat, braucht sich – ausgenommen die Füße – nicht zu waschen, um völlig rein zu sein"* (Vers 10).

Die Taufe, die Jesus mit dem Bad meinte, ist ein einmaliger Akt. Die Sünden werden abgewaschen, ein reiner Mensch ersteht aus dem Wasser. Wie jedoch die Füße durch den täglichen Gebrauch wieder schmutzig werden, so befleckt Schuld auch den wiedergeborenen Menschen, und er bedarf der erneuten Reinigung. Dazu sollte die Feier des Abendmahles dienen. Vielleicht wurde Johannes erst bei der Niederschrift der Ereignisse klar, dass Jesus damals in Kana nicht zufällig Gefäße benutzte, die dem Saubermachen dienten. Damals wurde aus Wasser Wein, und nun wandelte sich der Wein zu einem Symbol des Blutes. *„Und dann nahm er einen Becher mit Wein und dankte Gott dafür. Er gab ihn seinen Jüngern und sagte: ‚Jeder von euch soll davon trinken, denn das ist mein Blut, das den Bund zwischen Gott und den Menschen besiegelt. Es wird vergossen, um die Sünden vieler Menschen zu vergeben'"* (Matthäus 26,27-28).

So fügen sich die Bilder des Brunnens in Nazareth, des Taufbeckens in der Verkündigungskirche und der Gedenkstätte an die Hochzeit zu Kana in den großen Rahmen der Erlösungsgeschichte. Wirkliche Reinigung ist nur aufgrund des Blutes von Jesus möglich – es ist ein Zeichen für sein Leben, das er stellvertretend für uns hingab. Im Opfer am Kreuz gipfelt die Heilsgeschichte. Wie damals Maria zu den Bediensteten sagte: *„Tut, was immer er euch befiehlt"*, so dürfen auch wir als Nachfolger Christi seine Worte in die Tat umsetzen. *„Ich habe euch ein Beispiel* (die Fußwaschung) *gegeben, dem ihr folgen sollt. Tut, was ich für euch getan habe"* (Johannes 13,15). So können wir erleben, dass Wasser wohl äußere Sauberkeit bewirken kann, aber nur das hingegebene Leben von Jesus – symbolisiert in seinem Blut – wirklich rettet.

Das ist das Gute, das aus Nazareth kommt!

Tell Dan: Götzendienst und Jordanquelle

Das Land Israel wird mit unterschiedlichen Namen bezeichnet. Man spricht z.B. vom Heiligen Land. In der Bibel findet sich aber auch eine ganz nüchterne Bezeichnung, die auf die geografische Ausdehnung Bezug nimmt: „von Dan bis Beerscheba". Das Gebiet des Stammes Dan markiert dabei den Norden Israels, dort, wo die Jordanquellen sind. Der Tell* Dan vereint in sich eine lange Geschichte.

Das kanaanitische Stadttor von Dan ist aus Lehmziegeln erbaut und wird heute durch eine Dachkonstruktion vor Niederschlägen geschützt.

Übereinandergeschachtelte Siedlungsschichten

Der Ort war schon im keramischen Neolithikum*, also der Neusteinzeit mit Töpferwaren, bewohnt. Um 1900 v.Chr. bestand hier bereits eine Stadt. Ein eindrückliches kanaanitisches Stadttor aus Lehmziegeln kann heute wieder durchschritten werden. Eine Siedlung namens „Lajisch" wird sowohl in der Bibel als auch in ägyptischen Texten erwähnt. Abraham und Lot hatten in jener Gegend Schwierigkeiten mit den Bewohnern zu überwinden. Als die Israeliten später ins Land kamen, suchte der Stamm Dan eine Bleibe. Nach einer seltsamen Geschichte mit einem speziellen Priester, der als Nachkomme Moses galt, wird berichtet:

„Und sie setzten ihren Weg fort. Als Micha sah, dass sie stärker waren als er, kehrte er um und ging zurück nach Hause. Die Männer von Dan nahmen also die Götzen mit, die Micha gemacht hatte, und auch seinen Priester. Sie überfielen die Stadt Lajisch, deren Einwohner ruhig und sorglos lebten. Sie töteten die Bewohner und brannten die Stadt nieder. Es gab keine Rettung für die Einwohner, denn sie lebten weit von Sidon entfernt und hatten keine Verbündeten in der Nähe. Das alles geschah im Tal bei Bet-Rehob. Danach bauten die Männer von Dan die Stadt wieder auf und ließen sich darin nieder. Sie nannten sie Dan nach ihrem Ahnherrn, dem Sohn von Israel; der ursprüngliche Name der Stadt war jedoch Lajisch gewesen" (Richter 18,26-29).

Nicht nur in der Richterzeit nahmen die Leute von Dan Götzenstatuen ehemaliger Bewohner des Gebietes an sich, statt sie zu vernichten. Auch später wurde Dan zum Standort von Götterbildern, nämlich nach der Spaltung des Reiches in Nord („Israel") und Süd („Juda") im 10. Jahrhundert v.Chr. *„Jerobeam dachte sich: ‚Nun wird die Herrschaft wieder an das Geschlecht Davids zurückfallen. Wenn die Menschen nach Jerusalem gehen, um im Haus des* HERRN *zu opfern, werden sie sich auch wieder ihrem Herrn, König Rehabeam von Juda, unterwerfen. Dann werden sie mich umbringen und sich wieder Rehabeam, dem König von Juda, zuwenden.' So überlegte der König. Deshalb ließ er zwei goldene Kälber anfertigen und sagte zum Volk: ‚Es macht euch zu große Umstände, wenn ihr nach Jerusalem gehen müsst. Seht her, dies sind eure Götter, die euch aus Ägypten herausgeführt haben!' Er stellte* *das eine in Bethel auf und das andere in Dan. Das wurde für das Volk zur Sünde, denn sie gingen nun hin und nahmen dafür sogar den weiten Weg nach Dan auf sich"* (1. Könige 12,26-30).

Auf dem Tell Dan wurden die Grundmauern eines Heiligtums freigelegt, das wohl zu jener Zeit – zwischen dem 10. und dem 8. Jahrhundert v.Chr. – erbaut wurde. Die Umrisse des Altars ließen sich feststellen; anhand bildlicher Darstellungen und Vergleiche konnten die Abmessungen rekonstruiert werden. Heute wird das Profil durch eine Stahlkonstruktion veranschaulicht. Aus dem 9. Jahrhundert v.Chr. sind auf dem Tell eine Stadtmauer und ein großes Tor mit Kammern erhalten.

Der Grundriss des Stadttores. Die Kammern aus israelitischer Zeit sind deutlich sichtbar.

Die Tell-Dan-Stele

Von den nachfolgenden Auseinandersetzungen mit den Nachbarvölkern berichtet eine Stele*, die 1993 vor Ort entdeckt wurde. Sie war in eine Mauer wiederverbaut worden. Der Inschriften-Spezialist André Lemaire schlägt eine Übersetzung der Fragmente wie folgt vor: *„Mein Vater stand auf, um gegen ihn zu kämpfen bei Ab … Und mein Vater legte sich zu Ruhe; er versammelte sich zu seinen Vätern; und der König von Israel drang ein in das Land meines Vaters und ich bin es welchen Hadad zum König machte. Und Hadad ging vor mir her und ich ging hinaus von … Und ich habe getötet zwei mächtige Könige, welche sich zweitausend Wagen und zweitausend Reiter zunutze machten. Ich habe getötet Joram, Sohn des Ahab, König von Israel und ich habe getötet Ahasjahu Sohn des Joram, König des Hauses David. Und ich habe eingesetzt … Jehu hat regiert über Israel."*[13] Dieses propagandistische Dokument kann in die Jahre zwischen 826–805 v.Chr. datiert werden.

Aufsehen erregt hat die Erwähnung des Hauses Davids. Zum ersten Mal überhaupt fand sich ein Hinweis auf eine Herrscherdynastie unter dem Namen David. Ob dadurch ein vereinigtes Königreich unter seinem Namen in der Zeit um 1000 v.Chr. angenommen werden darf, wird seither diskutiert. Die Meinungen darüber gehen weit auseinander, wie es der Debatte zwischen den Archäologen verschiedener Richtungen entspricht. Zwischenzeitlich wurde die Inschrift sogar als Fälschung verdächtigt. Doch die meisten schätzen die Tell-Dan-Stele als außerordentlich bedeutsam ein. *„Die Entdeckung dieser Inschrift ist wahrscheinlich der wichtigste archäologische Fund im Zusammenhang mit der Bibel, seit die Schriftrollen von Qumran entdeckt wurden"*, meint Hallvard Hagelia, ein norwegischer Professor der Theologie.

Kriegsschauplatz und Naturreservat

Nicht nur zu biblischer Zeit war Dan militärisch umkämpft. Erbitterte Gefechte entbrannten 1964. Es wird erzählt, dass bei der Einteilung des Landes nach der britischen Mandatsherrschaft ein Feldherr mit einem dicken Stift einen Strich mitten über die ertragreichste Jordanquelle gezogen haben soll. Beide Seiten - Syrien und Israel - beanspruchten in der Folge das Land, das der Strich auf der Karte übermalt hatte - in Natura immerhin ein Streifen von 130

Metern –, für sich. Alte Schützengräben und ausgebrannte Panzer zeugen noch von jenen Auseinandersetzungen.

Der junge Jordan sprudelt mächtig.

Heute zählt Tell Dan zu den reizvollsten Naturreservaten Israels. Viele Schulkinder und Familien verweilen staunend vor den Quellen, wo das klare Wasser aus dem Boden dringt, erfreuen sich im „*wading pool*" und jauchzen über den sprudelnden jungen Jordanfluss. Dieser Anblick ist einzigartig in einem Land, das immer wieder von Dürre geplagt wird. Das feuchte, grüne Dickicht um die Quellen wird als Paradies beschrieben. Die größte Quelle liefert jährlich 220 Millionen Kubikmeter Wasser. Der Jordan bezieht nicht nur sein Wasser von diesem besonderen Ort, sondern auch sein Name scheint daran anzuklingen. Manche sehen in „Jordan" die hebräischen Wörter *je'or dan*: „der Strom von Dan". Ein üppiger Pflanzenwuchs mit hohen syrischen Eschen, Tabor-Eichen, Myrtenbüschen, Lorbeer- und Pistazienbäumen lädt zum Wandern und Entspannen ein. Alte Wassermühlen zeugen von einer Nutzung der Wasserkraft auch nach dem Zusammenbruch des Nordreiches.

Warnung aus Dan

Immer wieder nannten Propheten den Götzendienst Israels als Grund für die Zerstörung und Wegführung der Bewohner des Landes durch die Assyrer. Die Menschen in Jerusalem und den verbleibenden Gebieten im Süden hätten sich das warnende Beispiel zu Herzen nehmen sollen. Leider verhallten diese Rufe unbeachtet, und als Folge davon bedrohte Nebukadnezar, der neubabylonische König, die Heilige Stadt und den Tempel.

„Macht es in ganz Juda bekannt, in Jerusalem sollen es alle hören. Schlagt Alarm! Überall soll das Signalhorn geblasen werden und die Menschen warnen: ‚Lauft um euer Leben! Flieht in die befestigten Städte!‘ Errichtet einen Wegweiser nach Zion hin: ‚Flieht sofort! Zögert nicht!‘ Denn ich bringe von Norden her schreckliches Unheil über euch … Aus Dan erklingt eine Stimme und aus dem Gebirge Ephraim ereilt euch die Schreckensnachricht: ‚Warnt die umliegenden Völker und kündigt es Jerusalem an: Feinde kommen aus weiter Ferne und lassen ihr Kriegsgeschrei gegen Juda ertönen. Sie umzingeln Jerusalem wie Wächter, die ein Feld bewachen. Denn es hat sich gegen mich aufgelehnt‘, spricht der HERR. *‚Mit deinem bösen Lebenswandel und deinen schlechten Taten hast du dir diese Strafe selbst eingebrockt. Ja, es ist bitter und geht dir bis ins Herz“* (Jeremia 4,5-6 und 15-18).

Eine Botschaft für mich

Der Tell Dan und seine Geschichte kann auch für mich ein Wegweiser sein. Ich „pilgere“ gern durch das Heilige Land. Mein Leben insgesamt gleicht aber auch einer geistlichen Pilgerreise. Gerne möchte ich ins himmlische Jerusalem gelangen, mit Freuden einziehen, für immer im Tempel singen und die Gegenwart Gottes erleben. Da höre ich aber Stimmen von verschiedenen Seiten: „Der Weg ist zu weit und zu mühsam. Das bringt doch nichts! Jesus hat doch alle Last auf sich genommen und bietet Erquickung. Weshalb willst du es so genau nehmen? Du hast doch Gnade und Vergebung empfangen! Lass doch das Alte Testament. Diese Geschichten wurden erst sehr spät zu Papier gebracht. Sie enthalten die Gründungsmythen eines Volkes, wie sie von den Assyrern und anderen Kulturen bestens bekannt sind. Für uns heute, für moderne, aufgeklärte Christen, haben diese Legenden keine Bedeutung mehr."

Solche und ähnliche Aussagen sind in sehr vielen christlichen Kirchen zu hören. Ich persönlich halte mich aus Erfahrung an die Bibel als Ganzes. Schon oft habe ich erlebt, wie mein eigener Weg zwar schmal und zeitweise auch mühsam ist, aber die Beziehung zu Jesus gestärkt wird. Das Alte Testament ist mehr als ein Geschichtenbuch. Jedes Detail zeigt den großen Erlösungsplan.

Gott warnt auch mich heute, nicht einfach den bequemen Weg zu gehen, nicht Bilder zu akzeptieren, die gefälscht sind, nicht Orte aufzusuchen, die von Menschen als heilig erklärt wurden. Ich möchte mich an das frische Wasser aus der lebendigen Quelle halten und die Bibel direkt lesen und zu mir sprechen lassen.

Das Stahlgerüst des falschen Altars auf dem Tell Dan sehe ich auch als Warnung auf meinem Weg.

Ein Stahlgerüst lässt das ursprüngliche Profil des gehörnten Altars erkennen.

11

Cäsarea Philippi: Ort der Entscheidung

Städte, die zu Ehren des Kaisers Cäsarea genannt wurden, gab es im Römischen Reich viele. Um sie voneinander zu unterscheiden, musste jeweils eine Erklärung beigefügt werden. Im Fall der Stadt an der Nordgrenze Israels war es der Zusatz „Philippi".

Bereits der Ortsname rief bei Juden sofort eine Abwehrhaltung hervor. Zur Zeit Jesu mied man als Frommer diese Stadt geflissentlich. Zu stark durchtränkt von Aberglauben und Abgötterei war sie – für alle deutlich sichtbar durch die heidnischen Heiligtümer bei den Jordanquellen.

Jesus hatte gute Gründe, einmal in diese Gegend zu kommen, doch auch er betrat die Stadt selbst offenbar nicht. So heißt es in Markus 8,27: *„Jesus und seine Jünger verließen Galiläa und zogen hinauf in die Dörfer um Cäsarea Philippi."* Für Jesus war es der passende Ort, seinen Jüngern eine entscheidende Frage zu stellen: *„Für wen halten mich die Leute?"* Beurteilten die Menschen damals Jesus als einen normalen Mann? Als einen gelehrten Rabbi, Propheten, einen menschgewordenen Gott, einen Zauberer oder politischen Rebellen? Die Frage nach der Bedeutung von Jesus hat von ihrer Aktualität bis heute nichts verloren.

Der Gott mit der Panflöte

Die Grotte des griechischen Gottes Pan.

Am Fuß des majestätischen Berges Hermon, an der Nordgrenze zu Syrien, entspringen verschiedene Quellen. Unterhalb der Grotte von Banyas, wie die Stadt Cäsarea Philippi heute heißt, quillt das Wasser des zweitgrößten Jordanquellflusses aus der Erde. Dieses Phänomen führte schon im 2. Jahrtausend v.Chr. zur Errichtung eines Heiligtums für Naturgottheiten. In der hellenistisch-griechischen Ära* entstand ein Anbetungsort für Pan. Er verkörpert wilde Natur, Sexualität, Angst (Panik) und alles, was mit der Schäferei zu tun hat. Dargestellt wurde Pan oft mit einem Instrument – der Panflöte –, Bockshörnern und -füßen sowie mit einem Schwanz. Der Begriff „panischer Schrecken" soll sich davon ableiten, dass dieser griechische Gott sehr wütend werden konnte und Schafherden davonjagte. Dies war jedenfalls die Erklärung der Hirten, wenn eine „Massenpanik" unter ihren Tieren ausbrach.

Auch die Römer schätzten den Gott Pan, stellten Statuen in künstlichen Grotten auf und veranstalteten wilde Orgien. Die ungezügelte Sexualität und die Verbindung mit Dionysos, dem Gott des Weines, der Lebensfreude und der Ekstase (und daher der Trunkenheit), waren in den Augen der Juden abscheulich. Später wurde die Darstellung des Gottes Pan in christlicher Wahrnehmung zum typischen Bild des Teufels.

Die „Kaiserstadt" von Philippus

Stadt und Fluss waren in griechischer Zeit unter dem Namen Paneas bekannt. Das Gebiet südlich des Hermon geriet gegen Ende des 1. Jahrhunderts v.Chr. unter römische Herrschaft. Kaiser Augustus überschrieb es an Herodes den Großen. Dieser errichtete aus Dankbarkeit neben der Jordan-Quellgrotte einen weißen Marmortempel für den Imperator und für die Göttin Roma. Herodes' Sohn Philippus, der von 4 v.Chr. bis 34 n.Chr. regierte, erhob Paneas zur Hauptstadt seines Herrschaftsgebiets Nordtransjordanien und gab ihr den Namen Cäsarea Philippi – die kaiserliche (Stadt) des Philippus. In diese Zeit fällt die Reise von Jesus und seinen Jüngern in diese Gegend. Weil Philippus ein vergleichsweise milder Herrscher war, konnte Jesus in sein Gebiet ausweichen, wenn er eine Zeit lang Sicherheit vor Nachstellungen suchte.

Einige Jahre später wurde der Name der Stadt wieder geändert. Agrippa II. (27–94 n.Chr.) baute den Ort glanzvoll aus und nannte ihn Kaiser Nero zu Ehren Neronias. Nachdem Nero abgesetzt wurde, verwendete man wieder den Namen Paneas. Die Stadt war bis zum 4. Jahrhundert ein Bischofssitz. Als die Muslime das Land eroberten, nannten sie die Siedlung Banyas.

Die Wohngebiete der Stadt sind archäologisch noch wenig untersucht. Zu besichtigen sind heute die Grotte mit den benachbarten Tempeln, Quellteiche, Reste von Palästen aus der Zeit der Herodianer, eine römische Brücke, ein Teil der römischen Hauptstraße *(cardo)*, byzantinische Kirchen, ein Kloster, ein Stadttor, Wassermühlen und die Ruinen eines Verteidigungsturmes, der durch seine unterschiedlichen Baumaterialien das wechselnde Geschick der Stadt zwischen Muslimen und Christen widerspiegelt. Heute ist der Ort als Naturreservat geschützt und lädt zu Wanderungen ein. Die Wasserläufe sind gerahmt von üppig grünem Pflanzenbewuchs. Mit einer Portion Geduld lassen sich auch Tiere wie der Klippschliefer beobachten. Allerdings sind die Spuren des Sechstagekrieges noch nicht beseitigt. Zahlreiche Schilder warnen vor zurückgebliebenen Minen.

Wasser, kostbar und frisch

Eine Entdeckungsreise durch Cäsarea Philippi hat bei den Quellteichen den schönsten Ausgangspunkt. Überall da, wo Wasser einfach so aus dem Boden sprudelt, ist das ein Wunder für sich. Trinkwasser wird weltweit zur knappen Ressource – in Israel war das schon immer so. Lange Wasserleitungen durchziehen das Land, um es zu versorgen. Angesichts dessen faszinieren diese Teiche besonders. Früher befand sich die Jordanquelle in der Pan-Grotte, später verlagerte sie sich aufgrund eines Erdbebens, sodass der Fluss unterhalb der Höhle entspringt. Die Quelle wurde dann mit Mauerwerk eingefasst. Überqueren wir einige Brücken und springen wir über Trittsteine zur Grotte hinauf! Es ist schon irgendwie verständlich ,warum einem solchen Ort Verehrung entgegengebracht wurde.

Ein Quellbecken des Jordan.

Auch in der Bibel sind Wasserquellen ein großes Thema. Gesprochen wird aber nicht nur von natürlichem Nass, sondern auch von der Lebensquelle. Jesus bezeichnet sich selbst als Ursprung lebendigen Wassers. Man muss also keinen bestimmten Ort mehr aufsuchen, sondern lebendiges Wasser ist überall als ein Gnadengeschenk von Jesus erhältlich. Auch jeder seiner Nachfolger kann

Wassermühlen nutzten die Strömung des Jordan.

selbst zum Wasserspender werden: *„Wer aber von dem Wasser trinkt, das ich ihm geben werde, der wird niemals mehr Durst haben. Das Wasser, das ich ihm gebe, wird in ihm zu einer nie versiegenden Quelle, die unaufhörlich bis ins ewige Leben fließt"* (Johannes 4,14).

In der Felswand sind zahlreiche Nischen zu sehen. Dort standen Statuen aus Metall, Holz und Stein – Zeugen heidnischer Frömmigkeit. Die Geldgeber dieser Andachtsbilder werden auf Inschriften genannt. Heute sind die Nischen leer. Auch von den einstmals prächtigen Tempeln ist wenig geblieben. Steinerne Gebälkstücke mit Akanthusblättern und anderen üblichen Verzierungen muss man sich auf bis zu zehn Meter hohen Säulen vorstellen.

Bei der Ausgrabung stieß man unter dem Fußboden eines Tempels auf seltsame Nischen mit mumifizierten Ziegen. Zu deuten ist das möglicherweise als Relikt eines Kultes mit tanzenden, heiligen Geißen. Ein Tempel für die Rachegöttin Nemesis stand daneben.

Besonders anstößig für Juden war der von Herodes errichtete Tempel für den lebenden Kaiser Augustus und die Göttin Roma. Natürlich entsprach diese Widmung politischem Kalkül. Aber dass ein jüdischer König wie Herodes der Große um der Vorteile willen den Kaiserkult förderte, war für die Bevölkerung inakzeptabel. Auch sonst fiel dieser Herrscher durch überzogene Ideen auf. Teile eines Fußbodens in Stein-Intarsien-Technik *(opus sectile)* spiegeln seinen außerordentlich luxuriösen Stil wider. Die Verlegung solcher Marmorteile war teuer.

Antikes Baustoff-Recycling

Folgen wir nun den Wasserläufen hinab ins Tal. Es ist angenehm kühl. Viele Büsche und Bäume sind namentlich gekennzeichnet, sodass wir auch eine Terebinthe aus der Nähe sehen können. Auf dem Weg unter einer noch weitgehend intakten römischen Brücke hindurch erreichen wir große Gewölbe, in denen Wassermühlen betrieben wurden. Von den Zulieferkanälen sind nicht mehr viele erhalten, es liegen aber noch allerhand Mühlsteine und -räder herum, die bis in jüngste Zeit benutzt wurden. So wird auch Kindern deutlich, wie das Getreide mithilfe der Wasserkraft zu Mehl verarbeitet wurde.

Das Stadttor aus der Kreuzfahrerzeit. Deutlich sind Spolien zu sehen, wiederverwendete Säulentrommeln.

Ein Abstecher führt uns zu den Ruinen eines Stadttores aus der Kreuzfahrerzeit (11.–13. Jahrhundert n.Chr.). Mächtig ragen die Blöcke auf. Schaut man sich das Baumaterial etwas genauer an, entdeckt man viele Spolien*. Diese Bezeichnung beschreibt bearbeitete Bauteile, die man wiederverwendete. Deutlich stechen eingemauerte Säulentrommeln hervor. Sowohl Christen wie auch Muslime hatten keinerlei Skrupel, heidnische Tempel als bequemen Steinbruch anzusehen und sich von dort günstiges Baumaterial zu beschaffen, vor allem wenn es mit Verteidigungsanlagen schnell gehen sollte.

Das Phänomen des Bauteile-Recyclings ist übrigens sehr interessant. Es wurde dabei durchaus überlegt vorgegangen. Nicht alle als heilig (= ausgesondert) bezeichneten Bauten wurden zerstört, wie es manche antiken Berichte glauben machen wollen. Tempel, Marktbasiliken und Säulenhallen eigneten sich gut, um in Kirchen umgebaut zu werden. In einzelnen Fällen erlebten gar heidnische Statuen eine Weiterverwendung als Heiligenbilder. Mit Kaiserkultanlagen gingen die frühen Christen jedoch besonders unnachgiebig um. Diese stellten den größten Affront gegen den neuen Glauben dar und wurden oft dem Erdboden gleichgemacht.

Aufschlussreich in diesem Zusammenhang ist eine Ecke der Stadtmauer von Cäsarea Philippi. Das Bauwerk lässt sich lesen wie ein Geschichtsbuch. Unten sind gut die behauenen Blöcke aus der Zeit des Herodes zu erkennen, denn sie weisen einen charakteristischen Rahmen auf. Die Ecke wurde wohl von den anstürmenden Muslimen oder durch das Erdbeben zerstört und später mit kleineren Steinen wieder aufgerichtet. Einlassungen in regelmäßigen Abständen zeigen, dass dort Balken eingefügt wurden, welche einen Zwischenboden trugen. Im oberen Teil erkennen wir dann die moderne Technik des Mauerbaus mithilfe von Mörtel, Beton und Stahlträgern.

Synagoge im Königspalast

Über allerhand Ruinen hinwegsteigend erreichen wir die Fundamente und Unterbauten eines riesigen Palastes. Zwei gewaltige halbrunde Türme schützten den Eingang der Anlage, die Agrippa II. in der zweiten Hälfte des 1. Jahrhunderts n.Chr. erbaute. Heute noch begehbar sind die tragenden Gewölbe, die ein ungeheures Gewicht abfangen mussten. Sie dienten nicht nur zur Stütze, sondern auch als angenehmer Aufenthaltsort bei hohen Temperaturen, als Vorratskammern und wohl auch als Fluchtort. Tauchen wir auf der anderen Seite aus den unterirdischen Gängen auf, verkündet uns ein Schild, dass hier eine Synagoge in den Palast eingebaut worden war. Dieser jüdische Versammlungs- und Schulungsort stammt wahrscheinlich aus dem 11. Jahrhundert und zeigt, dass Cäsarea Philippi im Laufe der Zeit von Menschen ganz unterschiedlichen Glaubens bewohnt wurde. Die Glaubensfrage war ja von Jesus selbst gestellt worden. Er erkundigte sich bei seinen Jüngern nach den gängigen Meinungen der Leute über sich selbst. Nicht dass er darüber Informationen benötigte – er wollte seine Nachfolger damit konfrontieren und die Frage anschließen: *„Und für wen haltet ihr mich?“* (Markus 8,29).

Eine Synagoge wurde wahrscheinlich im 11. Jahrhundert n.Chr. in den Palast eingebaut.

Heute reagieren Menschen auf diese Frage mit unterschiedlichen Antworten wie: „Jesus war ein guter Mensch.“ – „Eine wohl reale Person wurde zum Religionsstifter hochstilisiert.“ – „Isa gilt als Prophet.“ – „Jesus ist mein Freund.“ – „Der Menschensohn ist Teil der dreieinigen Gottheit.“ Vielleicht lautet die Antwort aber auch: „Ich weiß es nicht“, oder: „Ich kann mich für keine der vielen Meinungen entscheiden.“

Der Entscheidung ausweichen

Eine solche Haltung war für Agrippa II. typisch. Er hatte nicht nur den Palast in Cäsarea Philippi erbauen lassen, er hielt sich auch einmal im über 100 Kilometer entfernten Cäsarea Maritima auf, wie die Bibel berichtet. Dort wurde er mit dem Gefangenen Paulus konfrontiert und interessierte sich für dessen außergewöhnlichen Fall.

Paulus seinerseits nutzte die Gelegenheit gern, dem König seine Begegnung mit Christus zu schildern: *„Ich schätze mich glücklich, König Agrippa, dass ich gerade dir meine Verteidigung gegen all diese Anschuldigungen durch die führenden Männer des jüdischen Volkes vortragen kann, denn ich weiß, dass du dich mit jüdischen Bräuchen und Streitfragen sehr gut auskennst"* (Apostelgeschichte 26,2-3). Als Paulus auf die Auferstehungshoffnung zu sprechen kam, klang das für Agrippa doch allzu verrückt, aber Paulus appellierte zuversichtlich an seine Schriftkenntnis: *„Paulus erwiderte: ‚Ich bin nicht verrückt, ehrwürdigster Festus. Was ich sage, ist wahr, und meine Worte sind vernünftig. König Agrippa weiß darüber Bescheid. Ich spreche ganz offen, denn ich bin sicher, dass diese Ereignisse ihm alle wohlbekannt sind; schließlich haben sie sich nicht im Verborgenen ereignet! König Agrippa, glaubst du den Propheten? Ich weiß, dass du es tust.' Agrippa unterbrach ihn: ‚Meinst du wirklich, du kannst so leicht einen Christen aus mir machen?' Paulus entgegnete: ‚Ob leicht oder nicht, jedenfalls bete ich zu Gott, dass sowohl du als auch jeder Einzelne der Zuhörer hier so werde wie ich – nur ohne diese Ketten'"* (Apostelgeschichte 26,25-29). Doch Agrippa wich einer Entscheidung aus. *„Da standen der König, der Statthalter, Berenike und alle anderen auf und gingen"* (Vers 30).

Vor der Frage, wie Jesus einzuschätzen ist, steht jeder Mensch irgendwann in seinem Leben. Petrus hatte in Cäsarea Philippi den Durchblick und den Mut zur Entscheidung: *„Du bist der Christus"* (Markus 8,29). Heute stehen nicht griechische und römische Götter, Kulte und Orakel zur Wahl. Doch wilde Sexualität, Angst, Süchte, Horoskope oder Personenkult sind Mächte, die nichts von ihrer Sprengkraft und Verlockung verloren haben.

Hazor: Der Versuch, Gott in den Griff zu bekommen

Ein Vorratshaus in Hazor.

Die meisten Busse mit Besuchern, die in Galiläa unterwegs sind, fahren an Hazor vorbei. Vielleicht meint der Führer: „Hier links sehen Sie einen Tell. Das war früher mal eine große Stadt.“ Beeindruckend sieht der Hügel ja nicht gerade aus. Hazor – wer hat davon schon einmal gehört? Dieser stille Fleck nördlich des Sees Genezareth war früher aber tatsächlich eine der wichtigsten Städte im östlichen Mittelmeerraum. Die große Handelsroute von Mesopotamien, Anatolien und Nordsyrien hinunter nach Ägypten lief hier vorbei. Auf diesem Weg gelangten Metalle, Stoffe, Edelsteine und vieles mehr nach Süden, und es wanderten Weihrauch, Ideen und zeitweise auch große Heere nach Norden. Was wir heute als Tell* sehen, bildete die Oberstadt von Hazor. Im 2. Jahrtausend v.Chr. breitete sich eine Siedlung westlich davon aus, wurde mit einem hohen Wall umgeben und beherbergte wohl bis zu 20 000 Menschen. Nur wenige Teile dieser Unterstadt wurden bisher ausgegraben. Das Gebiet dehnt sich weit aus, und Bauern säen und ernten heute darauf regelmäßig Getreide.

Der Kreislauf von Aufbau und Zerstörung

Das Schicksal Hazors lässt sich an den 22 Schichten* der Besiedelung ablesen. Menschen ließen sich nieder, es entstanden Konflikte, Häuser wurden zerstört und zum Teil wieder aufgebaut. Zu gewissen Zeiten wohnten auch nur sporadisch Halbnomaden auf dem Hügel. Die Unterstadt füllte sich mit Behausungen, eine ägyptische Armee zog vorbei, Feuer wüteten. Einiges wurde wieder errichtet, dann eroberte das Volk Israel unter der Führung Josuas das Gebiet und verbrannte die Stadt. In Josua 10,42 bis 11,11 wird berichtet:

„In einem einzigen Feldzug besiegte Josua alle diese Könige und eroberte ihre Länder, denn der Herr, *der Gott Israels, kämpfte für Israel. Danach kehrten Josua und das israelitische Heer zu ihrem Lager in Gilgal zurück. Als König Jabin von Hazor hörte, was geschehen war, sandte er Botschaften an folgende Könige: …* (Es folgt eine ausführliche Aufzählung.) *… Alle diese Könige schlossen sich zum Kampf gegen Israel zusammen. Die Krieger ihrer vereinigten Heere waren so zahlreich wie der Sand am Meer. Außerdem besaßen sie ein riesiges Aufgebot an Pferden und Streitwagen. Sie zogen aus und schlugen ihr Lager am Wasser bei Merom auf, um gegen Israel zu kämpfen. Da sagte der* Herr *zu Josua: ‚Hab keine Angst vor ihnen! Ich werde dafür sorgen, dass sie morgen um diese Zeit alle tot sind.*

Ihre Pferde sollst du lähmen und ihre Streitwagen verbrennen.' Also zogen Josua und seine Krieger zum Wasser bei Merom und griffen überraschend an. Der HERR schenkte ihnen den Sieg und die Israeliten schlugen ihre Feinde und verfolgten sie bis zu der großen Stadt Sidon und bis nach Misrefot-Majim und nach Osten bis ins Tal von Mizpa, so lange, bis kein feindlicher Krieger mehr am Leben war. Danach lähmte Josua die Pferde und verbrannte alle Streitwagen, wie der HERR es ihm aufgetragen hatte. Anschließend kehrte er um, eroberte Hazor und tötete dessen König. Hazor war die Hauptstadt des Bundes all dieser Königreiche gewesen. Die Israeliten vernichteten alles Leben in der Stadt, nicht ein einziger Einwohner überlebte. Danach setzte Josua die Stadt in Brand."

Dieser Bericht über das Massensterben durch Menschenhand und über eine riesige Menge von Streitwagen und Kriegern verführte die ersten Erforscher der Ruinen Hazors dazu, in der Unterstadt eine Art „Wagenpark" zu vermuten. Heute ist klar, dass es sich dabei um eine große Siedlung mit Wohnhäusern, Tempeln*, Vorratsgebäuden und auch Gräbern handelte. Regiert wurde das Gebiet von der Akropolis aus, also der auf einem Hügel über der Stadt gelegenen Burg.[14] Der Palast oder besser die Tempelpaläste der Herrscher von Hazor wurden in manchen Kampagnen erforscht, und die Reste sind heute zu ihrem Schutz überdacht. Die Ruinen der Stadt dienten nach der Zerstörung unter Josua wieder Halbnomaden als zeitweiliges Quartier, bis die Stadt unter Salomo ausgebaut wurde.

Der Tempelpalast von Hazor wird von einer Dachkonstruktion geschützt, damit die Lehmziegelmauern nicht zerfallen.

Tore und Mauern

Das beeindruckende Stadttor von Hazor weist sechs Kammern auf, genau wie die entsprechenden Anlagen von Megiddo und Geser. Vergleichbar sind auch die ausgeklügelten Anlagen zur Versorgung der Zitadelle mit Wasser. Sie entstanden zur Zeit des israelitischen Königs Ahab oder dessen Sohn Omri. Da die Quellen am Fuß des Hügels von Feinden besetzt werden konnten, wurden Tunnel in den Fels geschlagen, um das Wasser in die Stadt zu leiten. Innerhalb der schützenden Mauern entstand ein tiefer Schacht, in dem Treppen zum begehrten Nass hinunterführten. Können Sie sich vorstellen, wie die israelitischen Frauen mit ihren Krügen die vielen Stufen hinunterstiegen? Heute benutzen Tauben die Nischen in den Schachtwänden, um ihre Eier abzulegen.

Eine einfache Ölpresse wurde vor Ort rekonstruiert.

Die Geschichte Hazors war mit dem Ausbau durch Salomo nicht zu Ende. Später verheerten die Assyrer das Land und führten die Bewohner ab. Auch die starken Mauern und Tore konnten dies nicht verhindern. Das Schicksal konnte man nicht durch Steine in den Griff bekommen. Die Propheten Israels sahen in der Unterwerfung einen Gerichtsbeschluss Gottes. Übrig blieben allerhand Reste wie

Türangelsteine und Ölpressen, die vom täglichen Leben der Bewohner Hazors erzählen.

Ein Türangelstein aus Basalt.

Alte Briefe geben Einblick ins tägliche Leben

Einblick ins tägliche Leben oder auch in kleine und größere Katastrophen bieten Briefe aus alter Zeit. Ein solches Dokument wurde im Archiv der Stadt Mari am Euphrat gefunden. Es handelt sich dabei um einen Entwurf, quasi einen Durchschlag als Beleg. Er wurde im 18. Jahrhundert v.Chr. abgefasst. Darin wendet sich der Herrscher Zimri-Līm an Yarīm-Līm, einen Kollegen weiter westlich. Ein Kunsthandwerker habe in Hazor Silber, Gold und einen Edelstein gestohlen und befände sich nun in Diensten des Zimri-Līm. Daraufhin hätten die Leute von Hazor Esel und Leute festgehalten und den Handel hinauf nach Nordostsyrien blockiert. Der Machthaber in Mari – welcher den Kunsthandwerker sehr gut gebrauchen konnte – schilderte seine Version des Geschehens:

„Dieser Mann hat überhaupt kein Silber, Gold noch einen Edelstein zu mir gebracht. Diesen Mann hat man in Emar ergriffen und schlecht behandelt. Und alles, was er bei sich trug, hat man ihm weggenommen. Die gesiegelte Urkunde über das, was dieser Mann für Silber gekauft hatte, hat man ihm abgenommen, und dieser Mann ist in Todesgefahr zu mir entkommen … Und diesen Mann soll ich wegschicken? Und wenn ich diesen Mann wegschicke und man es danach erfährt – wie soll er dann bei der ‚Segnenden' Zuflucht finden?"[15]

Solche Dokumente in ihrem für unser Empfinden geschwollenen und umständlichen Stil zeigen, wie damals alles Handeln der Menschen mit den Göttern in Zusammenhang gebracht wurde. Offensichtlich profitierte Zimri-Līm vom Kunsthandwerker. Solche Leute waren gefragt und zogen von einem Königshof zum nächsten. Der Herrscher in Mari rechtfertigt sein Handeln damit, dass ein Präzedenzfall entstehen könnte, würde er den Mann wegschicken. Die „Segnende" – worunter wohl Ischtar, die Liebes- und Kriegsgöttin, zu verstehen ist – würde dadurch in Misskredit gezogen.

Segen und Fluch

Hazor, das in diesem Brief ja erwähnt wurde, war im Laufe seiner Geschichte mehrmals der Zerstörung anheimgefallen. Was hätte die Bewohner der Stadt vor der Verwüstung schützen können? Sollten die Befestigungen höher gebaut, die Zahl der Verteidiger durch Söldner verstärkt, die Anzahl der Waffen vermehrt werden? Die Geschichte aller Städte auf dem Erdenkreis zeigt, dass menschliche Anstrengungen auf die Dauer keine Zerstörungen verhindern können. Da liegt es nahe, auf einer anderen Ebene Hilfe zu suchen.

Die Stadt Hazor vor fast 4000 Jahren illustriert dieses Bedürfnis treffend. Weit weg im fernen Ägypten versuchte man damals, der Bedrohung durch die Städte östlich des Mittelmeers in einer ausgeklügelten Weise Herr zu werden. Unter anderem findet sich der Name eines Machthabers von Hazor in sogenannten Ächtungstexten. Tonfiguren in Gestalt eines Fremden trugen auf ihrem Körper Verwünschungen und Namen. Es ist anzunehmen, dass diese Niederschriften dann rituell zerschlagen wurden, um die Vorherrschaft Ägyptens über die genannten Gebiete herbeizuführen oder zu bewahren. Natürlich setzte man auch damals vor allem auf die Macht des Militärs, aber jene Relikte zeigen, dass die ägyptischen Könige Magie zu Hilfe nahmen. Der Name der Stadt Hazor taucht also in Dokumenten einer Weltmacht auf, die hunderte von Kilometern entfernt war, weil man Hazor damals offenbar als eine gewisse Bedrohung für das eigene Einflussgebiet empfand.

Es war nicht nur eine Spezialität Ägyptens, dass man stabile Verhältnisse durch Fluch-Rituale absichern wollte. Ganz Ähnliches wird anlässlich der Landnahme Israels berichtet. 4. Mose 22,4-6: *„Der König von Moab sagte zu den führenden Männern Midians: ‚Dieses Gesindel wird alles in unserer Umgebung kahl fressen, wie ein Rind das Gras frisst.‘ Deshalb schickte Balak, der Sohn Zippors, der zu dieser Zeit König von Moab war, Boten zu Bileam, dem Sohn Beors, der in seiner Heimat Petor am Euphrat lebte, und ließ ihm sagen: ‚Ein Volk ist aus Ägypten herangezogen. Es hat sich über das ganze Land ausgebreitet und lagert mir gegenüber. Komm doch zu mir und verfluche dieses Volk, denn es ist mir überlegen. Vielleicht kann ich sie dann besiegen und aus dem Land vertreiben. Denn ich weiß: Wen du segnest, der ist gesegnet, und wen du verfluchst, der ist verflucht.‘“*

Bileam ließ sich engagieren. Es gelang ihm jedoch nicht, einen wirksamen Fluch auszusprechen. Gegen den Willen seines Auftraggebers wurde das Volk Israel gesegnet. Gottes Plan lässt sich nicht durch Magie vereiteln. Die Verheißung blieb bestehen und ging zu ihrer Zeit auch in Erfüllung: *„Gott ist kein Mensch, der lügt. Er ist kein Mensch, der etwas bereut. Hat er je etwas gesagt und nicht getan? Hat er je etwas versprochen und es nicht wahr gemacht? Ich erhielt den Befehl zu segnen. Er hat gesegnet und ich kann den Segen nicht aufheben. Er sieht nichts Böses in Jakob und nimmt kein Unheil in Israel wahr. Der* Herr*, ihr Gott, ist mit ihnen; er ist ihr König, dem ihr Jubel gilt. Gott hat sie aus Ägypten geführt, er ist für sie wie die Hörner eines wilden Stiers. Kein Fluch kann Jakob schaden, kein Zauberspruch hat Macht über Israel … Ein Stern geht auf aus Jakob; ein Zepter kommt aus Israel hervor“* (4. Mose 23,19-23; 24,17).

Zu allen Zeiten versuchten Menschen, Gott in den Griff zu bekommen. Götter wurden herbeizitiert, um das eigene Handeln zu rechtfertigen oder persönliche Wünsche in die Tat umzusetzen. In dem oben erwähnten Brief kommt es dem Herrscher am Euphrat gut gelegen, die „Segnende“ anzuführen, um seine eigenen Ziele zu unterstützen. König Balak versuchte es mit einem Diener des Gottes, den er für zuständig hielt, die heranflutenden Israeliten zu stoppen. Die Ägypter mit all ihren Göttern, Priestern und Magiern setzten unter anderem auf „Fernheilung“ und Prophylaxe durch ihre Ächtungstexte. Von solchem Aberglauben distanzieren sich moderne Menschen natürlich – oder doch nicht? Nicht wenige Mächtige unserer Zeit, Berühmtheiten und sonstige Sterne am Promihimmel lassen sich durch Wahrsager beraten. Und wie viele aufgeklärte Bürger schmücken sich nicht selbst und ihre Behausungen mit Amuletten und Glücksbringern? Auch hört man immer wieder die als Ermutigung gemeinten Worte „toi, toi, toi“, die als Zauberformel gegen böse Geister oder den Teufel gelten.

Ich persönlich möchte versuchen, meine Hoffnung auf Gott, den Herrn, zu setzen und nicht auf Abwehrzauber und durch Menschen gemachte Götter. Dieser Weg ist nicht immer einfach. Höre ich Gottes Stimme richtig? Wie würde ich reagieren, wenn Gott von mir Unbegreifliches erwarten würde – wie z.B. der für uns heute kaum verständliche Auftrag an Josua und seine Leute, an Hazor rücksichtslos den Bann zu vollstrecken? Meine Einsicht greift zu kurz, um Gottes Handeln in seiner Tiefe auszuloten. Ich kann mich aber darum bemühen, seine konkreten und gut verständlichen Anweisungen zu befolgen – wie z.B. die Zehn Gebote aus dem zweiten Mosebuch, Kapitel 20. Indem ich diese Worte ernst nehme, möchte ich zeigen: Ich versuche nicht, Gott in den Griff zu bekommen, sondern gebe mich und mein Leben in seine gütige Hand.

13

Kapernaum: Ort der Fischer, Ort der Heilung

„Jesus stieg in ein Boot und fuhr über den See zurück in die Stadt, in der er wohnte" (Matthäus 9,1). Gemeint ist das kleine Städtchen Kapernaum am Nordwest-Ufer des Sees Genezareth. Man darf annehmen, dass Jesus einen guten Teil seiner Zeit als Wanderrabbi auf diesem Fleckchen Erde verbrachte. Die Ruinen der in unseren Augen winzigen Siedlung erzählen uns viele Geschichten.

Wo Petrus wohnte

Bewohnt war der Ort schon im 3. Jahrtausend v.Chr., aber erst im 5. Jahrhundert v.Chr. ließen sich dauerhaft Menschen dort nieder. Eine Handelsstraße führte am Ufer entlang nach Damaskus. Die Bewohner lebten vor allem von der Fischerei.

Die Darstellung des Apostels Petrus empfängt den Besucher von Kapernaum.

Diese moderne Kirche wurde über dem mutmaßlichen Haus des Petrus erbaut.

Unter römischer Herrschaft wurde - aufgrund der Lage an der Grenze eines Verwaltungsbezirkes des Herodes Antipas zu demjenigen des Philippus - in Kapernaum ein Zollamt eingerichtet. *„Einige Tage später kehrte Jesus nach Kapernaum zurück … Als er weiterging, sah er Levi, den Sohn des Alphäus, am Zollhaus sitzen. ‚Komm, folge mir nach', sagte Jesus zu ihm. Da stand Levi auf und folgte ihm nach"* (Markus 2,1.14). Auch eine römische Garnison war dort stationiert. *„Als Jesus in Kapernaum eintraf, kam ein römischer Offizier zu ihm und bat ihn um Hilfe"* (Matthäus 8,5). Kapernaum stellte einen Mittelpunkt der Tätigkeit von Jesus dar. *„Er ging nicht nach Nazareth, sondern nach Kapernaum am See Genezareth, im Gebiet von Sebulon und Naftali"* (Matthäus 4,13). Er lehrte in der Synagoge und wirkte Wunder. Die Fischer Petrus und Andreas hatten dort ihr Zuhause. Betritt ein Besucher heute das Areal, begegnet ihm zuerst eine Bronzestatue des Petrus, dem Jünger von Jesus. Petrus hält einen großen Schlüssel in Händen, zu seinen Füßen ist ein Fisch zu sehen und auf dem Sockel wird der Text aus Matthäus 16,18 zitiert: *„Von nun an sollst du Petrus heißen. Auf diesen Felsen will ich meine Gemeinde bauen, und alle Mächte der Hölle können ihr nichts anhaben."* Hinter ihm ragt ein seltsam anmutendes Gebäude in den Himmel. Von manchen wird es etwas abschätzig „Ufo" genannt, denn die Stelzenkonstruktion in ihrer außergewöhnlichen Form scheint wirklich außerirdisch zu sein. Es handelt sich um eine moderne Kirche, die über dem sogenannten „Haus des Petrus" errichtet wurde.

Tatsächlich sind die Mauer- und Fußbodenreste unter der Kirche die Überbleibsel eines byzantinischen* achteckigen Gotteshauses. Es wurde im 5. Jahrhundert an dem Ort errichtet, wo man nach der Tradition die Wohnung des Petrus vermutet. Dort befand sich schon seit dem 1. Jahrhundert eine Hauskirche. Die ersten christlichen Kirchen unterschieden sich kaum von Wohngebäuden. Nur ihre Ausdehnung gibt Hinweise auf eine Versammlungsstätte. Das „Haus des Petrus" war mit seinen 7 × 6,5 Metern deutlich größer als die umliegenden Gebäude. In dem Ausschnitt des Wohnviertels, das freigelegt wurde, kann man gut die Größe normaler Häuser sehen.

Eine Pilgerstätte entsteht

Die Kirche im Petrushaus wurde ca. 300 Jahre später – vermutlich mit Erlaubnis von Kaiser Konstantin dem Großen – umgestaltet und entwickelte sich zu einer christlichen Pilgerstätte. Ein Judenchrist namens Josef sammelte etwa im Jahr 352 n.Chr. die Gemeinde um sich. Den Namen des Jüngers Petrus fand man in Verputz eingeritzt, ebenso die Darstellung eines Fischerbootes. So kann man davon ausgehen, dass die Tradition hier viel Wahrheit enthält und dass das „Petrushaus" tatsächlich der Ort ist, an dem Jesus wirkte.

Nicht überall ist die Tradition so zuverlässig. An vielen Stellen behaupten Reiseführer und andere scheinbar wissende Menschen, dies und jenes habe genau dort stattgefunden. Meist muss in solchen Fällen ein großes Fragezeichen gesetzt werden. Manche Orte wurden zum Beispiel bequemerweise von der östlichen Seeseite her ans andere Ufer verlegt, weil die Sicherheit der Pilger nicht gewährleistet war. Andere Behauptungen – wie die Bezeichnung des vor noch nicht allzu langer Zeit aus dem Schlamm des galiläischen Meeres gehobenen Bootes als „Jesus-Boot" – entbehren jeglicher

Grundlage. Man kann das Boot zwar auf das 1. Jahrhundert n.Chr. datieren, aber der Bezug zu Jesus selbst hat keine näheren Anhaltspunkte. Wer als Pilger und Reisender mit offenen Augen und Ohren im Heiligen Land unterwegs ist, braucht nicht punktgenaue Örtlichkeiten. Er kann in den Fußstapfen seines Herrn unterwegs sein, er darf der Geschichte und den Geschichten nachspüren und selbst erleben, was die Natur und die Bibel ihm zu sagen haben. Leider löst das Verhalten von manchen Pilgern bei einheimischen Führern und Begleitern oft Unverständnis und Spott aus. Die alte Scherzfrage macht die Runde: „Gibt es einen Ort, an dem Jesus wandelte und an dem heute keine Kirche steht?“ Antwort: „Ja, auf dem Wasser des Sees Genezareth!“

Ein Blick in das Innere der Synagoge von Kapernaum.

Synagoge mit altem Fundament

Ein zweites Gebäude neben der christlichen Kirche ist die jüdische Synagoge. Sie prägte das Stadtbild in byzantinischer Zeit*. Damals lebten gegen 1500 Personen in diesem Ort – Juden, Christen und auch Menschen, die verschiedene römische Götter verehrten. Die Anzahl der Bewohner wird von den Ausmaßen der Häuser hochgerechnet, Kleinfunde lassen auf die Religion der Menschen schließen. Die Bauornamente und Inschriften auf Säulen und Ehrenmälern zeigen ein buntes Bild. Die Häuser der einfachen Leute wurden aus schwarzen Basaltsteinen errichtet. Auch zahlreiche Öl- und Getreidemühlen aus demselben Material liegen auf dem Gelände verstreut herum. Für die Kirche und die Synagoge hingegen wurden Kalksteine aus einem weiter entfernten Steinbruch herangeschafft. Die heute noch erhaltene und restaurierte „jüdische Schule" ist eine dreischiffige Synagoge mit reichem floralem und figürlichem Dekor auf einem älteren Fundament. Sie gehört zum frühen galiläischen Synagogentyp. Ihre Datierung ist allerdings umstritten. Münzfunde deuten auf die zweite Hälfte des 4. Jahrhunderts n.Chr. Vergleicht man den Bauschmuck, kann man sie aber auch ins 3. Jahrhundert eingliedern. 1865 wurde der Bau als Synagoge identifiziert und rund 30 Jahre später erwarben die Franziskaner das Gelände und zäunten es ein. Dadurch sollte der Raub von Baumaterial verhindert werden. Anfang des 20. Jahrhunderts erfolgten Grabungen und bald auch Rekonstruktionen. Der Bau ist von Norden nach Süden ausgerichtet und erhebt sich auf einem Podium. Drei Portale führten in das Gotteshaus. Entlang der Außenwände der Seitenschiffe verlaufen Bänke. In die Wand gegenüber dem Haupteingang waren

Getreidemühle aus Basaltstein.

Nischen eingelassen, um die Thorarollen aufzunehmen. Der Bau verfügte über ein zweites Stockwerk. Wahrscheinlich nahmen die Frauen von Balkonen aus am Gottesdienst teil.

Die Synagoge war mit prachtvollen Bauornamenten geschmückt. Stilisierte Pflanzen, Früchte, geometrische Motive, Tiere und sogar mythologische Figuren sind dargestellt. Besonders interessant ist ein Gesimsfragment mit der Abbildung eines ionischen Tempels auf Rädern. Damit könnte die Bundeslade oder ein Thoraschrein gemeint sein. Es ist davon auszugehen, dass Jesus in derjenigen Synagoge lehrte und heilte, auf deren Fundamenten das heute noch erhaltene Gebäude steht. Die dunklen Steine des alten Fundaments unterscheiden sich deutlich von den helleren der später darauf errichteten Synagoge.

Zierelement der Synagoge mit der Darstellung eines Thoraschreins auf Rädern.

Ein römischer Offizier als Sponsor

Die Errichtung einer Synagoge erforderte Geldmittel, und die armen Fischer vor Ort konnten sie wohl nicht allein aufbringen. So ist es verständlich, wenn edle Spender gelobt wurden, auch wenn sie nicht zum Volk der Juden gehörten.

„Nachdem Jesus das alles gesagt hatte, ging er wieder nach Kapernaum. Dort lebte ein römischer Hauptmann, der einen Diener hatte, den er sehr schätzte. Nun war dieser Diener schwer erkrankt und lag im Sterben. Als der Hauptmann von Jesus hörte, schickte er einige angesehene Männer aus dem jüdischen Volk zu ihm und bat ihn, zu kommen und seinen Sklaven zu heilen. Diese baten Jesus inständig, mitzukommen und dem Hauptmann zu helfen. ‚Wenn jemand deine Hilfe verdient, dann er', sagten sie, ‚denn er liebt die Juden und hat uns sogar die Synagoge gebaut'" (Lukas 7,1-5). Im Bericht wundert sich Jesus über den Glauben und die Bescheidenheit des römischen Beamten: *„Ich sage euch, einen solchen Glauben habe ich in ganz Israel nicht erlebt!"* (Vers 9). Der Mann wurde gesund und konnte seinen Dienst weiter ausüben.

Geheilt, um zu dienen

Auch andere Wunder, die Jesus in Kapernaum wirkte, lassen sich unter dem Motto „Geheilt, um zu dienen" beschreiben. Er befreite in der Synagoge einen Menschen von einem bösen Geist (Markus 1,21-28), gab einem anderen, dessen Hand verdorrt war, die Kraft zur Arbeit zurück (Markus 3,15) und kümmerte sich um die Schwiegermutter von Petrus. *„Nachdem Jesus und seine Jünger die Synagoge verlassen hatten, gingen sie zum Haus von Simon und Andreas; auch Jakobus und Johannes kamen mit. Simons Schwiegermutter war krank und lag mit hohem Fieber im Bett. Sofort erzählten sie Jesus von ihr. Er trat an ihr Bett, nahm ihre Hand und half ihr, sich aufzusetzen. Da verschwand das Fieber, und sie stand auf und machte ihnen etwas zu essen"* (Markus 1,29-31).

Dieser kurze Bericht gibt uns einen kleinen Einblick in die Geschichte einer kaum beachteten Frau. Wie mögen die Ereignisse um Jesus auf sie gewirkt haben? Sie wird am See aufgewachsen sein und ein einfaches Leben geführt haben. Da sie mit ihrer Tochter, der Frau von Petrus, in Kapernaum wohnte, war sie wahrscheinlich Witwe. Sicher war das Leben hart, und als die Fischer einen besonderen Fang machten, freute sie sich mit. Jesus hatte tagsüber von dem unbenutzten Boot des Petrus gepredigt, damit ihn die

Menschenmenge verstehen konnte. *„Als er mit seiner Predigt fertig war, sagte er zu Simon: ‚Nun fahr weiter hinaus und wirf dort deine Netze aus, dann wirst du viele Fische fangen.‘ ‚Meister‘, entgegnete Simon, ‚wir haben die ganze letzte Nacht hart gearbeitet und gar nichts gefangen. Aber wenn du es sagst, werde ich es noch einmal versuchen.‘ Diesmal waren ihre Netze so voll, dass sie zu reißen begannen!“* (Lukas 5,4-6). Jakobus und Johannes hatten Petrus bei der Arbeit geholfen, und zusammen mit ihm und später auch mit Andreas, seinem Bruder, erkannten sie das Besondere an diesem Mann aus Nazareth. *„Und sobald sie am Ufer angelegt hatten, ließen sie alles zurück und folgten Jesus nach“* (Vers 11).

Was bedeutete das für die Frauen in dem kleinen Städtchen? Wer sorgte nun für Nahrung und Einkommen? Sicher half der Erlös des großen Fischfangs der Frau und der Schwiegermutter des Petrus über eine gewisse Zeit hinweg, aber einfach war es bestimmt nicht. Kam dann Jesus mit seiner ganzen Anhängerschaft nach dem Besuch der Synagoge hinüber ins Haus, hieß es auftischen und die Gäste bewirten. Nun lag aber einmal die Schwiegermutter mit hohem Fieber im Bett und hatte wohl auch am Rüsttag vor dem Sabbat nichts zu den Vorbereitungen beitragen können. Da betrat Jesus das Krankenzimmer. Er sorgte sich um sie, heilte sie und half ihr auf. Wie reagierte die Frau? Sie rannte nicht auf die Straße, um allen von dem Wunder zu berichten, sondern diente einfach ihren Gästen.

Geheilt, um zu dienen – das erfahren Christen auch heute. Jesus schenkt immer noch Vergebung von Sünden, Heilung, Kraft und Fähigkeiten, die man einsetzen darf, um zu dienen – seinen Mitmenschen, seinen Gästen und seiner Familie. Jesus und die Schwiegermutter des Petrus sind dabei Vorbilder. *„Normalerweise sitzt der Meister am Tisch und wird von seinen Dienern bedient. Hier ist es anders! Denn ich bin euer Diener“*, sagte Jesus zu seinen Jüngern, als er ihnen vor dem Abendmahl die Füße gewaschen hatte (Lukas 22,27; Johannes 13,2-5).

14

Tiberias: Kulturmix am See Genezareth

Tausende reisen in ihren Ferien nach Tiberias, um das spezielle Wasser zu genießen. Schon in römischer Zeit war die Stadt beliebt, denn man schätzte die heißen Quellen. Heute lockt auch das kühle Nass des Sees Genezareth.

Schiffanlegestelle am See Genezareth.

Stadt am Wasser

Wassersportler mit ihren farbenfrohen, unterschiedlichen Geräten, Touristenboote, Fischer, Naturliebhaber, Pilger auf den Spuren Jesu, Menschen auf der Suche nach spirituellen Erfahrungen - alle tummeln sich auf und um den See Genezareth. Ein anderer Name für ihn ist Kinneret - nach der äußeren Form, die einer Harfe gleicht. Das Meer von Galiläa war und ist immer noch ein Anziehungspunkt.

Rein und unrein

Reste einer der Synagogen in Tiberias.

Die Stadt Tiberias wurde von Herodes Antipas gegründet und zu Ehren seines römischen Gönners, des Kaisers Tiberius (42 v.Chr. bis 37 n.Chr.), benannt. Da bei den Bauarbeiten der Friedhof von Hammat eingeebnet wurde, galt die Stadt den gesetzestreuen Juden als unrein. Der jüdische König soll dort arme landlose Menschen, Freigelassene und Militärveteranen angesiedelt haben. Wie sein Vater Herodes der Große den Hafen Cäsarea Maritima baute (siehe S. 38), so errichtete Herodes Antipas die Stadt nach hellenistischem und römischem Muster. Dazu gehörten nicht nur Forum (Markt), Theater, Hippodrom* und administrative Gebäude, sondern auch heidnische Tempel*. In seiner Burg auf einem Hügel über Tiberias ließ er Skulpturen aufstellen. Dies alles erregte den Zorn der streng religiösen Kreise. Da half es wenig, dass er auch eine große Synagoge errichten ließ. Es gibt keine Hinweise in der Bibel, dass Jesus die Stadt jemals betreten hätte. Er war an dieser Stelle vermutlich gesetzeskonform und hielt sich an die Reinheitsvorschriften, die einen Besuch der Stadt verboten.

Um die Mitte des 2. Jahrhunderts kam der damals berühmte Rabbi Simeon Bar Jochai nach Tiberias, um in den Thermen* von Hammat sein Rheuma zu kurieren. Nach seiner Genesung erklärte er die Stadt für „gereinigt" und ermöglichte es damit den aus Jerusalem und Judäa vertriebenen Juden, sich hier ohne Gewissensbisse anzusiedeln. Im 3. Jahrhundert entwickelte sich die Stadt zu einem Zentrum jüdischer Gelehrsamkeit. Sie war der letzte Ort, an dem sich der Sanhedrin, der Hohe Rat, zu Sitzungen zusammenfand, bis diese Arbeit 425 n.Chr. ein Ende fand. Hier erhielten Mischna (fünf Bücher Mose und Auslegung), Gemara (ein Kommentar dazu) sowie die masoretischen Texte des Alten Testaments ihre endgültige Fassung. Zwischen dem 7. und 10. Jahrhundert bearbeiteten Schriftkundige alte Manuskripte, vokalisierten und kommentierten sie, indem besondere Zeichen, die Masora, eingefügt wurden. Damals sollen fast 40 000 Juden in Tiberias gelebt haben. Sie versammelten sich am Sabbat in 15 Synagogen. In den folgenden Jahrhunderten erlebte die Gegend unterschiedliche Herrscher mit christlichem oder muslimischem Glauben. Sie alle schätzten die heißen Quellen.

Die heiße Quelle von Tiberias-Hammat.

Bei den Ausgrabungen ab 1973 kamen eine Säulenstraße, ein Bad aus byzantinischer Zeit*, ein früharabischer Markt und ein großes spätrömisches Gebäude zum Vorschein, außerdem Teile der städtischen Wallanlagen mit einem Tor, von zwei Rundtürmen flankiert, und Synagogen, sowohl in der Stadt wie auch bei den antiken Thermen. Den Wohlstand der Siedlung bis ins 11. Jahrhundert illustrieren reiche Kleinfunde an Keramik*, Metallobjekten, Glaswaren, Schmuck und Münzen.

Tiberias-Hammat

Die berühmten heißen Quellen befinden sich im Süden der Stadt. 18 radon- und schwefelhaltige Quellen fördern täglich bis zu 250 000 Liter von 60 Grad heißem Wasser. Auch heute noch werden damit Rheumatismus, Gelenk- und Wirbelsäulenschäden sowie Erkrankungen des Nervensystems und der Atemwege behandelt. Schon lange vor dem Bau der Stadt Tiberias wurden die Thermalquellen kanalisiert und genutzt. In römischer Zeit* entstand ein Tempel für die Göttin Hygieia, einer Tochter des Heilgottes Asklepios. Das Wort „Hygiene" wurde von ihrem Namen abgeleitet; sie gilt als Schutzpatronin der Apotheker. Um Asklepios und seine Heilkraft als Gottheit rankten sich allerlei Sagen. Er soll vom Kentaur Cheiron Unterweisung genossen haben und *„wurde ein tüchtiger Wundarzt, der seine Kunst lange Zeit ausübte und nicht nur manchen vor dem Tode bewahrte, sondern auch Tote wieder auferweckte. Hatte er doch von Athene das aus den Adern der Gorgo geflossene Blut erhalten, von dem er das aus den Adern links stammende zum Verderben der Menschen, das aus den Adern rechts geflossene dagegen zu ihrer Rettung anwandte. Damit weckte er auch die Toten auf. Zeus fürchtete, die Menschen möchten dieses Heilmittel von ihm erhalten und gegenseitig einander helfen, und tötete ihn deswegen mit dem Blitz."*[16]

Griechische Göttervorstellungen fanden erstaunlicherweise ihren Weg in jüdische Synagogen. 1962 wurde das Bodenmosaik einer Gebetsstätte aus dem 3. oder 4. Jahrhundert freigelegt. Das Gebäude war über einem älteren Versammlungshaus errichtet worden. Die Synagoge stellt mit 15 × 13 Metern eine sogenannte Breithausform dar. Drei Reihen von Säulen teilten die Halle in Schiffe. Der Thoraschrein stand in einem erhöhten Nebenraum, einer Verlängerung des breiten Mittelschiffes. Das Mosaik zeigt neben geometrischen Mustern zwei Löwen, Symbole des Stammes Juda, welche den Eingang bewachten. Die Widmungsinschriften erwähnen einen *Severus*, der als „Schüler der bedeutenden Patriarchen" bezeichnet wird. Alle Personennamen sind griechischer Herkunft. Das Hauptbild besteht aus den zwölf Tierkreiszeichen, dem sogenannten Zodiak. Jedem Zeichen wird sein hebräischer Name zugeordnet. Im

Zentrum führt der Sonnengott Helios im Strahlenkranz sein Viergespann über den Himmel, die Ecken füllen vier Frauenbüsten als Personifizierungen der Jahreszeiten. Daneben sind traditionelle Darstellungen zu sehen: der Thoraschrein unter einem Giebeldach, der siebenarmige Leuchter, Widderhorn (Schofar), Palmzweig (Lulav), Weihrauchschaufel und Zitrusfrucht (Etrog). Das Mosaik wird in das 4. Jahrhundert datiert.

› Dieses Bodenmosaik der spätantiken Synagoge in Tiberias-Hammat zeigt einen Thoraschrein, flankiert auf beiden Seiten von Lulav, Etrog, Menorah, Schofar und Weihrauchschaufel. Darunter ist ein Teil des Tierkreises zu sehen.

Spätantike Synagogen in Galiläa

Die Thematik des Zodiak findet sich auch in anderen spätantiken Synagogen von Galiläa. Das Mosaik in Tiberias-Hammat weist eine hohe künstlerische Qualität auf. Plump erscheint dagegen das Bild in Bet Alfa. In dieser jüdischen Siedlung in der Jesreel-Ebene wurde 1928 erstmals eine spätantike Synagoge entdeckt. Dort findet sich unter anderem eine Szene mit Abraham bei der Opferung seines Sohnes Isaak. Vielleicht lässt sich die Qualität der Bilder dadurch erklären, dass es sich die kleine Gemeinschaft in Bet Alfa nicht leisten konnte, erfahrene Künstler zu bezahlen.

Die Bodenmosaiken der großen Synagoge von Zippori, dem antiken Sepphoris, zeigen ebenfalls wunderschöne farbenprächtige Bilder der Menora und von anderen Gegenständen sowie biblische Szenen. Immer wieder sind den Mosaiken Gönnerinschriften beigefügt. Diese Wohltäter waren manchmal auch römische Offiziere, wie eine Begebenheit in Lukas 7,1–5 zeigt. Waren solche Einflüsse schuld daran, dass die jüdischen Gemeinden in der Spätantike ihre Türen für die Darstellung von heidnischen Göttern öffneten? In Sepphoris wurden nur wenige Meter von der Synagoge entfernt die Reste einer römischen Villa freigelegt. Die Mosaiken zeigen einen Dionysos-Zyklus. Die Göttergestalten Herakles (der starke Held) und Dionysos (der Gott des Weines, der Freude, der Trauben, der Fruchtbarkeit und der Ekstase) veranstalten einen Trinkwettstreit. 15 weitere Szenen sind dem dionysischen Mythos entnommen.

Griechische Götter in jüdischen Bethäusern

Wie genau und warum griechische Vorstellungen und Kunst in die jüdische Welt Eingang fanden, ist nicht klar. Haben wir es mit einem Abfall in heidnische Götterkulte zu tun? Färbte die Umgebung ab? Oder hatten die nicht zum jüdischen Volk gehörenden Gönner einen starken Einfluss? Seit der Zeit Alexanders des Großen lebten jüdische Menschen in einer Welt, in der griechische Kultur mit Bildung und politischer Karriere gleichgesetzt wurde. Griechisch war auch im Römischen Reich die Sprache der Oberklasse und der Verwaltung.

Im apokryphen Buch der Makkabäer wird deutlich, wie das Bestreben nach Hellenisierung zu Konflikten führte. *„Zu jener Zeit traten in Israel nichtswürdige Leute auf, die viele andere für sich gewannen, indem sie ihnen vorhielten: ‚Kommt, wir wollen uns ins Einvernehmen mit den Heiden setzen, die rings um uns her wohnen! Denn seitdem wir uns von ihnen abgesondert haben, ist uns viel Unheil zugestoßen.‘ Dieser Vorschlag fand Beifall bei ihnen, und einige aus dem Volke waren gleich bereit, sich zum Könige zu begeben, der ihnen denn auch die Erlaubnis gab, die Bräuche der Heiden einzuführen. So erbauten sie z.B. ein Gymnasium* (d.h. eine Turnschule) *in Jerusalem nach heidnischem Brauch, suchten die an ihnen vollzogene Beschneidung unkenntlich zu machen, fielen so vom heiligen Bunde ab, schlossen sich an die Heiden an und gaben sich dazu her, Böses zu tun“* (1. Makkabäer 1,11-15; HM). Auch Herodes und seine Nachfolger wurden kritisiert, weil sie griechische und römische Sitten übernahmen.

Eine andere Sichtweise brachte Philo von Alexandrien, ein jüdischer Gelehrter. Er erklärte, griechische Philosophen wie Platon hätten ihre Weisheiten im Prinzip von Mose übernommen. *„Fast vom Sonnenaufgang bis zum Sonnenuntergang* (d.h. vom Osten bis zum Westen) *steht jedes Land und Volk und Staatswesen den fremden Bräuchen mit Abneigung gegenüber und vermeint die Schätzung der eigenen Einrichtungen durch Missachtung der anderen zu erhöhen. Nicht so verhält es sich mit unseren* (d.h. der Juden) *Gesetzen. Sie locken alle an sich und wissen sie zu gewinnen, Barbaren, Hellenen, Bewohner des Festlands, Inselbewohner, Völker des Orients und des Okzidents, Europa, Asien, die ganze bewohnte Welt von einem Ende bis zum andern.“*[17]

Selektiver Glaube

Philo war von der Unveränderbarkeit und Einzigartigkeit des Gesetzes Gottes überzeugt. Er war ein großer Freund der Griechen und Römer, kannte ihre Schriften in- und auswendig, sah aber immer im jüdischen Glauben das Original. Er hätte wohl über seine

Brüder in Galiläa gestaunt, die den umgekehrten Weg gingen: Sie fügten griechische Mythen der biblischen Geschichte hinzu. Angesichts der Weisungen Gottes besonders im 2. Buch Mose ist es doch seltsam, wie ungezwungen damals mit dem Bilderverbot umgegangen wurde. *„Du sollst dir kein Götzenbild anfertigen von etwas, das im Himmel, auf der Erde oder im Wasser unter der Erde ist"* (2. Mose 20,4). Einige Gebote wurden von den unter römischer Herrschaft lebenden Juden hochgehalten – so zum Beispiel die Speisegesetze, ihre Meinung zu Ehebruch und das Halten des Sabbats. Der römische Philosoph Seneca (4 v.Chr. bis 65 n.Chr.) machte sich über die Sabbat-Treue lustig und urteilte, die Juden würden ein Siebtel ihres Lebens vergeuden und könnten keinen Profit aus dieser Zeit schlagen. So hätten sie durch eigene Schuld allerhand zu leiden.

Eine mögliche Erklärung für die Heliosdarstellungen in Synagogen wäre, dass die Juden Gott aus Ehrfurcht nicht darstellten, sondern quasi einen Stellvertreter wählten, eben den mystischen Sonnengott. Solche Übertragungen gab es auch in der noch jungen Christenheit. Aus Rücksicht (oder Berechnung?) wurden heidnische Gebäude und Statuen christianisiert, etwas umgestaltet, mit einem nur ein wenig anderen Strahlenkranz, dem Heiligenschein, versehen und – voilà, man fand einen gemeinsamen Weg. Ob das aber der richtige war, ist zweifelhaft.

Ein selektives Halten der Gebote Gottes kritisierte Jesus scharf: *„Euch Schriftgelehrten und Pharisäern wird es schlimm ergehen. Ihr Heuchler! Sorgfältig achtet ihr darauf, auch noch vom geringsten Teil eures Einkommens den zehnten Teil abzugeben, doch um die wahrhaft wichtigen Dinge des Gesetzes wie Gerechtigkeit, Barmherzigkeit und Glauben kümmert ihr euch nicht. Ihr sollt den Zehnten geben, gewiss, aber ihr dürft die viel wichtigeren Dinge darüber nicht vernachlässigen. Ihr blinden Anführer! Ihr siebt euer Wasser durch, damit ihr nicht aus Versehen eine Mücke verschluckt, und dann verschluckt ihr ein Kamel! Euch Schriftgelehrten und Pharisäern wird es schlimm ergehen. Ihr Heuchler! Sorgfältig achtet ihr darauf, dass eure Tassen und Teller nach außen sauber sind, doch innerlich seid ihr durch und durch verdorben – voller Missgunst und Maßlosigkeit! Ihr blinden Pharisäer! Wascht erst einmal die*

Tasse von innen aus; das Äußere wird dann von selbst sauber" (Matthäus 23,23-26).

Als Jesus Position bezog

Welche Stellung Jesus zu landläufigen Ansichten oder griechischen Mythen einnahm, wird indirekt durch ein Heilungswunder deutlich. In Tiberias wurden Heilungen in den heißen Quellen der Göttin Hygieia, der Tochter des Asklepios, zugesprochen. In Jerusalem befand sich im Komplex des Bethesda-Teiches ebenfalls ein Asklepios-Heiligtum. Nach griechisch-römischer Auffassung war dieser Gott (oder sein Priester) dafür verantwortlich, wenn Menschen gesund wurden. Ein späterer Zusatz im Bibeltext zeigt etwas von diesem Wunderglauben der Menschen damals. *„In diesen lagen Kranke in großer Zahl, Blinde, Lahme und Schwindsüchtige, die auf die Bewegung des Wassers warteten. Ein Engel des Herrn stieg nämlich von Zeit zu Zeit in den Teich hinab und setzte das Wasser in Bewegung. Wer dann nach der Bewegung* (= nach dem Aufwallen) *des Wassers zuerst hineinstieg, der wurde gesund, gleichviel mit welchem Leiden er behaftet war"* (Johannes 5,3-4; HM). Zwar wird hier das mystische Geschehen auf Gott zurückgeführt, aber die Kranken wurden von griechischen Ärzten nach ihren Methoden behandelt.

Jesus verfügt über eine anders geartete Macht. Er konnte wirklich Tote zum Leben auferwecken und hatte im Unterschied zu Asklepios keine bösen Absichten mit den Menschen. Er sagte zu dem Geheilten am Teich Bethesda, der eben noch gelähmt war: *„Du bist jetzt gesund. Nun höre auf zu sündigen, damit dir nicht noch etwas Schlimmeres widerfährt!"* (Johannes 5,14). Jesus allein kann die Krankheit heilen, an der die Welt leidet – die Gottesferne. Er ist der große Arzt und Helfer.

Auch heute besteht die Herausforderung für Christen darin, zu erkennen, wo man bedenkenlos den Lebensstil der Welt, in der wir leben, übernehmen kann – und wo eine deutliche Abgrenzung geboten ist. Was werden Geschichtsforscher späterer Generationen über das Christentum unserer Zeit zutage fördern? Einen kruden Mix von Glaubensbekenntnis und säkularer Kultur? Spuren von klaren Christusbekenntnissen? Wird es so klingen wie bei dem Mann vom Teich Bethesda: *„Es war Jesus, der mich geheilt hat!"* (Johannes 5,15; HFA)?

Der Zodiak in Bet Alfa.

15

Bet-Schean: Die Beharrlichkeit einer Mutter

Manche Orte des Heiligen Landes besucht man gern, weil bewegende Geschichten der Bibel so noch anschaulicher werden. Die Fischer am See Genezareth, der betende Jesus im Garten Gethsemane - all das kann man sich besser vorstellen und es berührt durchaus auch das Herz. Gehen wir vom See Genezareth aus weiter nach Süden, so kommen wir nach Bet-Schean. Auch dieser Ort illustriert Berichte der Bibel. Allerdings sind es keine berührenden oder gar idyllischen Geschichten, die hier lebendig werden.

Diese Stadt hat uralte Wurzeln. Ihr Name bedeutet „Haus des Schahan" und bezieht sich möglicherweise auf einen Schlangengott der Kanaanäer. Der Ort war schon vor ca. 5000 v.Chr. bewohnt. Wo der Fluss Harod vom Ostrand der Jesreel-Ebene her zum Jordan führt, erhebt sich ein Hügel mit insgesamt 18 Siedlungsschichten*: der Tell* el-Hösn (Hügel der Stärke). Seine strategische Lage an einem Knotenpunkt von Straßenverbindungen wurde von unterschiedlichen Völkern während langer Zeit genutzt - bis zum heutigen Tag ist das so. Der Grenzübergang „Jordan River Crossing" spielt eine wichtige Rolle im Staatengefüge des syrisch-jordanischen Raums.

In alten Zeiten nutzten vor allem die Ägypter den Ort für ihre Garnisonen. In der Zeit zwischen Sethos I. und Ramses III. (um 1300–1150 v.Chr.) waren dort Söldner stationiert. Ägyptische Tempel*, Stelen*, Skarabäen* und andere Funde zeugen von der Bedeutung des Hügels. Wahrscheinlich residierte der Statthalter auf seiner „Höhe“, die topografisch allerdings über hundert Meter unter dem Meeresspiegel liegt.

Als das Volk Israel unter Josua anrückte, widerstand die Stadt den Eroberungsversuchen. Ursprünglich wurde sie dem Stamm Issachar zugerechnet, später dann Manasse. Diese Zuteilung blieb aber wohl theoretisch, denn die Israeliten hatten lange Zeit keinen Zugriff auf die Stadt. *„Sie sagten: ‚Das Bergland reicht uns nicht aus, und die Kanaaniter im Flachland rund um Bet-Schean mit seinen Tochterstädten und im Tal Jesreel haben eiserne Streitwagen‘“* (Josua 17,16). *„Dem Stamm Manasse gelang es nicht, die Einwohner von Bet-Schean, Taanach, Dor, Jibleam, Megiddo und den umliegenden Dörfern zu vertreiben, und so blieben die Kanaaniter in diesem Gebiet wohnen“* (Richter 1,27).

Wenn Tote zur Schau gestellt werden

In der ersten Hälfte des 11. Jahrhunderts v.Chr. drangen die Philister von der Mittelmeerküste her bis in das Jordantal vor. König Saul führte viele Kriege gegen sie, bis dann beim Berg Gilboa das Heer der Israeliten vernichtend geschlagen wurde. Sauls Söhne Jonathan, Abinadab und Malkischua wurden getötet, Saul verletzt. Da der Waffenträger Sauls sich weigerte, seinen König zu töten, stürzte sich dieser selbst in sein Schwert. *„Am nächsten Tag kehrten die Philister zurück, um die Toten auszurauben. Dabei fanden sie die Leichen Sauls und seiner drei Söhne im Gebirge Gilboa. Sie schlugen Saul den Kopf ab und zogen ihm seine Rüstung aus. Dann schickten sie Boten in alle Teile ihres Landes und ließen die Siegesnachricht in den Tempeln ihrer Götzen und beim ganzen Volk verkünden. Sie legten seine Rüstung im Tempel der Astarte nieder und hängten seinen Leichnam an der Mauer der Stadt Bet-Schean an“* (1. Samuel 31,8-10). Bet-Schean gehört hier klar zum Hoheitsgebiet der Philister. In der Stadt Bet-Schean sind viele solcher schrecklichen Ereignisse geschehen. Gerne lesen wir schnell über brutale Details hinweg, aber damals dienten solche Zurschaustellungen der politischen Propaganda. Die Sieger wollten ein Exempel statuieren und Macht beweisen. Auch außerhalb der Bibel sind solche Demonstrationen bezeugt. Ein assyrischer König berichtet beispielsweise: *„Vor dem Stadttor schichtete ich einen (Schädel)haufen auf. Alle Großen, die gegen mich rebelliert hatten, ließ ich schinden und überzog mit ihren Häuten den (Schädel)haufen. Andere pfählte ich vor dem (Schädel)haufen, mit wieder anderen Gepfählten umgab ich den (Schädel)haufen ringsherum. Viele (andere) ließ ich in allen Teilen meines Reiches schinden und bezog mit ihren Häuten die Stadtmauern. Die Eunuchen und die königlichen Eunuchen, allesamt Verbrecher, zerstückelte ich. (Den feindlichen Herrscher) Ahi-iababa brachte ich nach Ninive, ließ ihn dort schinden und bezog mit seiner Haut die Stadtmauer von Ninive."*[18]

Wenn wir uns mit offenen Augen in der modernen Medienlandschaft umsehen, müssen wir zugeben, dass sich die Methoden, wie Menschen zu Tode gebracht und danach zur Schau gestellt werden, nicht wesentlich verändert haben (wobei die oben geschilderten Szenen sicher eine Freigabe erst ab 18 Jahren bekommen hätten).

Der Bericht über den Tod Sauls findet im zweiten Samuelbuch seine Fortsetzung. Weiter unten wird davon die Rede sein.

Skythopolis

David eroberte während seiner Regierungszeit die Stadt Bet-Schean. Danach gehörte sie mit Megiddo und Taanach zum fünften Bezirk des Reiches Salomos. Etwa 700 v.Chr. wurde sie verwüstet und erst in der hellenistischen Periode* neu besiedelt.

Der ägyptische Pharao Ptolemäus II. besaß wahrscheinlich eine Kavallerieeinheit, die aus Skythen bestand. Einige davon ließen sich dauerhaft in Bet-Schean nieder. So wurde der Ort zu Skythopolis, der Stadt der Skythen. Im 2. Jahrhundert v.Chr. wurde sie von Johannes Hyrkan erobert und später vom Römer Pompeius im Jahre 63 v.Chr. zur Hauptstadt der Dekapolis (einem Zehnstädtebund rund um den See Genezareth) ernannt. Damals herrschte großer Wohlstand, wie die eindrücklichen Reste der Unterstadt zeigen.

Die Bäder in Bet-Schean wurden auch von Christen in byzantinischer Zeit geschätzt.

Als christliche Stadt war Bet-Schean später Bischofssitz. 639 n.Chr. eroberten die Araber den Ort, der danach an Bedeutung verlor. Im Jahre 749 erschütterte ein Erdbeben die Gegend. Heute noch sind die Spuren davon deutlich zu sehen.

Die Palladiusstraße von Bet-Shean mit dem Tell im Hintergrund.

Säulenstraßen, Brunnenanlagen, Plätze und Thermen

Aus römischer Zeit imponieren bis heute mit Säulen gesäumte Straßen und öffentliche Fließbrunnen, Nymphäen* genannt. Über prächtige mit Statuen und reicher Dekoration versehene Fassaden floss das Wasser in Marmorbecken. Plätze waren zum Teil mit Mosaiken versehen.

Das große römische Theater.

Den am besten erhaltenen antiken Theaterbau auf dem Gebiet Israels findet man hier in Bet-Schean. In diesem Theater fanden 8000 Menschen Platz. Die Sitzreihen sind durch zwei Umgänge in drei Ränge geteilt. Ovale Vertiefungen in der Seitenwand des oberen Umgangs sorgten für eine verbesserte Akustik. Die vorderste Sitzreihe bestand aus Ehrensitzen, die aus kleinasiatischem Marmor gefertigt waren. Die sogenannten *vomitoria*, Durchgänge in den umlaufenden Gewölbegängen, ermöglichten Ein- und Austritt der Zuschauermengen. Die Bühnenwand ist 82 Meter breit, in zwei Ebenen aufgebaut und war mit kostbaren vielfarbigen, mosaikartig angeordneten Marmorteilen verziert. Auf jeder Seite wurde die Bühne von Rundtürmen flankiert. Mithilfe einer raffinierten Bühnenmaschinerie konnte man während der Aufführungen Gottheiten und Heroen herabschweben lassen. Das Theater wurde Ende des 3. Jahrhunderts nicht mehr benutzt, gelangte aber 300 Jahre später wieder zu Ehren und wurde mit einer eigenen Wasserversorgung versehen. Es wird vermutet, dass damals Wasserballette aufgeführt werden konnten. Abgesehen von diesem Theater lud am Stadtrand auch ein Amphitheater zu Vergnügungen ein.

Die Hypokausten der Thermen.

Viel Wasser wurde auch für die Thermen* gebraucht. Eindrückliche Anlagen aus der byzantinischen Zeit* zeigen deutlich das Heizsystem. Auf sogenannten Hypokausten* lag der Fußboden auf, der sich durch die darunter geleitete Hitze erwärmen konnte. Von außen wurde befeuert. Sklavenkinder mussten von Zeit zu Zeit in das Heizsystem hineinschlüpfen, um die Anlage zu reinigen. Die Wände waren farbig bemalt, die Fußböden mit Mosaiken versehen, in Säulenhallen plätscherten Springbrunnen. Auch Latrinen gehörten selbstverständlich zur Bequemlichkeit der Thermen.

Öffentliche Latrinen neben dem Theater.

Ein Schwur mit Spätfolgen

Eine der am schwierigsten zu verstehenden Geschichten der Bibel wird in 2. Samuel 21 geschildert. Ihr Bezug zu Bet-Schean wird in der Rückschau deutlich werden. Auch solche Passagen überblättern wir gern, aber dort sind ebenfalls Einsichten und Weisheiten zu finden.

„Während Davids Regierungszeit herrschte drei Jahre lang eine Hungersnot und David befragte den Herrn *deswegen. Der* Herr *antwortete: ‚Auf Saul und seiner Familie lastete eine Blutschuld, weil sie die Gibeoniter ermordet haben'"* (2. Samuel 21,1). Wie kam es zu diesem Mord?

In Josua 9 wird geschildert, wie die Gibeoniter mit List einen Vertrag mit den eindringenden Israeliten aushandelten. *„Deshalb murrten die Israeliten über ihre Anführer. Doch diese sagten zu ihnen: ‚Wir haben in der Gegenwart des* Herrn, *des Gottes Israels, einen Eid geschworen. Wir dürfen sie nicht anrühren. Wir müssen sie am Leben lassen, denn wir würden Gott erzürnen, wenn wir unseren Schwur brächen'"* (Josua 9,18-20). Saul war sicher vertraut mit dieser Geschichte. Dennoch versuchte er später, diese Volksgruppe auszurotten – was aber gemäß der Ankündigung Gottes Zorn auslösen musste. So verstand auch David, dass der Grund der Hungersnot eben hier, im Zorn Gottes, zu suchen war.

Sicherlich sind nicht alle Eide sinnvoll, die von Menschen geschworen werden. Die Führer Israels unter Josua hatten versäumt, den Herrn um Rat zu fragen, als sie von den Gibeonitern überlistet wurden. Der Vertrag war also nicht im Sinne Gottes gewesen, aber die Verantwortlichen hielten sich mit Recht daran, denn sie hatten im Namen des Herrn geschworen.

Gott erinnerte zur Zeit Davids, ca. 400 Jahre nach Josuas Bundesschluss mit den Gibeonitern, in Form einer Hungersnot an den Eidbruch. Ob die Lösung des Problems, die man damals ins Auge fasste, in Gottes Sinn war oder ob auch eine andere Handlung Genüge getan hätte, bleibt dahingestellt. Die Gibeoniter jedenfalls antworteten auf Davids Frage: *„‚Wir wollen kein Silber und Gold von Sauls Familie … und haben auch nicht das Recht, Israeliten dafür hinzurichten.' ‚Was kann ich dann für euch tun?', fragte David. Da antworteten sie: ‚Es war Saul, der uns austilgen wollte. Es sollte für uns keinen Platz in Israel geben. Deshalb sollen uns sieben seiner Nachkommen ausgeliefert werden, und wir werden sie vor dem* Herrn *in Gibeon, auf dem Berg des* Herrn, *hinrichten.' ‚Gut', stimmte der König zu, ‚ich will es tun'"* (2. Samuel 21,4-6). David bestimmte daraufhin Armoni und Mefi-Boschet[19], die beiden Söhne Rizpas, einer Nebenfrau Sauls, sowie fünf Söhne von Sauls Tochter Merab dazu. Diese „Auswahl" war sicher nicht rein zufällig. Die älteste Tochter Merab hatte Saul dem Sieger über Goliat versprochen - also stand sie David zu -, aber er hatte damals sein Wort nicht gehalten. Vielleicht hatten sich diese sieben Männer sogar bei der versuchten Ausrottung der Gibeoniter durch Saul beteiligt.

Rizpa, die beharrliche Mutter

Die Gibeoniter handelten nach ihrem Verständnis von Gerechtigkeit. Sie richteten die ausgelieferten Männer *„auf dem Berg vor dem* HERRN *hin. So starben alle sieben auf einmal. Es war in den ersten Tagen der Gerstenernte. Rizpa, die Tochter Ajas, breitete Sackleinen über einen Felsen und blieb dort sitzen, bis der erste Regen fiel. Am Tag verscheuchte sie die Geier und in der Nacht hielt sie die wilden Tiere von den Leichen fern"* (2. Samuel 21,9-10).

Man halte sich das Leben dieser Mutter vor Augen. Wie muss sie gelitten haben! Und doch stellte sie keine Fragen, machte keine Vorwürfe. Sie blieb einfach beharrlich - ein halbes Jahr lang -, um wenigstens ein ehrenvolles Begräbnis zu erreichen. Wie viele andere Mütter musste auch sie das selbst verschuldete Elend ihrer erwachsenen Kinder mit ansehen, ohne etwas dagegen tun zu können. Viele bleiben dabei in ihrer Liebe beharrlich, auch im Gebet und Einstehen für ihre Lieben. So kann uns Rizpa zu einem Vorbild werden. Wir verstehen Gottes Gerichte und das Handeln der Menschen oft nicht. Uns bleiben das stille Leiden und die Gewissheit, dass der Herr ein gerechter Richter ist. Er hält sich an sein einmal gegebenes Wort.

Auch David wurde berührt durch das Verhalten jener Mutter. Und hier kommt wieder die Stadt Bet-Schean ins Spiel. *„Als David erfuhr, was Rizpa, die Nebenfrau Sauls, getan hatte, holte er sich von den Einwohnern von Jabesch in Gilead die Gebeine Sauls und seines Sohnes Jonatan. Die Männer von Jabesch in Gilead hatten damals ihre Leichen vom Marktplatz der Stadt Bet-Schean gestohlen, wo die Philister sie nach ihrem Sieg über Saul auf dem Gebirge Gilboa aufgehängt hatten. David holte die Gebeine von Saul und Jonatan sowie die Gebeine der hingerichte-*

ten Männer und ließ sie im Grab von Sauls Vater Kisch in der Stadt Zela im Gebiet von Benjamin bestatten" (2. Samuel 21,11-14).

Bet-Schean ist hier das Symbol für Grausamkeit und für die mangelnde Ehrfurcht vor den Toten. Schon nach dem Tod Sauls hatten die Leute aus Jabesch in Gilead die Toten von Bet-Schean würdig bestattet. Gleiches machte nun David mit den Toten von Gibea – weil die Mutter Rizpa die Entwürdigung ihrer toten Söhne nicht hingenommen hatte. Die Treue dieser Frau steht in krassem Gegensatz zu den dunklen Schattenseiten von Bet-Schean.

Jesus zum Thema Schwören

Und was ist nun mit dem folgenschweren Schwur der Israeliten zur Zeit Josuas? Mit dem Schwur, den König Saul brach und dadurch das Unheil in Gang setzte? Jesus nimmt in seiner Bergpredigt zum Thema Eid und Schwören folgendermaßen Stellung:

„Ihr habt auch gehört, dass es im Gesetz von Mose heißt: ‚Du sollst einen Schwur nicht brechen; du sollst die Versprechen, die du vor dem Herrn abgelegt hast, halten.' Ich aber sage: Schwört überhaupt nicht! Wenn ihr sagt: ‚Beim Himmel!', dann ist das ein heiliger Schwur, denn der Himmel ist Gottes Thron. Und wenn ihr sagt: ‚Bei der Erde!', dann ist auch das ein heiliger Schwur, denn die Erde ist seine Fußbank. Und schwört auch nicht: ‚Bei Jerusalem!', denn Jerusalem ist die Stadt des großen Königs. Schwört nicht einmal: ‚Bei meinem Kopf!', denn ihr könnt kein einziges Haar auf eurem Kopf weiß oder schwarz machen. Sagt einfach ‚Ja' oder ‚Nein'. Jedes Wort darüber hinaus ist vom Bösen" (Matthäus 5,33-37).

Wie viele schreckliche Dinge hätten vermieden werden können, wenn nach diesem Rat gehandelt worden wäre!

16

Samaria: Wo sich „Fenster des Himmels“ öffneten

Die Reste der Omridenpaläste in Samaria.

Wer heute die antike Stadt Samaria besuchen will, muss einige Hürden überwinden. Der Zugang zum palästinensischen Westjordanland ist nur über spezielle Checkpoints möglich, und das moderne Dörfchen ist auch nicht einfach aufzuspüren. Ein Besuch lohnt sich aber auf jeden Fall.

Die Stadt Samaria erlangte politische Bedeutung, als das große Reich Israel, das David und sein Sohn Salomo aufgebaut hatten, in zwei Teile zerfiel. Nach Salomos Tod trennten sich zehn Stämme im Norden vom Gebiet Judas und Benjamins mit der Hauptstadt Jerusalem ab. König Omri gründete um das Jahr 876 v.Chr. die neue Hauptstadt Samaria. In 1. Könige 16,23-25 lesen wir: *„Die Herrschaft Omris über Israel begann im 31. Jahr der Regierungszeit König Asas in Juda. Er regierte insgesamt zwölf Jahre, sechs davon in Tirza. Dann erwarb er den Berg Samaria für zwei Talente Silber von seinem Besitzer Schemer. Er baute dort eine Stadt und nannte sie nach Schemer, dem Besitzer des Berges, Samaria. Doch auch Omri tat, was dem* HERRN *missfiel, und noch schlimmer als alle vor ihm."*

Omris Sohn Ahab erlangte traurige Berühmtheit durch das Gottesurteil auf dem Karmel, als der Prophet Elia das Volk dazu aufforderte, zu seinem Gott zurückzukehren. Aus der Zeit Ahabs sind heute noch Spuren erhalten: die Fundamente der Wohnpaläste, Teile der Kasemattenmauer*, die Treppe, die zu einem Tor hochführte, Vorratsräume (1. Könige 20,34 spricht von Handelshäusern oder Märkten), Elfenbeinschnitzereien und Ostraka*.

Wenige Jahre nach König Ahab wirkte der Prophet Elisa. Aus dessen Zeit wird eine interessante Geschichte erzählt. Das Nordreich Israel hatte immer wieder Schwierigkeiten mit den benachbarten Syrern. Die Stadt Samaria wurde belagert, die Not war so groß, dass die Menschen alles taten, um nicht zu verhungern. Dennoch rechnete man mit dem sicheren Tod:

„Vor den Stadttoren [von Samaria] *saßen vier Aussätzige. ‚Warum sollen wir hier warten, bis wir sterben?', fragten sie sich. ‚Wenn wir hierbleiben, sterben wir, und wenn wir in die Stadt zurückgehen, wo der Hunger herrscht, sterben wir auch. Wir können genauso gut hingehen und uns den Aramäern ergeben. Wenn sie uns am Leben lassen, umso besser. Wenn sie uns töten – nun, dann sterben wir eben.' Also gingen sie noch am gleichen Abend ins Lager der Aramäer hinaus, doch als sie ankamen, war da niemand! Denn der* HERR *hatte das Heer der Aramäer getäuscht, sodass die Krieger glaubten, das Rasseln heranstürmender Streitwagen, das Galoppieren von Pferden und das Heranrücken eines großen Heeres zu hören. ‚Der König von Israel hat die Hetiter und Ägypter angeworben*

und greift an!', riefen sie einander zu. So brachen sie in der Abenddämmerung auf und ergriffen die Flucht, ließen ihre Zelte, Pferde, Esel und alles andere im Stich und rannten um ihr Leben.

Diese Treppe führte hinauf zum israelitischen Stadttor.

Als die aussätzigen Männer am Rande des Lagers ankamen, gingen sie in eines der Zelte, aßen, tranken und schleppten Silber, Gold und Gewänder heraus und versteckten alles. Dann gingen sie in ein weiteres Zelt und verfuhren ebenso. Schließlich sagten sie zueinander: ‚Wir handeln nicht richtig, wenn wir die gute Nachricht dieses Tages nicht weitersagen. Wenn wir bis morgen warten, machen wir uns schuldig. Kommt, gehen wir zurück und erzählen es im Palast des Königs.' So kehrten sie in die Stadt zurück und erzählten den Wächtern am Tor: ‚Wir sind ins Lager der Aramäer gegangen und haben dort niemanden mehr vorgefunden. Die Pferde und Esel waren angebunden und die Zelte unverändert'" (2. Könige 7,3-10).

Die ausgehungerten Stadtbewohner von Samaria plünderten daraufhin das Lager. Die Not war beendet; man konnte seine Vorräte reichlich auffüllen. Genau dies hatte der Prophet Elisa vorausgesagt: Der Wohlstand werde so groß sein, dass die Nahrungsmittelpreise in den Keller fallen würden. Die Bibel berichtet ausdrücklich, wie sich das Prophetenwort erfüllte:

„Und so kam es, dass tatsächlich ein Maß feines Mehl und zwei Maß Gerste für einen Schekel Silber verkauft wurden, wie der HERR *vorausgesagt hatte. Der König befahl dem Mann, der ihn begleitet hatte, das Tor zu beaufsichtigen, doch er wurde umgerannt und zu Tode getrampelt, als das Volk durch das Tor stürmte. Er starb so, wie der Prophet es vorausgesagt hatte, als der König in sein Haus kam. Er hatte zum König gesagt: ‚Morgen um diese Zeit werden auf den Märkten von Samaria ein Maß feines Mehl und zwei Maß Gerste nur noch einen Schekel Silber kosten.' Der Mann des Königs hatte dem Mann Gottes geantwortet: ‚Das wäre selbst dann unmöglich, wenn der* HERR *die Fenster des Himmels öffnete!' Und darauf hatte er gesagt: ‚Du wirst mit eigenen Augen sehen, wie es geschieht, aber du wirst nicht davon essen können!' Und so war es gekommen, denn er war am Tor zu Tode getrampelt worden"* (2. Könige 7,16-20).

Der Offizier, der hier tragisch zu Tode kam, hatte vorher das Stichwort geliefert für das, was Gott tat: Über Samaria hatte Gott die „Fenster des Himmels" geöffnet.

Assyrer in Samaria

Propheten waren die ständigen kritischen Begleiter der Könige von Israel und Juda. Omri, der Samaria zur Hauptstadt gemacht hatte, und Ahab waren noch in späterer Zeit Paradebeispiele für gottlose Regenten, auch beim Propheten Micha: *„Denn du lebst immer noch nach dem Vorbild der Könige Omri und Ahab. Ihr habt euer ganzes Leben nach ihren Ratschlägen ausgerichtet. Deshalb mache ich dich zum abschreckenden Beispiel und deine Bewohner zur Zielscheibe des Spottes. Ihr werdet den Hohn der Völker ertragen müssen!"* (Micha 6,16).

Diese Voraussage erfüllte sich im Jahr 722/721 v.Chr.: *„Als Hoschea, der Sohn Elas, das siebte Jahr König in Israel war und Hiskias Herrschaft bereits vier Jahre andauerte, griff König Salmanassar von Assyrien Samaria an und belagerte die Stadt. Drei Jahre später, im sechsten Jahr von König Hiskias Regierungszeit – dem neunten Jahr von König*

Hoscheas Herrschaft in Israel –, fiel Samaria. Danach führte der König von Assyrien die Israeliten nach Assyrien und siedelte sie in Halach, an den Ufern des Habor in Gosan und in den Städten der Meder an. Denn sie hatten nicht auf den HERRN, *ihren Gott, hören wollen, sondern gegen seinen Bund verstoßen – gegen die Gesetze, die er ihnen durch seinen Diener Mose gegeben hatte"* (2. Könige 18,9-12).

Die Ereignisse fanden ihren Niederschlag nicht nur in der Bibel, sondern auch auf einem Zylinder Sargons II., der mit Keilschrifttexten* bedeckt ist. Dieser assyrische König war der Nachfolger von Salmanassar. In dem Dokument rühmt er sich, 27 280 Menschen weggeführt zu haben, wahrscheinlich vor allem Angehörige der israelitischen Oberschicht.

Mächtige Säulenreste zeugen von vergangener Pracht.

Umsiedelungen von Menschengruppen waren damals eine gängige Methode, um neu eroberte Gebiete unter fester Kontrolle zu halten. Die Hauptstädte der Assyrer (Assur, Kalchu, Dur-Scharrukin und Ninive) lagen zu weit weg, um direkten Einfluss zu nehmen. Das assyrische Riesenreich war auf die Loyalität seiner Provinzen angewiesen. So gelangten nicht israelitische Gruppen nach Galiläa. Die im Land zurückgebliebenen Familien, die weiterhin den wahren Gott verehrten, der ihre Vorfahren aus Ägyptenland geführt hatte, wurden als Samaritaner oder Kutäer bezeichnet. Noch heute verstehen sie sich als Bewahrer der mündlichen jüdischen Lehre und haben eine eigene Überlieferung des samaritanischen Pentateuchs, der die fünf Bücher Mose enthält. Weil sie nach der Rückkehr der Juden aus Babylon nicht zum Tempel in Jerusalem zugelassen wurden, bauten sie unweit von Samaria auf dem Berg Garizim eine eigene Anbetungsstätte.

Die Stadt Samaria mit ihrer Festung wurde zum Zentrum der assyrischen, dann der babylonischen und vom Jahr 539 v.Chr. an der persischen Provinz Samerina. 107 v.Chr. zerstörten die damaligen hasmonäischen Herrscher des Landes die Stadt.

Herodes der Große und die Kaiser

Später baute Herodes der Große (73–4 v.Chr.) Samaria wieder auf und benannte sie zu Ehren des Kaisers mit dem neuen Namen „Sebaste". Augustus war ein Ehrenname für den Kaiser und bedeutete „der Erhabene", die griechische Form davon lautete Sebastos – daher „Sebaste". Wie überall, wo Herodes seine großartigen Bauten errichten ließ, blieben unter den neuen Gebäuden nur wenige alte Reste bestehen. Ein riesiger, auf einem erhöhten Fundament erbauter Tempel entstand. Eine große Marktbasilika wurde am Forum errichtet, eine Säulenstraße führte zum Stadttor, in einem Theater vergnügten sich die Menschen.

Kaiser Vespasian (9–79 n.Chr.) gründete dann in der Nähe von Sebaste eine neue Stadt: Flavia Neapolis. Sebaste verlor daraufhin zusehends an Bedeutung. Die Kreuzfahrer erbauten im 12. Jahrhundert eine Kathedrale zu Ehren von Johannes dem Täufer. Er soll dort begraben worden sein. Später erklärten die Muslime das Gebäude zur Moschee.

Die Moschee im Dorf Sebastia soll das Johannesgrab enthalten.

Jesus und die Samariterin

Am Fuß des Berges Garizim, nicht weit von Sebaste entfernt (ein rechter Jude hätte niemals seinen Fuß in eine solch heidnische Stadt gesetzt), befindet sich der Jakobsbrunnen. Seit dem 4. Jahrhundert wurde die Wasserstelle nacheinander in fünf christliche Kirchengebäude aus unterschiedlichen Zeiten integriert. 1860 kaufte das griechisch-orthodoxe Patriarchat von Jerusalem das Gelände. Hier wird an die Begegnung von Jesus mit der Samariterin erinnert (Johannes 4). Auf die Bitte nach einem Schluck Wasser entgegnete die Frau ganz erstaunt: *„Du bist ein Jude und ich bin eine Samariterin. Warum bittest du mich, dir zu trinken zu geben?“* Das Johannesevangelium erklärt dieses Verhalten: *„Denn sonst wollen die Juden nichts mit den Samaritern zu tun haben“* (Vers 9). Warum war das so? Nach der Rückkehr aus dem babylonischen Exil wurden die Samaritaner verdächtigt, sich mit den von den Assyrern angesiedelten Völkern vermischt zu haben und die Gesetze des Mose nicht zu erfüllen. Die Priester in Jerusalem erkannten die Anbetungsstätte auf dem Berg Garizim nicht an.

Eine zwar grundverschiedene, aber in gewisser Hinsicht vergleichbare Situation zeigt sich heute im palästinensischen Dorf Sebastia. Die Menschen dort sind isoliert: Eine Mauer trennt das Westjordanland von Israel, die Arbeitslosigkeit ist enorm hoch. Verschiedene Organisationen versuchen Abhilfe zu schaffen. Dazu gehört eine Initiative von Italienern. Sie haben eine Mosaikwerkstatt aufgebaut, in welcher nach Vorbildern aus Jericho wunderschöne Werke aus Tausenden von Steinchen entstehen.

Die Fenster des Himmels

Die Geschichte über die Belagerung der Stadt Samaria zur Zeit des Propheten Elisa regt zum Nachdenken an. Die von den Assyrern eingeschlossenen Bewohner taten schreckliche Dinge, um ihr Überleben zu sichern, bis hin zum Kannibalismus (siehe 2. Könige 6,26-29). Der König machte Elisa und mit ihm Gott selbst für die Not verantwortlich. *„Gott soll mich töten, wenn ich Elisa, den Sohn des Schafat, nicht heute noch enthaupten lasse“*, schwor der König (2. Könige 6,31). Er hatte die Geduld und den Glauben verloren. *„Der* HERR *hat dieses Unglück über uns gebracht! Warum soll ich noch länger auf den* HERRN *hoffen?“* (2. Könige 6,33). Wir haben bereits gesehen, dass die Not der belagerten Stadt so groß war, dass man nicht glauben konnte, die Lage werde sich noch einmal wenden. So rief der Offizier des Königs von Israel aus: *„Das wäre selbst dann unmöglich, wenn der* HERR *die Fenster des Himmels öffnete!“* (2. Könige 7,2).

Geht es gläubigen Menschen nicht oft ähnlich? Manchmal scheint Hilfe weit entfernt zu sein. Eine Notlage ist festgefahren und nichts kommt in Bewegung. Natürlich könnte Gott helfen, aber wenn er es nicht (oder noch nicht) tut, trägt er dann nicht irgendwie Mitverantwortung für das Problem? Es kann dann sehr naheliegend sein, das zu tun, was der König von Israel tat, nämlich Gott als Urheber der Not zu betrachten. Der Geduldsfaden reißt, Zweifel schleichen sich ein. Es scheint rein unmöglich, dass sich die Fenster des Himmels öffnen könnten.

Bemerkenswert: Einer der späten Propheten des Alten Testaments, Maleachi, verwendet noch einmal das Bildwort von den „Fenstern des Himmels“ – bzw. Gott gebraucht es im Prophetenwort. Maleachi sprach nicht in eine Zeit der elementaren Not hinein, sondern in eine Situation, in der man ängstlich seinen Besitzstand wahren wollte. Für Gott hatte man da nur noch das übrig, was so am Rande abfiel, minderwertige Opfer zum Beispiel. Hier fordert Gott auf, einen Test zu machen: *„‚Bringt den kompletten zehnten Teil eurer Ernte ins Vorratshaus, damit es in meinem Tempel genügend Nahrung gibt. Stellt mich doch damit auf die Probe‘, spricht der allmächtige* HERR, *‚ob ich nicht die Fenster des Himmels für euch öffnen und euch mit unzähligen Segnungen überschütten werde!‘“* (Maleachi 3,10).

Wäre das auch eine Antwort für den König von Israel in Samaria gewesen? „Stell Gott auf die Probe, dann gehen die Fenster des Himmels schon auf“? Wäre es eine Antwort für Glaubende, die am Rande der Verzweiflung stehen, weil sie auf Gottes Hilfe warten?

Große Freude in der Stadt

Der Gott der Bibel lässt sich nicht auf irgendeinen Handel ein. Er bleibt der Herr. Auch für diese Erfahrung steht die Stadt Samaria – viele Hundert Jahre nach Maleachi. Als die Christen in Jerusalem verfolgt wurden, erreichte die Botschaft von Jesus Christus die Gegend. Philippus machte Jesus dort bekannt und Gott bestätigte das durch wunderbare Heilungen und Befreiungen. Ein ortsansässiger Zauberer war fasziniert von dieser Kraft Gottes und wollte sie den Aposteln abkaufen. Doch das war natürlich nicht möglich (Apostelgeschichte 8,1-25). Nein, Gottes Gaben sind nicht käuflich zu erwerben. Aber er hat mit Jesus etwas Neues beginnen lassen. Sein Reich ist unmittelbar nahe. *„Darüber herrschte große Freude in der Stadt“*, als das Evangelium dort wirksam wurde (Apostelgeschichte 8,8) – als ob erneut Himmelsfenster aufgegangen wären.

Auch wenn man noch vor verschlossenen Türen steht, lohnt es sich, ausdauernd auf Gott zu hoffen. Ob Gott dann nicht reagieren wird – so wie Maleachi es sagte?

17

Jericho: Sehen und gesehen werden

Jericho gilt als älteste Stadt der Welt. Bei ihrer ersten Erwähnung in der Bibel hatte sie schon Jahrtausende hinter sich. In der Bibel spannt sich ein Bogen von der Zeit Josuas bis zum Wirken von Jesus.

Wozu die Menschen in Jericho den Rundturm gebaut haben, wird wohl ein Rätsel bleiben.

Das Jericho des Altertums wird heute durch den Tell* es-Sultan markiert. Dieser Hügel, der nach seiner ergiebigen Wasserquelle benannt ist, liegt neun Kilometer nördlich des Toten Meeres und 250 Meter unter dem Meeresspiegel. Durch das süße Wasser der Quelle und durch weiteres über lange Kanäle herangeführtes Nass verwandelte sich die Wüste hier in eine blühende Oase, die „Palmenstadt“ (5. Mose 34,3) Jericho. Die Ausgräber Carl Watzinger, John Garstang und Kathleen Kenyon datieren die ältesten Siedlungsreste in das 10.–8. Jahrtausend v.Chr. Wie die Menschen damals gelebt haben, ist schwierig zu rekonstruieren. Nach neuesten Erkenntnissen bauten sie wohl Mauern, aber nicht, um sich zu schützen, sondern um Terrassen für den Ackerbau anzulegen.

Die Fantasie wird angeregt, wenn man einen Rundturm aus den ältesten Schichten sieht. Das Bauwerk mit einem Durchmesser von 8,3 Metern war mit Steinen ausgefüllt und im Innern durch eine schmale Treppe begehbar. Darin wurden Skelette gefunden. Wahrscheinlich diente der Turm nicht der Verteidigung, sondern als Kultstätte. Aus etwas späterer Zeit sind die „Jericho-Schädel“ bekannt. Die Knochen sind mit Lehm ausmodelliert, die Augen mit Muscheln eingelegt. Sie wurden unter dem Fußboden von Häusern entdeckt und werden mit dem Ahnenkult in Zusammenhang gebracht.

Die Frage nach den Mauern hat viele Forscher beschäftigt. Wo sind denn die Reste der Mauern von Jericho, die das alte Spiritual besingt: *„Joshua fought the battle of Jericho … and the walls came tumbling down“*? Sehr unterschiedliche Mauerreste aus ungebrannten Lehmziegeln und Steinen sind vor Ort zu sehen. Die Frage ist nur: Wann wurden sie gebaut, wann zerstört? Von Israel Finkelstein und Neil A. Silberman erschien im Jahr 2002 das Buch: „Keine Posaunen vor Jericho. Die archäologische Wahrheit über die Bibel“. Darin wird die Landnahme durch das Volk Israel mit „Beweisen“ aus der Archäologie als „Mythos“ bezeichnet. Uwe Zerbst und Peter van der Veen entgegnen dem in ihrem Buch: „Keine Posaunen vor Jericho?“ (2009). Mit dem Fragezeichen fordern diese Autoren auf, genau hinzuschauen: Welche Schicht ist wie zu datieren, wann war die Stadt besiedelt, wann nicht?

Ein kompliziertes, fesselndes Thema - es wäre Stoff für ein Extra-Kapitel. Doch sollte das nicht davon ablenken, dass Jerichos Geschichte auch im weiteren Verlauf spannend ist.

Wunderbare Winterpaläste

Im 2. Jahrhundert v.Chr. begannen judäische Könige, ausgedehnte Winterpaläste am Ausgang des Wadi Kelt anzulegen. Das Wasser wurde weit entfernt im Bergland aufgefangen und mittels langer Kanäle hinuntergeleitet. Diese Wasserführungen waren jahrhundertelang in Betrieb und bringen auch heute wieder das kostbare Nass in die Niederungen des Toten Meeres. In den Gärten wurden Dattelpalmen und Balsamsträucher für die Parfümherstellung angepflanzt.

Die Leitung aus herodianischer Zeit bringt süßes Wasser aus dem Wadi Kelt bis nach Jericho.

Die Paläste waren aufwendig ausgestaltet. Pavillons luden zum Verweilen ein, Badeanlagen zum Schwitzen, Schwimmbecken zum Erfrischen, Villen zum Ferienaufenthalt, wenn es im hochgelegenen Jerusalem schneite. Herodes der Große baute auf den durch ein Erdbeben im Jahre 31 v.Chr. in Mitleidenschaft gezogenen Anlagen künstliche Hügel, einen exotischen Garten, riesige Becken zum Schwimmen und Kahnfahren, Empfangshallen, Säulenhöfe, Badeanlagen und ein Hippodrom mit theaterähnlichen Zuschauertribünen.

Pilger und Schulmädchen

Aus der byzantinischen Zeit* sind in Jericho eine Synagoge und verschiedene Kirchen bekannt. Mittelalterliche Pilger besuchten die Gegend und gedachten der Versuchung Jesu, welche auf dem hinter Jericho aufragenden Felsenmassiv stattgefunden haben soll. Der Berg mit dem griechisch-orthodoxen Kloster Qarantal ist heute durch eine von Österreichern konstruierte Gondelbahn erschlossen.

Auch der Zöllner Zachäus, der auf einen Maulbeerfeigenbaum geklettert war, hat sein Denkmal. Ein Nachfahre des Gewächses wird heute noch gezeigt. Allerdings finden wenige Touristen den Weg nach Jericho. Die Stadt wurde 1994 nach den Verträgen von Oslo der palästinensischen Autonomiebehörde übergeben. Für palästinensische Schüler ist Jericho die Attraktion eines Schulausflugs. Zu Hunderten stürmen sie die Gondelbahn und erleben die Fahrt über die Ruinen des Tell es-Sultan.

Über den Tell es-Sultan führt eine Gondelbahn Besucher auf den Berg der Versuchung.

Zum islamischen Erbe gehört der Hischam-Palast. Aus dem 8. nachchristlichen Jahrhundert sind Empfangshallen, ein Bad und eine Moschee zu bewundern. Farbenprächtige Mosaiken zierten die Böden. Unter dem Patronat der UNESCO wurde die Anlage restauriert.

Die Palmenstadt

Einer der Wege von Galiläa nach Jerusalem führte am Jordan entlang nach Jericho und dann durch das Wadi Kelt hinauf zum Tempel. Viele Juden wählten diesen beschwerlichen und gefährlichen Weg, um nicht mit den Samaritanern in Berührung zu kommen.

Die Durchgangsstadt Jericho war auch Sitz von Zöllnern wie dem bekannten Zachäus. Lukas erzählt: „*Jesus kam nach Jericho und ging durch die Stadt. Dort lebte ein Mann namens Zachäus. Als einer der mächtigsten Steuereintreiber war er sehr reich. Zachäus hatte versucht, einen Blick auf Jesus zu werfen, aber er war zu klein, um über die Menge hinwegschauen zu können. Deshalb lief er voraus und kletterte auf einen Maulbeerfeigenbaum am Wegrand, um Jesus von dort aus vorübergehen zu sehen.*

Als Jesus kam, blickte er zu Zachäus hinauf und rief ihn beim Namen: ‚Zachäus!', sagte er, ‚komm schnell herunter! Denn ich muss heute Gast in deinem Haus sein.' Zachäus kletterte, so schnell er konnte, hinunter und geleitete Jesus voller Aufregung und Freude in sein Haus. Doch den Leuten in der Menge gefiel das nicht. ‚Bei einem berüchtigten Sünder kehrt er als Gast ein', murrten sie.

Währenddessen stellte Zachäus sich vor den Herrn hin und sagte: ‚Herr, ich werde die Hälfte meines Reichtums den Armen geben, und wenn ich die Leute bei der Steuer betrogen habe, werde ich es ihnen vierfach erstatten!' Jesus erwiderte: ‚Heute hat dieses Haus Rettung erfahren, denn dieser Mann hat sich als Sohn Abrahams erwiesen. Der Menschensohn ist gekommen, um Verlorene zu suchen und zu retten'" (Lukas 19,1-10).

Sehen und gesehen werden

Die jüdischen Bewohner von Jericho sahen Zachäus nicht gerne. Das verstehen wir gut, denn auch wir mögen keine neugierigen, in den persönlichen Verhältnissen herumschnüffelnden Steuerbeamten. Außerdem waren die mit den Römern kollaborierenden „Halsabschneider" nicht selten korrupt. Sie wirtschafteten tüchtig in die eigene Tasche wie die hohen Provinzverwalter. Römische Senatoren bewarben sich um solche Stellen, auch wenn es bedeutete, sich in einer unruhigen, „unzivilisierten", weltverlorenen Gegend mit rebellischen Einheimischen herumzuschlagen. Immerhin konnte so die Kasse gefüllt werden, um zu Hause Spiele auszurichten und die Klientel zu bezahlen, damit diese die eigene Wahl unterstützte.

Zachäus und seine Kollegen waren Juden, aber aufgrund ihrer Tätigkeit unbeliebt. Da half auch ihr Reichtum wenig. Zachäus hatte von Jesus gehört und wünschte, ihn unbedingt zu sehen. Er selbst jedoch wollte dabei nicht gesehen werden. Hätten die Leute nicht zur Straße hingewandt gestanden, würden sie den kleinen Mann in seinen kostbaren Kleidern wohl ausgelacht haben, als er wie ein kleiner Junge auf einen Baum kletterte, um bessere Sicht zu haben. Versteckt zwischen den Blättern hoffte er, sich ein Bild von dem sagenhaften Rabbi machen zu können. Wie groß mag sein Schrecken gewesen sein, als dieser ausgerechnet unter seinem Baum stehen blieb, hinaufsah und Zachäus direkt ansprach! Durch die Aufforderung: *„Zachäus, komm schnell herunter! Denn ich muss heute Gast in deinem Haus sein!"*, wurde er vor allen Gaffern bloßgestellt. Jeder konnte sein kindisches Benehmen sehen. Das störte ihn aber in diesem Moment gar nicht. Freudig reagierte der kleine Mann. Ich kann mir vorstellen, dass er innerlich gleich um viele Zentimeter wuchs. Er bekannte Jesus seine Fehler, gelobte Wiedergutmachung und ein neues Leben im Dienste des Nächsten. Und Jesus bestärkte ihn mit den Worten: *„Dieser Mann hat sich als Sohn Abrahams erwiesen."* Auch er war Träger der Verheißung und des Auftrags. Er war Teil der Gemeinschaft, kein Ausgestoßener, Verachteter mehr. Jesus hatte ihn gesehen, obwohl er versteckt bleiben wollte.

Eine ganz andere Geschichte erzählt – abseits von Jericho – ebenfalls vom Sehen und Gesehenwerden. Sie ist in 1. Mose 16,1-14 zu lesen: *„Doch Sarai, die Frau Abrams, bekam keine Kinder. Sarai hatte jedoch eine ägyptische Sklavin namens Hagar. Da sagte Sarai zu Abram: ‚Der* HERR *hat mir keine Kinder geschenkt. Schlaf du mit meiner Sklavin. Vielleicht kann ich durch sie Kinder haben.' Abram war einverstanden. Sarai gab ihrem Mann ihre ägyptische Sklavin Hagar als Nebenfrau. Sie lebten damals schon zehn Jahre im Land Kanaan. Abram schlief mit Hagar und sie wurde schwanger.*

Als Hagar bemerkte, dass sie schwanger war, verachtete sie ihre Herrin Sarai. Da machte Sarai Abram einen Vorwurf: ‚Das ist alles deine Schuld! Jetzt, wo meine Sklavin schwanger ist, werde ich von ihr verachtet. Dabei habe ich sie dir doch zur Frau gegeben. Der HERR *soll Richter sein zwischen dir und mir!' Abram entgegnete ihr: ‚Sie ist deine Sklavin. Mach mit ihr, was du für angebracht hältst.' Doch als Sarai hart mit ihr umsprang, lief Hagar fort. Der Engel des* HERRN *fand Hagar in der Wüste neben der Quelle am Weg nach Schur. Er sprach zu ihr: ‚Hagar, Sklavin von Sarai, woher kommst du und wohin gehst du?' ‚Ich bin auf der Flucht vor meiner Herrin Sarai', antwortete sie. Da sprach der Engel des* HERRN: *‚Kehr zu deiner Herrin zurück und ordne dich ihr unter.' Da nannte Hagar den* HERRN, *der zu ihr gesprochen hatte, El-Roï. Denn sie sagte: ‚Ich habe den gesehen, der mich sieht!' Die Quelle erhielt später den Namen Beer-Lachai-Roï. Sie liegt zwischen Kadesch und Bered."*

Wie tröstlich und aufmunternd sind diese Begebenheiten! Gott sieht den einzelnen Menschen in seiner Situation. Er sieht hin, nicht weg! Er wendet sich uns zu, nimmt uns wahr und vergibt uns unsere Schuld. „Du bist ein Gott, der mich sieht!" Für jeden Menschen auf dieser Erde existiert ein „Brunnen des Lebendigen, der mich sieht" (Beer-Lachai-Roï)! Für Zachäus stand er in Jericho.

Schein und Wirklichkeit

In Jericho herrscht ein ganz besonderes Klima. Exotische Früchte und seltene Pflanzen gedeihen dort. Dazu gehört der Sodomsapfel *calotropis procera*. Auffällig sind die grünen, apfelgroßen Früch-

Die Frucht des Sodomsapfels täuscht Genuss vor und enthält nur Fallschirmsamen.

te. Erwartet man nun aber eine saftige, wohlschmeckende Frucht, sieht man sich arg getäuscht. Im Innern befinden sich braune Samen. Sind sie reif, springt die Schale auf, und es werden ähnlich wie bei den Löwenzahnblüten viele kleine „Fallschirme" entlassen. Die auf den ersten Blick so verheißungsvollen Früchte erweisen sich als ungenießbar und nutzlos, ja als Unkraut! Ein alter Kibbuznik von En-Gedi erzählt, dass sie allenfalls dazu dienen könnten, die Windrichtung festzustellen.

Geht es uns mit Menschen nicht oft ähnlich wie mit dem Sodomsapfel? Wir beurteilen den Schein, die äußere Hülle, das Auftreten, die Tätigkeit, den Reichtum, die ethnische Herkunft, die Religionszugehörigkeit und bilden uns schnell ein Urteil - ein Vorurteil. Zolleinnehmer in der Bibel sind als Betrüger abgestempelt, Palästinenser sind Terroristen, Leute aus dem Balkan haben lange Finger, Tattooträger sind brutal und dumm - und was es dergleichen mehr gibt. Wie oft aber trügt der Schein! Vermeintlich gute Früchte erweisen sich als nutzlos, unansehnliche dagegen enthalten süßen Saft! Gott aber sieht das Herz und urteilt gerecht.

„Lass dich nicht von seinem Äußeren oder seiner Größe blenden, ich habe ihn nicht erwählt. Der HERR *entscheidet nicht nach den Maßstäben der Menschen! Der Mensch urteilt nach dem, was er sieht, doch der* HERR *sieht ins Herz"* (1. Samuel 16,7).

18

Qumran: Lesen, verstehen und handeln

Die Schriftrollen vom Toten Meer bilden den bedeutendsten Literaturschatz im Zusammenhang mit der Bibel. Die spektakulären Funde gaben Anlass zu vielen Diskussionen und Deutungen. Wer hat wann, warum und für wen geschrieben? Wer lebte in Qumran? Verändert sich unser Verständnis der Bibel und des Umfeldes von Jesus aufgrund dieser Rollen? Und haben die Funde eine Bedeutung für Bibelleser heute?

Die Höhlen von Qumran bargen viele der kostbaren Schriftrollen.

Als im Frühling 1947 ein Beduinenjunge eine weggelaufene Ziege suchte und in einer Höhle auf Tonkrüge mit Schriftrollen stieß, war dies keineswegs der erste Fund. Die Erzählung ist wohl eher als verkaufsfördernde Legende zu betrachten, denn der Beduinenstamm der Taamireh handelte seit Langem mit archäologischen Artefakten.

Schon im 3. Jahrhundert berichtete der Kirchenvater Origenes, man habe im Gebiet von Jericho hebräische und griechische Handschriften entdeckt. Anfang des 9. Jahrhunderts schrieb Timotheos I. von Seleucia, dass ein arabischer Jäger die Jerusalemer Autoritäten über eine Felshöhle mit Schriftrollen in Kenntnis gesetzt habe. Es seien darin Bücher des Alten Testaments und andere Texte in hebräischer Schrift gefunden worden. Auf abenteuerliche Weise, über viele Umwege und zum Teil mithilfe von großen Geldsummen gelangte aber erst im 20. Jahrhundert der Inhalt der Qumranrollen an die Öffentlichkeit.

Noch heute haben viele Textfragmente die Labors nicht verlassen, denn das Entrollen der Pergamente und Papyri erfordert Achtsamkeit und Geduld sowie Fachwissen und Hilfsmittel. Auch die Lesung, Übersetzung und Interpretation ist keine leichte Sache. Die Fragmente erschließen sich nur langsam durch intensives Studium, Fachdiskussionen und Vergleiche. In den letzten Jahren wurden viele Texte digitalisiert und werden so nach und nach der Öffentlichkeit weltweit zugänglich gemacht.

Die Schriften

Nach heutigem Wissen umfassen die Schriften vom Toten Meer ca. 80 000 Fragmente aus 15 000 Textgruppen von mehr als 1000 Rollen. Die Handschriften von vielen verschiedenen Schreibern konnten unterschieden werden; sie arbeiteten vor allem im 2. Jahrhundert v.Chr. Etwa 200 Texte bilden die bislang ältesten Bibelhandschriften. Der bemerkenswerteste Fund ist dabei eine 7,34 Meter lange Rolle des ganzen Jesajabuches. Der Text weicht zwar an vielen Stellen vom 1100 Jahre jüngeren mittelalterlichen Codex Leningraden-

In solchen Krügen bewahrte man Papyri und Pergamentdokumente auf.

sis ab, aber das betrifft in den allermeisten Fällen nur die Rechtschreibung und nicht den Sinn. Auch Rollen mit Teilen der Psalmen, des Buches Daniel und ein Kommentar zum Propheten Habakuk wurden gefunden. Fragmente aller alttestamentlichen Bücher außer von Ester und Nehemia sind vertreten (jedoch bildete Nehemia zusammen mit Esra ein einziges Buch, und dieses Esrabuch ist in Qumran nachweisbar). Das längste Schriftstück ist die neun Meter lange Tempelrolle. Die verwendeten Sprachen spiegeln verschiedene Stufen des Althebräischen, Aramäischen und Griechischen.

Die Siedlung

Eine Textgruppe der Qumranrollen betrifft Regeln, Organisation, Lehre und das Alltagsleben der Menschen, die in der Siedlung lebten. Hymnen, Gebete, Segensworte, Weisheitstexte, eine Sabbatliturgie und eine Auslegung der Thora wurden gefunden. Ein sogenannter Sektenkanon, ein Regelbuch, eine Kriegsrolle, Verträge und Aufzeichnungen über Geschäfte werden von vielen Forschern dahin gehend interpretiert, dass in den Niederungen am Toten Meer bis zur Zerstörung Jerusalems durch die Römer ein Essenerkloster bestanden habe. Ein Lehrer oder Anweiser der Gerechtigkeit habe unter ihnen gewohnt. Dieser Begriff taucht 15-mal in einigen Schriften auf und hat zu vielen Spekulationen geführt.

Nicht alle Forscher deuten die Qumran-Siedlung als Essenerkloster. Vorgeschlagen wurde z.B. auch die Funktion als Landgut *(villa rustica)*, essenische Ledergerberei und Schriftrollenmanufaktur, Schulungszentrum oder Zollstation mit Raststätte. Doch die *„Interpretation der Siedlung von Q[umran] als essenische Siedlung … dürfte immer noch die stimmigste Deutung des Siedlungszusammenhangs darstellen"* (Armin Lange)[20].

Die Siedlung liegt auf einem natürlichen Plateau etwa 325 Meter unter dem Meeresspiegel und fast 100 Meter über dem Pegel des Toten Meeres. Hier trafen im Altertum drei wichtige Straßen aufeinander: von Jerusalem im Westen, von Jericho im Norden und von En-Gedi im Süden. Im Zentrum lag ein zweistöckiges quadratisches Gebäude, das mit einem Turm verbunden war. Einige Forscher vermuten, dass dort die Schriften kopiert wurden. Da sich viele verschiedene Schreiber unterscheiden lassen, könne von einer großen Produktionsstätte ausgegangen werden. Abnehmer seien begüterte Pilger gewesen, welche zu den Hauptfesten in Jerusalem anreisten. Ein Beispiel davon findet sich weiter unten im Text im Bericht des Beamten aus Äthiopien. Man kann sich vorstellen, dass die Bewohner von Qumran ihre kostbaren Schriftschätze beim Herannahen des Krieges in Tonkrügen verstauten und in den Höhlen versteckten.

Süßes, trinkbares Wasser ist in der Wüste eine Kostbarkeit. Auch wenn die Gegend um Qumran vor 2000 Jahren noch eine andere Vegetation als heute aufwies, spielte das Auffangen und Aufbewahren des Regenwassers eine große Rolle. Heftige Gewitter können sich entladen, Wasserströme graben sich zwischen den Felsen zu Wadis ein. Die anschauliche Beschreibung eines solchen Ereignisses liefert uns der berühmte Archäologe Yigael Yadin in seinem Buch „Bar Kochba": *„Als wir zum Lager zurückkletterten, um die Funde des Tages zu besichtigen, hörten wir plötzlich ein donnerndes Getöse … Der Himmel über uns war blau und wolkenlos. Wir rannten zum Rand des Felsenabsturzes und kamen gerade dort an, als Tonnen brausenden Wassers aus dem Westen unser Gebiet erreichten. Das Wasser war das Er-*

Wasserleitung neben einem Gebäude der Siedlung

gebnis schweren Regens, der ein paar Stunden zuvor landeinwärts gefallen war … Zur Tischzeit öffnete einer der älteren Freiwilligen die Bibel und bat die Mädchen, aus dem 2. Buch der Könige, Kapitel 3, Verse 16, 17 und 20 vorzulesen. Sie beschreiben die Schlacht Jorams, des Königs von Israel, und Josaphats, des Königs von Juda, gegen die Moabiter und dass die Wüste, nicht weit von der Stelle, wo wir saßen, kein Wasser hatte: ‚Und er sprach: So spricht der Herr, ihr werdet weder Wind noch Regen sehen; dennoch soll das Tal voll Wasser werden, dass ihr und euer Heer und euer Vieh trinken könnt … Und am nächsten Morgen zur Zeit, da man Speisopfer opfert, siehe, da kam Wasser von Edom her und füllte das Land mit Wasser.'"[21]

Die Bewohner von Qumran bauten ein kleines Aquädukt und lange Wasserrinnen, um das kostbare Nass bei den Felsklippen aufzufangen und in zahlreiche, große Zisternen* zu leiten. Eine Rekonstruktion der Siedlung zeigt, wie viele Wasservorräte angelegt worden waren. Manche dieser unterirdischen Behältnisse wurden als rituelle Tauchbäder, sogenannte Mikwaot*, benutzt. Oft finden sich zweigeteilte Treppen. Der rituell unreine Gläubige begab sich auf der einen Seite ins kühle Wasser und tauchte ganz unter. Rein und frisch benutzt er als Ausstieg dann die andere Treppenseite.

Oft führten zweigeteilte Treppen zu den Tauchbädern hinunter. Auf der einen Seite stieg der unreine Mensch ins Wasser, auf der andern Hälfte kam er gereinigt wieder herauf.

Die Forschung

Die Ruinen der Siedlung wurden zwischen 1951 und 1958 freigelegt und erforscht. Leider konnten die Ergebnisse lange nicht veröffentlicht werden. Von 1965 bis 1967 wurde auf dem Hauptfriedhof von Qumran gearbeitet und von 1997 bis 2004 erfolgten neue Grabungen. Zutage kamen 1200 Münzen, Keramik, Werkzeuge und Alltagsgegenstände wie Kämme oder der Rest einer Sandale.

Nicht nur Männer lebten in den Häusern, denn es wurden auch Frauen- und Kinderskelette gefunden, allerdings anteilmäßig weniger, als es bei einer normal zusammengesetzten Bevölkerung zu vermuten wäre. Einen Zusammenhang zu jüdischen Priestern kann durch ein großes Steingefäß hergestellt werden. Wurde ein Tongeschirr verunreinigt, musste es zerbrochen werden. Um dem abzuhelfen, verwendeten Priesterfamilien gerne das teurere Material Stein. Dieses konnte gereinigt und wiederverwendet werden. Zahlreiche ähnliche Gefäße wurden unweit des Tempelberges in Jerusalem gefunden.

Die Handwerker in Qumran stellten ihre eigenen Töpfe her, wie ein Brennofen bezeugt, und auch Metall wurde verarbeitet. In Getreidesilos lagerten Vorräte. Vor der Entdeckung der Schriften in den nahe gelegenen Höhlen wurde die Siedlung als römischer Militärposten gedeutet. Außer dem oben erwähnten Turm sind aber keine Befestigungsanlagen zu erkennen. Wer immer dort gelebt haben mag, Schriften waren für diese Leute wertvoll. Die Gemeinschaft von Qumran schätzte sie hoch ein. Sie weihte ihr Leben der getreuen Überlieferung der Texte, studierte sicher auch, was sie schrieb, und setzte es in die Tat um. Anders als Jesus wählten die Menschen von Qumran die Einsamkeit und Absonderung, anstatt inmitten der Gesellschaft zu leben. Wir verdanken es ihnen, dass die alttestamentlichen Berichte getreu überliefert und uns heute noch zugänglich sind.

Was bedeuten die Rollen vom Toten Meer dem modernen Menschen, der fast immer und überall per Internet auf ein immer größeres Wissen der Menschheit zurückgreifen kann? Wir können unendlich viel lesen und uns informieren. Verstehen wir es auch, und noch wichtiger: Handeln wir nach unserem Verständnis?

Im Schrein des Buches in Jerusalem werden einige der Qumranrollen gezeigt. Die Form des Gebäudes ist einem Krugdeckel nachgestaltet, welcher ein Gefäß mit den Schriften verschlossen hatte.

Verstehst du denn, was du da liest?

Lesen ist eine Kulturtechnik, die sich die meisten Menschen in frühen Jahren aneignen. Bücher eröffnen die Welt des Wissens. Es besteht allerdings ein großer Unterschied zwischen Lesen und Verstehen. Man kann zum Beispiel eine Gebrauchsanleitung mehrmals lesen, ohne wirklich zu verstehen, wie ein Apparat funktioniert. Das „Warum“ liegt dann noch auf einer anderen Ebene. Ich erkenne vielleicht, dass eine Maschine beim Umlegen eines bestimmten Schalters zu brummen anfängt, aber wie die benötigte Energie hineinkommt und aufbereitet wird, bleibt mir schleierhaft.

Die Frage nach dem Verstehen stellte der Apostel Philippus einem reichen Pilger, der sich in Jerusalem anlässlich des Pfingstfestes eine kostbare Jesajarolle gekauft hatte. Die Begebenheit wird uns in Apostelgeschichte 8,26-39 geschildert:

„Der Engel des Herrn aber sagte zu Philippus: ‚Mach dich auf den Weg und geh nach Süden, zu der Straße, die von Jerusalem nach Gaza hinabführt!' Diese Straße wird kaum von jemand benutzt. Philippus machte sich auf den Weg und ging dorthin. Da kam in seinem Reisewagen ein Äthiopier gefahren. Es war ein hochgestellter Mann, der Finanzverwalter der äthiopischen Königin, die den Titel Kandake führt, ein Eunuch. Er war in Jerusalem gewesen, um den Gott Israels anzubeten. Jetzt befand er sich auf der Rückreise. Er saß in seinem Wagen und las im Buch des Propheten Jesaja.

Der Geist Gottes sagte zu Philippus: ‚Lauf hin und folge diesem Wagen!' Philippus lief hin und hörte, wie der Mann laut aus dem Buch des Propheten Jesaja las. Er fragte ihn: ‚Verstehst du denn, was du da liest?' Der Äthiopier sagte: ‚Wie kann ich es verstehen, wenn mir niemand hilft!' Und er forderte Philippus auf, zu ihm in den Wagen zu steigen. Die Stelle, die er gerade gelesen hatte, lautete: ‚Wie ein Lamm, wenn es zum Schlachten geführt wird, wie ein Schaf, wenn es geschoren wird, so duldete er alles schweigend, ohne zu klagen. Er wurde aufs Tiefste erniedrigt; aber mitten in seiner Erniedrigung wurde das Urteil gegen ihn aufgehoben. Wer wird je seine Nachkommen zählen können? Denn von der Erde weg wurde sein Leben emporgehoben.' Der Mann aus Äthiopien fragte: ‚Bitte, sag mir doch: Um wen geht es hier eigentlich? Meint der Prophet sich selbst oder einen anderen?'

Da ergriff Philippus die Gelegenheit und verkündete ihm, von dem Prophetenwort ausgehend, die Gute Nachricht von Jesus. Unterwegs kamen sie an einer Wasserstelle vorbei, und der Äthiopier sagte: ‚Hier gibt es Wasser! Spricht etwas dagegen, dass ich getauft werde?' Er ließ den Wagen anhalten. Die beiden stiegen ins Wasser hinab, Philippus und der Äthiopier, und Philippus taufte ihn.

Als sie aus dem Wasser herausstiegen, wurde Philippus vom Geist des Herrn gepackt und weggeführt, und der Äthiopier sah ihn nicht mehr. Von Freude erfüllt setzte er seine Reise fort."

In diesen Versen steckt die ganze Botschaft von Qumran! Das Studium der Jesajarolle ermöglicht, mit Anleitung eines erfahrenen Christen, das Verständnis des gesamten Erlösungsplanes. Dieser

Leser aus Äthiopien setzte seine neu gewonnene Erkenntnis sofort in die Tat um. Auf das Lesen und Verstehen folgte die Handlung, er ließ sich im Wasser taufen. Als ein neuer Mensch setzte er seinen Weg fröhlich fort, denn er hatte nicht nur gelesen, sondern seine Schlussfolgerungen daraus gezogen. Solch ein Qumran-Erlebnis ist auch heute noch jedem Menschen möglich.

19

En-Gedi: Leben und leben lassen am Toten Meer

Wie ein Wunder entspringen Quellen in der Wüste, schießen Wasserfälle zu Tal und lassen Grün sprießen.

Blumen, Bäume, Gras, Moos, Schilf und eine vielfältige Tierwelt inmitten der Wüstenlandschaft – das bietet En-Gedi am Westufer des Toten Meeres. Der Name bedeutet „Quelle des Zickleins" oder „Böckleinquelle". Kräftige Wasserbäche entspringen scheinbar aus dem Nichts, bewässern verborgene Täler und ermöglichen Landwirtschaft und das Anlegen von botanischen Gärten.

Berühmt war das Gebiet für seinen Pflanzen-

Die Tierwelt von En-Gedi ist vielfältig. Steinböcke und Klippschliefer (hier im Bild) tummeln sich in den Tälern.

reichtum schon in alter Zeit. Das Hohelied preist: *„Mein Geliebter ist für mich wie ein mit Myrrhe gefüllter Beutel, der zwischen meinen Brüsten ruht. Wie die Blüten des Hennastrauchs in den Weinbergen von En-Gedi ist mein Geliebter für mich“* (Kapitel 1,13-14). In der Zeit des zweiten Tempels beschreibt Josephus die schönen Palmen und Balsamsträucher. Damals rühmte sich En-Gedi, Bezirkshauptstadt zu sein. Später, während des jüdischen Aufstandes, war es aber nur noch eine kleine Stadt und wurde 68 n.Chr. von den Sikariern (gewaltbereiten Gegnern Roms) nach der Eroberung Masadas geplündert. Der Historiker Plinius der Ältere beschrieb den Ort folgendermaßen: *„Südlich von den Essenern lag früher die Stadt En-Gedi, die hinsichtlich der Fruchtbarkeit ihrer Palmenhaine nur mit Jerusalem vergleichbar und jetzt ebenso wie Jerusalem nur ein Haufen Asche ist.“*[22] In frühchristlicher und byzantinischer Zeit* entstand hier wieder ein größeres Dorf.

Heute lädt der Kibbuz En-Gedi, der 1963 gegründet wurde, seine Gäste zum Baden und zu Naturbeobachtungen ein. Der botanische Rundgang startet bei Einbruch der Nacht, um der Hitze des Tages zu entgehen. Ein alteingesessener Kibbuznik führt durch die sorgfältig gepflegten botanischen Gärten und zeigt mit seiner starken Taschenlampe Blumen, Sträucher und Bäume, die in diesem besonderen Klima gedeihen.

Mit Archäologen unterwegs

Ab 1949 erforschten verschiedene Wissenschaftler das Land am Toten Meer. Die ältesten Siedlungsreste stammen aus dem Chalkolithikum* um 3300 v.Chr. Hoch über dem Tal neben einer Quelle wurde ein ausgedehnter Gebäudekomplex entdeckt, der von einer großen Mauer mit je einem Tor im Norden und im Süden Schutz erhielt. Aufgrund der Funde wird der Ort als Kultstätte von Hirten und Siedlern gedeutet. Eine sensationelle Entdeckung machte man in einer der Höhlen in der Umgebung. Hören Sie den Archäologen zu, die am 21. März 1961 aufregende Stunden erlebten: *„Als wir in der Höhle ankamen, hockten Bar-Adon und seine Leute schon bei dem Versteck und wetteten und spekulierten eifrig, was es wohl enthielte … Jeder Gegenstand, den er herausnahm, ging sofort von Hand zu Hand und wurde von jedem bewundert. Freudenschreie brachen von allen Seiten los, nicht nur wegen der Schönheit der Gegenstände, sondern auch wegen ihrer Menge. Drei und eine halbe Stunde höchster Anspannung gingen vorbei, während derer alle möglichen Theorien von den Anwesenden vorgebracht wurden … Bis zum Nachmittag hatte das Gerücht unser Lager erreicht, Bar-Adons Fund wäre möglicherweise nichts Geringeres als die Heiligen Gefäße aus dem Tempel."*[23]

Zusammen 429 Objekte kamen ans Tageslicht: Amtsstäbe aus Kupfer, Meißel und Äxte, sichelförmige Objekte aus Elfenbein, Kupferständer, mit Vögeln und Gazellen verziert. Nach eingehender Prüfung wurden sie ins Chalkolithikum datiert und mit der später ausgegrabenen Kultstätte in Verbindung gebracht – es war also nichts mit dem Tempelschatz.

Parfümfabrik aus alter Zeit?

Der Tell* el-Gurn oder Goren am Ausgang des Wadi Arugot zeigt die lange Geschichte einer antiken Siedlungsstätte. Die älteste Schicht wird der Zeit von König Josia zugeordnet. Die Bewohner verließen ihre Häuser um das Jahr 582 v.Chr. Aufgrund der besonderen Keramik* und der Metallfunde wird angenommen, dass dort

Duftstoffe hergestellt wurden. Mit den aufgefundenen Messern könnten Balsamzweige eingeritzt worden sein, um das kostbare Harz zu gewinnen. Einige hebräische Siegel und beschriftete Gewichte aus dieser Zeit wurden in den Jahren 1961 bis 1964 gefunden.

In der persischen Zeit* wurde erneut gebaut. Auch importierte Gefäße aus Griechenland fanden sich hier. Mitte des 4. Jahrhunderts v.Chr. wurde die Siedlung zerstört und auf deren Trümmern eine Festung errichtet, die bis ins 1. Jahrhundert v.Chr. in Funktion blieb. Die Römer bauten eine große Badeanlage und stationierten eine Garnison. Aus der Zeit, als En-Gedi Bezirkshauptstadt war, ist nicht viel geblieben. Die Festung wurde 68 n.Chr. demoliert.

Die Zeiten überdauert hat dagegen eine schwefelhaltige Quelle, die noch heute 38 Grad warmes Wasser spendet. Während des Bar-Kochba-Aufstandes (132–135 n.Chr.) müssen Menschen in En-Gedi gelebt haben. Die Widerständler jedoch hielten sich in den Höhlen versteckt. Dort fanden sich Textilreste und vor allem interessante Schriftrollen mit Korrespondenz, Kaufverträgen, Gerichtsurteilen und anderen Dokumenten.

Zahlreiche Höhlen boten Flüchtlingen Unterschlupf.

Frau Babata zieht vor Gericht

Eine Frau namens Babata, die etwas vor diesen kriegerischen Zeiten lebte, kommt uns durch ihre gesammelten Briefe sehr nahe. Sie überlebte zwei Ehemänner und hat wohl einen Großteil ihrer Zeit mit Rechtsstreitigkeiten verbracht. Einer der Briefe ist klar datiert: *„Im 14. Jahr Hadrians"*, also 130 n.Chr. Aus all den Schnipselchen – doppelt beschriebenen Dokumenten und Fragmenten – konnten die komplizierten Familienverhältnisse rekonstruiert werden. Wichtig waren damals die Wasserrechte. Wer durfte wann wie viel des kostbaren Nasses in seine Palmenhaine leiten? Ein Beispiel: *„Eine Stunde, jeden ersten Tag der Woche, jedes Jahr, für immer"*, d.h., jeden ersten Arbeitstag nach dem Sabbat durfte man für ein Stunde Wasser entnehmen; der Vertrag hatte keine begrenzte Dauer. Dem Käufer und seinen Erben wird Schutz gegen Berufung und Forderungen aller Art gegen *„jedermann, ob fern, ob nah"* zugesichert. Die Dokumente sind reich an juristischen Ausdrücken. Einige davon sind identisch mit denen in aramäischen Dokumenten des 5. Jahrhunderts v.Chr. aus Ägypten. Sie kehren selbst in jüdischen mittelalterlichen gesetzlichen Schriften wieder. Dies zeigt die lange Tradition juristischer Redewendungen.

Im Jahr 1966 wurden die Reste einer spätrömischen-byzantinischen Synagoge entdeckt und 1970–72 ausgegraben. Es können zwei Benutzungsphasen aus dem 2. und dann dem 5. nachchristlichen Jahrhundert unterschieden werden. Der Fußboden des Gebetsraumes ist mit Mosaiken ausgelegt. Sie zeigen geometrische Verzierungen, Vögel und siebenarmige Leuchter. Ungewöhnlich sind fünf hebräische und aramäische Inschriften. Eine zitiert 1. Chronik 1,1-4 mit der Liste der Stammväter von Adam bis Noah, eine andere enthält die Namen der zwölf Tierkreiszeichen, der zwölf Monate des Jahres, der drei Patriarchen und der drei Begleiter Daniels und schließt mit dem Satz: *„Friede über Israel!"* Außerdem werden die Namen von Stiftern genannt und Flüche ausgesprochen gegen diejenigen, die Sünden gegen die Gemeinde begangen hatten.

Ein Mosaikdetail aus dem Fußboden der Synagoge zeigt einen siebenarmigen Leuchter, eine Menora.

En-Gedi und die Bibel

Im Alten Testament wird das Gebiet um En-Gedi zusammen mit der „Salzstadt" dem Stamm Juda zugeteilt. David versteckte sich dort vor seinem Schwiegervater König Saul. Später wird von einem Krieg unter König Joschafat mit den Ammonitern und Moabitern berichtet, der in *„Hazezon-Tamat, das ist En-Gedi"*, begann (2. Chronik 20).

Der Prophet Hesekiel beschreibt die Vision eines mächtigen Stromes, der sich auch in das Tote Meer ergießt und es wieder lebendig werden lässt: *„Der Fluss schenkt Leben: wo er hinkommt, gedeihen die Tiere, und das Tote Meer wimmelt von Fischen, weil sein Wasser gesund geworden ist. Rings am Ufer des Meeres stehen Fischer; von En-Gedi bis En-Eglajim breiten sie ihre Netze zum Trocknen aus. Es gibt dort so viele Fische und Fischarten wie im Mittelmeer"* (Kapitel 47,9-10). Die Tierwelt, die heute dort heimisch ist, wirkt wie ein Vorgeschmack dieser künftigen Zeit.

Einige Wadis bringen Süßwasser ins Tote Meer.

Als David seine Chance nicht nutzte

Eine Begebenheit, die mit einer Höhle in der Wüste um En-Gedi verbunden ist, zeigt uns Davids edle Haltung gegenüber seinem Feind, König Saul. Von Eifersucht geplagt, trachtete Saul mehrfach nach Davids Leben.

In 1. Samuel 24,3-7 wird berichtet: „*Saul nahm 3000 der besten Kriegsleute aus ganz Israel mit. Östlich der Steinbockfelsen machte er sich auf die Suche nach David und seinen Männern. Als er an den Schafhürden vorbeikam, ging er in die nahe gelegene Höhle, um seine Notdurft zu verrichten. Hinten in dieser Höhle saß David mit seinen Männern. Die flüsterten ihm zu: ‚Heute ist der Tag, von dem der Herr zu dir gesagt hat: Ich gebe deinen Feind in deine Hand. Du kannst mit ihm tun, was du willst.‘ David stand auf und schnitt heimlich einen Zipfel von Sauls Gewand ab. Hinterher schlug ihm aber doch das Gewissen, weil er das gewagt hatte. Er sagte zu seinen Leuten: ‚Der Herr bewahre mich davor, dass ich Hand an meinen Gebieter lege, an den gesalbten König des Herrn! Denn das ist und bleibt er.‘*“

David hätte allen Grund gehabt, die Gelegenheit zu nutzen und seinen Feind auszuschalten. Er wollte aber seine eigene Karriere nicht durch ein Unrecht beschleunigen. Gott hatte ihm das Königsamt zugesagt, als Samuel ihn zu diesem Zweck salbte. David konnte warten und Gott entschieden lassen. Er sagte: „*Der Herr soll Richter sein und zwischen dir und mir entscheiden. Er soll meinen Streit gegen dich führen und mir zu meinem Recht verhelfen*“ (1. Samuel 24,16).

Dem Handeln Gottes vorgreifen, eigene Ziele verfolgen und dabei über Leichen gehen: Diese Versuchung ist bis heute aktuell. Fast jeder steht irgendwann einmal in der Gefahr, solche falschen Gelegenheiten zu ergreifen. Wie leicht ist es, zu sagen: Ich bin im Recht, ich habe die Zusage, ich habe so viel erlitten, jetzt ist es genug! David kann hier ein Vorbild sein: Es gibt Momente, wo es richtig ist, Gott entscheiden zu lassen. Er sollte bestimmen, wann der richtige Zeitpunkt gekommen ist. Manchmal ist es das Gebot der Stunde, sich mit einem Zipfel des Kleides zu begnügen, ohne Schaden anzurichten.

20

Masada: Die Fluchtburg

Hoch erhoben, fast unzugänglich, glühend in der Sonne am Toten Meer: Das sind die Ruinen von Masada. Ein Widerstandsnest, ein nationales Symbol – und Sinnbild dafür, dass letzte Sicherheit nicht hinter Mauern zu finden ist.

› Der gewaltige Felsen von Masada stellte für viele Menschen eine Fluchtburg und Schutz vor Feinden dar.

Wer heute die Festung Masada besuchen will, hat drei Möglichkeiten: den Weg über die Belagerungsrampe, das Hochkraxeln über den Schlangensteig oder die bequeme Luftseilbahn. Heiß ist es aber auf jeden Fall hier am Toten Meer. Wie unsicher die scheinbar unbezwingbare Burg ist, zeigt das Erlebnis eines Freundes. Das Mietauto wurde unten geparkt, der Aufstieg zu Fuß bezwungen, aber von oben musste er hilflos zusehen, wie sein Fahrzeug aufgebrochen und ausgeraubt wurde! Aber zurück in die Geschichte. Wer kam bloß auf die Idee, in dieser unwirtlichen Gegend Paläste mit allen Annehmlichkeiten zu bauen?

Die Geschichte der Festung

Das Felsmassiv von Masada erhebt sich 440 Meter über dem Wasserspiegel des Toten Meers. Das Gipfelplateau erstreckt sich 600 Meter lang und 300 Meter breit. Menschen haben sich während Jahrtausenden am Toten Meer aufgehalten. Seit wann auch Masada besiedelt war, ist nicht bekannt. Einige Scherben aus dem Chalkolithikum* wurden in einer Höhle am Hang gefunden, einige weitere aus der Eisenzeit* auf dem Berg selbst.

Herodes der Große ließ wunderbare Paläste an die Felsen „kleben" und schmückte sie aufwendig aus. Hier im Bild der Nordpalast.

Das schiffsförmige Plateau mit seiner Bebauung. In die „Nase" wurden die „Felsennester-Paläste" eingebaut.

Der Geschichtsschreiber Josephus berichtet, dass ein jüdischer Hohepriester namens Jonatan dort eine Burg errichtet habe. Wer genau damit gemeint war, ist nicht abschließend zu bestimmen, der Bau fiel aber auf jeden Fall ins zweite vorchristliche Jahrhundert. Überreste von Gebäuden aus jener Zeit werden nur vermutet, aber zahlreiche Münzen des Alexander Jannäus zeugen von jenen Zeiten.

Im Jahre 42 v.Chr. wurde die Festung von dem nabatäischen König Malichus I. eingenommen. Dieser war der Gegenspieler des Herodes Antipater, des Vaters von Herodes dem Großen. Der junge Herodes soll zwei Jahre danach die Fluchtburg für seine Familie benutzt haben. Danach fuhr er mit reichen Geschenken nach Rom, um

Antonius und Oktavian (den späteren Kaiser Augustus) davon zu überzeugen, dass er der rechtmäßige König von Judäa sei. Nach seiner Rückkehr ließ er in Masada eine ganz neue Festung mit prächtigen Palästen erbauen. Josephus beschreibt diese in allen Einzelheiten und heute bestaunen die Besucher die ansehnlichen Überreste.

Nach dem Tod Herodes' des Großen, von dem nicht sicher ist, ob er die Anlage überhaupt je selbst genutzt hat, ist von Bewohnern des Felsmassivs nichts bekannt. Zu Beginn des großen jüdischen Aufstandes 66 n.Chr. war die Burg durch eine römische Garnison besetzt. Die Zeloten vertrieben die verhasste Militärmacht und konnten ihrerseits die Festung bis zum 2. Mai 73 n.Chr. halten, dann stürmten die Römer den Berg. In byzantinischer Zeit* wurde in der Nähe des Westpalastes eine kleine Kirche errichtet.

Wiederentdeckt

1838 identifizierte Edward Robinson die Festung am Toten Meer. Vier Jahre später bestieg ein amerikanischer Missionar die Belagerungsrampe, von der er annahm, sie sei der von Josephus beschriebene Schlangensteig. 1848 entdeckte eine Expedition der US-Marine die römische Straße von En-Gedi. Es folgten ein französischer Forscher, ein Fachmann des Militärwesens sowie der englische Pfarrer und Ornithologe Henry Baker Tristram, der bislang unbekannte Tierarten bestimmte. Sein Name lebt fort in den geschwätzigen und gar nicht scheuen Tristram-Staren, die auf dem Berg zu Hause sind. Verschiedene Oberflächenerkundungen im 19. Jahrhundert brachten weitere Erkenntnisse.

Die ersten systematischen Grabungen wurden 1955/56 unternommen. Yigael Yadin führte seine Untersuchungen von 1963 bis 1965 durch. Jeden Morgen erstiegen die Ausgräber den Berg, arbeiteten in der glühenden Hitze, räumten die Zisternen* aus und suchten penibel nach Pflanzenresten der legendären Gärten des Herodes. Leider konnten diese nicht nachgewiesen werden. Das gespeicherte Wasser war wohl doch zu kostbar, um es an Zierpflanzen zu verschwenden.

Die Ruinen auf dem Berg

Herodes der Große ließ das schiffsförmige Plateau ringsherum mit einer vier Meter dicken Kasemattenmauer* befestigen. Darüber ragten 110 Türme bis zu 30 Meter hoch. Nur durch drei schmale Tore war der Zugang möglich. In der nördlichen Ecke schmiegten sich terrassenförmig drei Paläste an das Felsmassiv. Die Plattformen waren von Säulen umgeben, die Räume sowie ein römisches Bad mit allen Schikanen wiesen Wandbemalungen und Fußbodenmosaiken nach neuster Mode auf. Aufwendige Stützmauern verankerten die waghalsige Konstruktion. Die umgebenden Felsmauern wurden geglättet, verputzt und als Marmorimitation bemalt. Die Lage der „Felsennester-Paläste" ermöglichte es wahrscheinlich, jeden kühlenden Luftzug aufzufangen. Neben dem Privatbad fanden sich auch öffentliche Thermen*. Der größte und aufwendigste Raum war das Caldarium, der Heißbadeteil. Das Hypokaustum* – ein typisch römisches Fußboden- und Wandheizungssystem – bestand aus einem dicken Ziegelboden und 200 Säulchen, die den verzierten Fußboden trugen. Die heiße Luft stieg durch Hohlziegel in den Wänden empor und erwärmte den Raum, der prächtig bemalt war.

Der Historiker Josephus beschrieb die gut gefüllten Vorratsräume der Widerständler gegen Rom – und tatsächlich wurden 15 gewaltige Lagerhallen gefunden. Zahlreiche Vorratskrüge mit Resten von Nahrungsmitteln zeugen davon, dass die Aufständischen im Jüdischen Krieg keinen Mangel leiden mussten. Auch mit

Riesige Zisternen sorgten für den Wasservorrat.

Wasser waren die Bewohner Masadas gut versorgt. Obwohl in der Nähe keine Quellen sprudeln und es sehr selten regnet, konnte sogar gebadet werden, und die jüdischen Bewohner betrieben auch Tauchbäder, sogenannte Mikwaot*. Ermöglicht wurden diese Wasseranwendungen durch ein ausgeklügeltes System von Dämmen, Aquädukten, Leitungen und Reservoirs. Insgesamt wurde ein Fassungsvermögen der Zisternen von 30 Millionen Litern errechnet.

Im Verwaltungsgebäude gruppierten sich nach typisch römischem Muster zahlreiche Räume um einen Innenhof. Auch hier sind Vorratsräume zu finden. Die Anlage wird als Kaserne gedeutet. Der sogenannte Westpalast erstreckte sich über eine große Fläche und sollte wohl als Residenz des Königs dienen. Werkstätten, Zimmer für die Bediensteten, weitere Vorratsräume, eine große Zisterne und eine Badewanne ermöglichten einen angenehmen

Aufenthalt. Höfe und Hallen waren mit prächtigen Mosaiken geschmückt, ein Thron lud den Herrscher ein, Platz zu nehmen. Aus Kolumbarien* wurden die Bewohner Masadas mit Eiern und Frischfleisch versorgt.

Größenwahnsinn oder Angst?

Während der Bauzeit dieser Festung zwischen 36 und 30 v.Chr. müssen Tausende von Sklaven in der glühenden Hitze unablässig den Berg bestiegen haben. Was bewog Herodes zu diesem gigantischen Projekt? Als Sohn einer Nabatäerin fürchtete er die Juden, seine Untertanen. Auch seine Ausbildung in Rom und seine Kontakte zum Kaiser machten ihn nicht gerade beliebt. Seine Beziehung zu den Machthabern in Rom war auch nicht immer gut. Einmal stand er auf der Seite von Antonius und Kleopatra, ein anderes Mal hielt er zu deren Gegenspieler Octavian (dem späteren Kaiser Augustus). Er besaß die Rechte auf den Abbau von Erdpech am Toten Meer, was der ägyptischen Königin gar nicht passte. Diese Substanz war für das Abdichten der Kriegsschiffe (das Kalfatern) wichtig und auch Ägypten handelte damit. Herodes versuchte, Fluchtburgen, sichere Horte und Rückzugsorte zu schaffen. Ob für ihn damals die Angst vor Verfolgung und Widerstand ausschlaggebend war, lässt sich heute nicht mehr sagen. Dieselben Fragen werden ebenso bezüglich der Festung Herodion (Kapitel 35) gestellt. Auch dort verteidigten sich später Aufständische.

Zeugen des Jüdischen Krieges

Unter den Widerständlern, den Zeloten, wurde die Synagoge in Masada umgebaut. Ein Raum zur Aufbewahrung der Thorarollen entstand, entlang der Wände waren Bänke angebracht. Eine Anzahl Fragmente von Schriftrollen wurde gefunden. Auch Ostraka* ermöglichen Einblick in jene Zeit. Dramatisch schildert Josephus die Belagerung und Eroberung der Festung. Im Jahre 72 n.Chr.

marschierte das römische Heer unter Flavius Silva an. Rings um das Felsmassiv wurden acht Soldatenlager errichtet, um die rund 10 000 Männer unterzubringen. Die Belagerer schütteten eine Rampe auf und erstürmten die Festung am 2. Mai 73. Auf dem Plateau sollen sich 967 Männer, Frauen und Kinder aufgehalten haben. Die jüdischen Verteidiger wollten den Eroberern nicht in die Hände fallen. Josephus berichtet:

Die römischen Belagerer bauten eine Rampe und nahmen die Festung schlussendlich ein.

„Dann wählten sie durch das Los zehn Männer aus, die alle übrigen vollends hinschlachten sollten. Da legte sich jeder an der Seite seiner Frau und seiner Kinder nieder, umfing sie mit den Armen und erwartete bereitwillig den Todesstreich aus den Händen jener zehn, die die traurige Aufgabe zu erfüllen hatten. Und sowie diese furchtlos ihres Amtes gewaltet hatten, da ließen sie das Los in gleicher Weise über sich selbst entscheiden: Wen es traf, der sollte die übrigen neun und am Ende sich selbst töten."[24]

Wenn Verfolgung kommt …

Herodes versuchte, sich uneinnehmbare Fluchtburgen zu schaffen, gut ausgestattet mit Vorräten, um sich im Falle eines Falles retten zu können. Wie wir wissen, half ihm dies nicht, denn im Jahre

4 v.Chr. holte ihn eine schwere Krankheit ein und er musste sterben. Auch auf einen, der selbst hart gegen alle möglichen Widersacher vorging, nahm der Tod keine Rücksicht.

Die Bibel berichtet von einem seiner Nachfolger, Herodes Antipas, der die Kritik von Johannes dem Täufer zum Schweigen bringen wollte. Er inhaftierte den jüdischen Propheten in der Festung Machärus im heutigen Jordanien. In Markus 6,16-20 wird berichtet:

„Als Herodes von Jesus hörte, sagte er: ‚Johannes, der Mann, den ich enthaupten ließ, ist von den Toten auferstanden.' Denn Herodes hatte Soldaten ausgesandt und Johannes verhaften und einsperren lassen, um Herodias einen Gefallen zu tun. Sie war die Frau seines Bruders Philippus gewesen, aber Herodes hatte sie geheiratet. Johannes hatte Herodes immer wieder gemahnt: ‚Du hattest nicht das Recht, die Frau deines Bruders zu heiraten.' Herodias hasste Johannes und hätte ihn am liebsten umgebracht, doch ohne die Zustimmung des Herodes war sie machtlos. Herodes dagegen achtete Johannes, den er als guten und heiligen Mann kannte, und er sorgte für seinen Schutz. Auch wenn ihn dessen Worte jedes Mal beunruhigten, hörte er ihm trotzdem gern zu."

Johannes ließ sich durch den mächtigen König nicht einschüchtern. Er versteckte sich nicht und mäßigte oder verwässerte seine Aussagen in keiner Weise. Vorbildlich hielt er stand. Allerdings kamen auch ihm Zweifel: *„Johannes der Täufer, der damals im Gefängnis war, hörte von den Taten des Christus. Er schickte seine Jünger zu Jesus mit der Frage: ‚Bist du wirklich der, der kommen soll, oder sollen wir auf einen anderen warten?' Jesus antwortete ihnen: ‚Geht zurück zu Johannes und berichtet ihm, was ihr gesehen und gehört habt: Blinde sehen, Gelähmte gehen, Aussätzige werden gesund, Taube hören, Tote werden zum Leben erweckt und den Armen wird die gute Botschaft verkündet'"* (Matthäus 11,2-5).

Auf den ersten Blick erscheinen die Worte von Jesus als schwacher Trost. Keine Anerkennung für den Mut des Gefangenen, keine Verheißungen für eine Rettung. Das Ende war grausam: *„Herodes hätte Johannes gern endgültig aus dem Weg geschafft, aber er hatte Angst vor einem Aufstand, weil die Bevölkerung Johannes für einen Propheten hielt. Doch auf einer Geburtstagsfeier für Herodes tanzte die Tochter von Herodias vor den Gästen, und sie gefiel Herodes sehr. Er tat einen*

Schwur, ihr jeden Wunsch zu erfüllen. Auf Drängen ihrer Mutter bat das Mädchen: ‚Schenk mir den Kopf von Johannes dem Täufer auf einer Schale!' Nun tat es dem König leid, aber weil er es ihr versprochen hatte und sich vor seinen Gästen keine Blöße geben wollte, erteilte er die notwendigen Befehle. So wurde Johannes im Gefängnis enthauptet. Sein Kopf wurde dem Mädchen auf einer Schale übergeben, die sie ihrer Mutter brachte" (Matthäus 14,5-11).

Auch die jüdischen Verteidiger von Masada erlebten kein Happy End. Sicherlich flehten sie zu Gott, beteten ernsthaft um Rettung und wurden doch enttäuscht.

Im Falle eines Falles

Kein Mensch spaziert unbehelligt durchs Leben. Christen im Nahen Osten erleben derzeit massive Verfolgungen. Aber Widerstand ist auch für Glaubende hierzulande keine Überraschung. Unwillkürlich fragt man sich dann: „Wie werde ich da herauskommen?" Doch das ist nicht die wesentliche Frage – sie besteht vielmehr darin, wie man sich in einer schwierigen Situation verhalten soll.

Johannes der Täufer bekam von Jesus die Antwort, dass Menschen durch dessen Worte und Taten gesund und glücklich wurden, auch wenn er – Johannes – selbst keine Heilung oder Rettung erleben durfte. Ist das eine zufriedenstellende Antwort für jemanden, der heute Druck erfährt oder bedroht wird? Wie soll man sich für den Fall rüsten, dass eine Belagerungsrampe vor dem eigenen „Tor" aufgeschüttet wird? Steht der Glaube fest und unerschütterlich? Wird die Weisheit Gottes deutlich durch das, was man tut, und die Art, wie man sich verhält?

Jesus lobt Johannes und fährt fort: *„Als der Täufer Johannes auftrat, hat Gott angefangen, seine Herrschaft aufzurichten; aber bis heute stellen sich ihr Feinde in den Weg. Sie hindern andere mit Gewalt daran, sich dieser Herrschaft zu unterstellen … Mit wem soll ich die Menschen von heute vergleichen? Sie sind wie die Kinder, die auf dem Marktplatz spielen … Aber die Weisheit Gottes wird bestätigt durch die Taten, die sie vollbringt"* (aus Matthäus 11,12-19; GNB).

21

Timna: Kupfer, Bronze und die Frage: Was siehst du?

Wind und Sand formten in Timna interessante Felspilze.

Das Tal von Timna steht für den Kupferabbau nördlich des Golfs von Eilat. Hier begegnen wir ganz buchstäblich „harten Fakten“, nämlich Metall. Aber auch bei solchen Fakten kommt es darauf an, was man in ihnen sieht und wie man sie deutet.

Die Höhenzüge von Timna bergen Kupfererz mit bis zu 20 Prozent Schwermetallgehalt. Vom Chalkolithikum* bis heute wird hier das Metall abgebaut und verhüttet. Die 1955 eröffnete Mine trägt den historischen Namen Timna, der von einem Stammesführer der Edomiter hergeleitet werden kann. 1861 erforschte John Petherick erstmals die alten Arbeiterlager. Nelson Glueck sah achtzig Jahre später in ihnen die „Minen Salomos“.

Systematische Untersuchungen setzten durch die Araba-Expedition 1959 ein. Am Fuß der Hügelkette wurden zahlreiche antike Kupferminen entdeckt. Die Datierung erweist sich als schwierig. Brennöfen, Schlacke-Depots und Schächte sind aufgrund von Werkzeugen und Keramikscherben* der damaligen Bewohner der Lager zu bestimmen.

Auch die sogenannten „Säulen Salomos“ erodierten vorwiegend durch Wind und Sand.

Minen und Tempel

Aus dem 12. Jahrhundert v.Chr. wurden ein kleines Heiligtum und ein Höhenkultplatz gefunden. Der als „Hathor-Tempel" bezeichnete Bereich liegt in der Nähe der „Säulen Salomos" – eindrucksvollen Felsformationen, die vor allem durch heftige Winde geformt wurden. 1969 wurde die Kapelle freigelegt. Die ägyptische Göttin Hathor fungierte u.a. als Beschützerin der Bergleute. Vier Benutzungsschichten wurden unterschieden. Flintwerkzeuge und eine besondere Keramik, Gruben und Feuerstellen deuten auf das Chalkolithikum*. Das Heiligtum aus Schicht* III wurde von einem 8,5×6,3 Meter großen Hof umschlossen. Der Hauptraum aus weißem Sandstein enthielt eine mannshohe Nische, in der wahrscheinlich ein Kultbild der kuhköpfigen ägyptischen Göttin stand. Nach der Zerstörung entstand eine Kapelle auf den Überresten. Stelen* und ornamentierte Türstürze mit Hathorköpfen wurden wieder eingebaut, der Hof erweitert. Diese Kultstätte hatte neben dem ägyptischen auch ein semitisches Gepräge. Eine Steinbank nahm Weihegaben auf, eine Reihe aufrecht stehender Steine (Masseben wie in Arad, Geser und anderen Orten; siehe die Kapitel 22 und 32) lief entlang der südlichen Hofmauer. Zahlreiche Gaben wie Keramik*, Perlen und Metallgegenstände kamen in der unmittelbaren Umgebung zutage. Anscheinend war der ganze Kultplatz von einer großen Zeltplane überdeckt, deren Reste entlang der Seitenwände feststellbar waren.

Die Funde gliedern sich in zwei Gruppen: Gegenstände ägyptischer Herkunft mit Hieroglypheninschriften und Königs-Kartuschen* aus der 19. und 20. Dynastie (Sethos I. bis Ramses V.) sowie vor Ort gefertigte Objekte, darunter die sogenannte „Negev-Keramik", viele kupferne Opfergaben und zahlreiche Schmuckstücke. Aus der letzten Phase des Tempels stammt eine kupferne Schlange vom Hauptschrein.

Römische Soldaten sammelten wahrscheinlich im 2. Jahrhundert n.Chr. herumliegende Kupferstücke auf den Schlackenhügeln, schmolzen sie in kleinen Tiegeln und gossen sie zu Barren.

Salomos Minen?

Blick in die ältesten Kupferminenschächte aus dem Chalkolithikum. Die Arbeiter konnten sich darin nur auf den Knien kriechend fortbewegen.

Die Forschungen zeigen, dass es zu kurz gedacht ist, von den Kupferminen Salomos zu sprechen. Diese werden im Zusammenhang mit der Einrichtung des Tempels erwähnt. Für den Forscher Nelson Glueck lag diese Verbindung nahe. Doch was er zu sehen glaubte, war noch nicht das, was er in Wirklichkeit sah.

Das erste Buch der Könige berichtet: *„Als Nächstes ließ König Salomo Hiram aus Tyrus kommen, einen erfahrenen und äußerst geschickten Bronzeschmied. Hirams Mutter war eine Witwe aus dem Stamm Naftali, sein Vater war ein Bronzegießer aus Tyrus. Er kam und erklärte sich bereit, für König Salomo zu arbeiten"* (1. Könige 7,13-14). Es entstanden zwei bronzene Säulen, je 18 Ellen hoch mit 12 Ellen Umfang, 5 Ellen hohe Kapitelle mit Gitterwerk aus Ketten und Reliefs mit je 200 Granatäpfeln. Dazu wurde ein riesiges Kupferbecken, das „Meer", mit einem Umfang von 30 Ellen gegossen. Die Metallwände waren etwa eine Handbreit dick und es fasste 2000 Eimer Wasser. Es ruhte auf zwölf Rindern. Außerdem goss Hiram zehn reich verzierte Gestelle auf Rädern aus der gleichen Form. Darauf standen zehn Kessel, die je 40 Eimer Wasser fassen konnten. Auch wurden weitere Kessel, Schaufeln und Schalen benötigt. *„All diese Gerätschaften für das Haus des* HERRN, *die Hiram im Auftrag Salomos anfertigte, bestanden aus blank polierter Bronze. Der König hatte sie in Tonformen im Jordantal zwischen Sukkot und Zaretan gießen lassen. Salomo ließ die Geräte ungewogen, weil es so viele waren; das Gewicht der Bronze konnte nicht mehr festgestellt werden"* (Verse 45-47).

Die Minen von Timna sind nicht strikt der Zeit Salomos zuzuordnen, sondern dienten zu ganz verschiedenen Zeiten verschiedenen Völkern. Die einheimischen Midianiter, Keniter und Amalekiter verfügten seit alter Zeit über das Wissen der Metallverarbeitung. Schon in 1. Mose 4,22 heißt es von einem Nachkommen Kains: *„Der Sohn von Lamechs anderer Frau, Zilla, hieß Tubal-Kain. Er war der erste Schmied, der bronzene und eiserne Geräte herstellte."* Ägypten als die herrschende Macht im Sinai beutete die Vorkommen ebenfalls aus. Zusammen in der gleichen stratigrafischen Schicht* wurden Negev-Waren, edomitische Gefäße und ägyptische Küchenkeramik festgestellt.

Nicht nur in Timna, sondern auch jenseits des Toten Meeres, in Khirbet en-Nahas im heutigen Jordanien, wurden antike Kupferminen, Schlackenfelder und Schmelzöfen gefunden. Salomo hatte einen großen Bedarf an dem Metall und wird die altbekannten Anlagen auf breiter Basis weitergenutzt haben.

Kupfer und Bronze

Wie wurde Kupfer gewonnen und warum ging das Chalkolithikum* in die Bronzezeit* über? In der Natur kommt Kupfer in Form von sogenannten Nuggets vor. Die Menschen merkten schnell, dass es zwar gut verformbar, aber auch zäh und leicht zu verarbeiten ist. Seine hohe thermische und elektrische Leitfähigkeit spielte in der Antike keine Rolle, desto mehr aber heute. Die natürlichen Vorkommen an gediegenem Kupfer wurden in Anatolien schon sehr früh zur Herstellung von Schmuckplättchen genutzt. Der wohl bekannteste Mensch aus der Kupfersteinzeit in Europa ist „Ötzi", der um 3300 v.Chr. ein Kupferbeil bei sich trug.

Das kupferhaltige Gestein wird meist in Stollen geschlagen und an der Oberfläche in Stein- oder Lehmöfen erhitzt, um das Metall auszuschmelzen. Um die dazu nötige Temperatur von 1085 Grad Celsius zu erreichen, wurden ganze Gegenden abgeholzt, was nachhaltige Folgen auf die Natur hatte. Das Metall kann immer wieder recycelt werden. Deshalb sind relativ wenige Kupfergegenstände erhalten geblieben. Ein besonderer Fund wurde in den Höhlen oberhalb En-Gedis (siehe Kapitel 19) gemacht.

Die Autorin bedient zusammen mit ihrem Sohn die Blasebälge eines rekonstruierten Schmelzofens.

Unter dem Sammelbegriff „Bronze" ist eine Legierung von Kupfer (60–80 %) mit Zinn oder anderen Metallen gemeint. Sie ist härter als reines Kupfer, hat aber im Vergleich einen niedrigeren Schmelzpunkt und ist damit dem Kupfer überlegen. Waffen, Werkzeuge und Schmuck ließen sich so einfacher herstellen. Die Technologie stammt vermutlich aus Zentralasien, weil nur dort Kupfer- und Zinnlagerstätten gleichzeitig vorkommen. Im Vorderen Orient, in Anatolien und der Ägäis fehlten Zinnvorkommen. Durch den umfangreichen Handel vor allem mit Gebieten in Afghanistan konnten große Gewinne erzielt werden. Über die von Assyrien kontrollierten Routen gelangte das begehrte Metall nach Palästina. Mit dem immer weiter verbreiteten Wissen um die Eisenherstellung verlor Bronze allmählich ihre Bedeutung, die Eisenzeit* brach an.

Harte Arbeit, gutes Essen

Seit 2012 forscht Erez Ben-Josef in den Überresten des Timna-Tals. Um die Schmelzöfen aus dem 10. Jahrhundert v.Chr. wurden Behausungen untersucht. Nelson Glueck hatte angenommen, in einer so unwirtlichen Gegend und unter harten Arbeitsbedingungen seien Sklaven eingesetzt worden. Nun zeigte sich aber, dass wenigstens das Essen ganz gut war. Unter den Speiseresten konnten elf verschiedene Fischarten, zum Teil aus dem Mittelmeer, nachgewiesen werden – dazu Schafe und Ziegen, Pistazien und Trauben aus weit entfernten Gegenden. Die Metallarbeiter mussten über ein großes Wissen verfügt haben und genossen dementsprechend hohes Ansehen. Das war keine Sklavenarbeit.

Das Wühlen in den Abfällen brachte nebenbei noch andere Erkenntnisse. Es kamen nämlich Kamelknochen zum Vorschein. Lange wurde behauptet, dieses Tier sei im Vorderen Orient erst später als Transportmittel gehalten worden. Man darf gespannt sein, welche Funde die Zukunft bringt.

Die kupferne Schlange

Im 4. Mosebuch, Kapitel 21, wird von einer kupfernen Schlange berichtet: *„Vom Berg Hor aus zogen die Israeliten weiter und schlugen den Weg zum Roten Meer ein, um Edom zu umgehen. Doch unterwegs wurden die Israeliten ungeduldig und klagten Gott und Mose an: ‚Warum habt ihr uns aus Ägypten geführt? Etwa, damit wir hier in der Wüste sterben? Hier gibt es weder Brot noch Wasser und dieses Manna können wir nicht mehr sehen!' Da schickte der* HERR *Giftschlangen. Viele der Is-*

raeliten wurden gebissen und starben. Daraufhin liefen die Leute zu Mose und riefen: ‚Wir haben Schuld auf uns geladen, als wir dem HERRN *und dir Vorwürfe machten. Bete zum* HERRN, *dass er uns von den Schlangen befreit!' Und Mose betete für das Volk. Da sprach der* HERR *zu ihm: ‚Fertige eine Schlange an und befestige sie oben an einer Stange. Jeder, der sie anschaut, nachdem er gebissen wurde, wird am Leben bleiben.' Mose fertigte eine Schlange aus Bronze an und befestigte sie an der Spitze einer Stange. Jeder, der von einer Schlange gebissen wurde und dann die bronzene Schlange anschaute, blieb am Leben"* (Verse 4-9).

Noch heute verwenden Ärzte, Rettungsdienste und Apotheken das Bild einer Schlange an einer Stange als Symbol ihrer Tätigkeit. Prägend für dieses Zeichen war der griechische Gott der Heilkunst Asklepios, der dieses Tier mit sich führte. Doch manche nehmen an, die Geschichte aus dem 4. Mosebuch sei eine der Wurzeln der Äskulap-Symbolik. Wie kommt es, dass ein giftiges Reptil für Rettung und Genesung steht? Lange schon ist aus der Pflanzenheilkunde bekannt, dass auch ein giftiges Kraut in der richtigen Dosierung heilen kann.

Geht es im biblischen Bericht aber darum? Der kranke, sterbende Mensch wurde nicht mit dem Gift der Schlange behandelt, sondern ein gläubiger Blick, ein Aufschauen, wirkte das Wunder. So ist die am Pfahl aufgerichtete Schlange zu einem Sinnbild für den Opfertod von Jesus geworden. Dem gelehrten Nikodemus erklärt der Meister: *„Und wie Mose in der Wüste die Bronzeschlange auf einem Pfahl aufgerichtet hat, so muss auch der Menschensohn an einem Pfahl aufgerichtet werden, damit jeder, der glaubt, das ewige Leben hat. Denn Gott hat die Welt so sehr geliebt, dass er seinen einzigen Sohn hingab, damit jeder, der an ihn glaubt, nicht verloren geht, sondern das ewige Leben hat"* (Johannes 3,14-16).

Der christliche Glaube ist paradox. Der wie ein Verbrecher Gekreuzigte ist der wahre Retter. Auch hier kommt es also darauf an, was man sieht - und wie man es richtig deutet. Für viele war es immer schon eine Zumutung, dass jemand, der elend hingerichtet wurde, der Erlöser sein soll. Aber genau darum geht es: Nicht die Einnahme eines Medikamentes oder Gegengiftes wirkt, sondern das Hinschauen, das Aufblicken zu Jesus im Glauben. So sagt es der Hebräerbrief (12,1-2):

„Da wir von so vielen Zeugen umgeben sind, die ein Leben durch den Glauben geführt haben, wollen wir jede Last ablegen, die uns behindert, besonders die Sünde, in die wir uns so leicht verstricken. Wir wollen den Wettlauf bis zum Ende durchhalten, für den wir bestimmt sind. Dies tun wir, indem wir unsere Augen auf Jesus gerichtet halten, von dem unser Glaube vom Anfang bis zum Ende abhängt. Er war bereit, den Tod der Schande am Kreuz zu sterben, weil er wusste, welche Freude ihn danach erwartete. Nun sitzt er an der rechten Seite von Gottes Thron im Himmel!"

Es lohnt sich, auf der irdischen Pilgerreise die Augen auf Jesus zu richten. Das bedeutet Leben!

22

Arad: Wo sollen wir anbeten?

Die Auseinandersetzung um die richtige Art der Anbetung begleitete Israel über lange Jahrhunderte seiner Geschichte. Immer wieder kämpften die Propheten darum, die Verehrung des Herrn von selbst gewählten menschlichen Formen frei zu halten. Der Wüstenort Arad liefert uns zusätzliche Einblicke in diese Auseinandersetzung, die wir so aus der Bibel nicht gewinnen können. Die Archäologie ergänzt die Erforschung der Schriften.

Der Tell* liegt in der Nähe der modernen Stadt Arad in der Wüste Negev. Der Ort lag einstmals an der Grenze Judas und an der Hauptstraße nach Edom. Das Gebiet war immer wieder umkämpft. Als das Volk Israel vom Sinai her anrückte, heißt es: *„Als der kanaanitische König von Arad, das im Negev liegt, erfuhr, dass die Israeliten auf der Straße nach Atarim heranzogen, griff er sie an und nahm einige von ihnen gefangen. Da legten die Israeliten ein Gelübde ab und versprachen dem HERRN: ‚Wenn du dieses Volk in unsere Hand gibst, werden wir alle ihre Städte bis auf den Grund zerstören.' Der HERR erhörte sie und schenkte ihnen den Sieg über die Kanaaniter. Die Israeliten töteten die Kanaaniter und zerstörten ihre Städte"* (4. Mose 21,1-3). Danach wohnten die Keniter – ein Volk, das mit der Familie des Mose verwandt war – in der Wüste um Arad.

Pharao Scheschonq I. erwähnt in seiner Aufzählung von besiegten Städten „Arad die Große" oder „Arad aus dem Hause Jrhm". Damit könnten Verse in 1. Samuel 27,8-10 in Zusammenhang stehen: *„David und seine Männer unternahmen Überfälle auf die Geschuriter, die Girsiter und die Amalekiter. Alle diese Völker bewohnten das*

Gebiet bis Schur und bis nach Ägypten hin. In den Dörfern, die er angriff, ließ er nicht einen einzigen Menschen am Leben. Die Schafe, Rinder, Esel, Kamele und Kleider nahm er mit und kam zurück zu König Achisch. ‚Wen hast du heute überfallen?', fragte Achisch ihn dann. Und David antwortete: ‚Den Süden Judas, die Jerachmeeliter und die Keniter.'" Die Bezeichnung *Jerachmeeliter* geht im Hebräischen auf denselben Wortstamm wie *Jrhm* zurück, sodass man auch vom „Arad der Jerachmeeliter" sprechen kann.

Schafe weiden zwischen den Ruinen von Arad.

Forschung

Grabungen wurden 1962 aufgenommen; sie brachten eine Stadt aus der Frühbronzezeit* ans Licht. Sie war von einer 2,4 Meter dicken Steinmauer umgeben. Vorgelagerte halbrunde Türme verstärkten sie. In den sogenannten Breitraumhäusern fand man ein Tonmodell eines solchen Hauses, aus Ägypten importierte Gefäße und eine Fülle bemalter und polierter ortsüblicher Keramik*, die derjenigen von Ägypten unter der 1. Dynastie (Anfang des 3. Jahrtausends v.Chr.) entspricht. Das deutet auf einen lebhaften Handel mit Ägypten hin. Gefunden wurden auch mehrere öffentliche Gebäude und ein Doppeltempel. Dieser bestand aus zwei großen Hallen, die zum Hof hin offen waren. Eine Plattform und ein Waschbecken sind Zeugen der dort vollzogenen Rituale.

In der Nähe des Tempels lag ein öffentliches Gebäude, das einen besonderen Fund beherbergte. Auf einer Steinstele* sind zwei menschenähnliche Wesen dargestellt. Die Arme sind erhoben, die Finger ausgestreckt. Anstelle des Kopfes ist eine Getreideähre zu sehen. Möglicherweise handelt es sich um eine Getreidegottheit. Zwischen der Unterstadt und dem oberen Teil des Hügels liegt ein Wasserversorgungssystem mit Kanälen und einem tiefen Brunnen. Das große runde Loch ist mindestens 15 Meter tief, die Wände sind mit Steinen ausgemauert.

Der Tell Arad mit seiner Zitadelle.

Auf dem höchsten Punkt des Hügels liegt eine Zitadelle. In der Mitte des 10. Jahrhunderts v.Chr. wurde darin ein Tempel eingerichtet. Sechs Mal wurde die Befestigung zerstört und danach schnell wieder aufgebaut.

Ein israelitischer Tempel

Die interessanteste Entdeckung in Arad bildet dieser Tempel in der Nordwestecke der Zitadelle. Seine Ausrichtung, Anlage und Ausgestaltung ähneln dem Tempel Salomos. Der Eingang des Hauptraums wird flankiert von zwei Säulenbasen. Darauf standen wohl - ähnlich wie in Jerusalem - hohe Säulen. Auf der Westseite liegt das Allerheiligste. Es weist einen kleinen erhöhten Platz auf, der das typische Podium im Altarraum einer Kultstätte darstellen dürfte, und eine Massebe, d.h. einen aufgerichteten Stein mit kultischer Bedeutung. Zu beiden Seiten des Eingangs befand sich je ein Räucheraltar. Im äußeren Hof stand ein Altar aus Erde und unbehauenen Steinen. Er war fünf Ellen im Quadrat groß und drei Ellen hoch, wie der Altar der Stiftshütte: *„Nimm Akazienholz und bau daraus einen Altar, fünf Ellen breit, fünf Ellen lang und drei Ellen hoch"* (2. Mose 27,1). Seit Ende des 8. Jahrhunderts wurde der Altar nicht mehr benutzt und der Tempel schließlich beim Bau der letzten israelitischen Zitadelle in der zweiten Hälfte des 7. Jahrhunderts zerstört. Zwei im Tempel aufgefundene Scherben trugen die Namen der Priesterfamilien Merajot und Paschhur (vgl. 1. Chronik 5,32; Jeremia 20,1).

Der Opferaltar von Arad.

Aus dem Alten Testament wissen wir vom Jerusalemer Tempel und von den Heiligtümern in Bethel und Dan. Sie waren errichtet worden, damit man nicht mehr ausschließlich nach Jerusalem pilgern musste, um Tempelopfer darzubringen - aber diese „Lösung" widersprach dem biblischen Gebot, an einem zentralen Ort zu opfern. Offenbar gab es noch mehr solche Alternativen, wie der Tempel von Arad zeigt.

Briefe auf Tonscherben

In Arad wurden auch über 200 beschriftete Ostraka* gefunden. Die in Aramäisch und Hebräisch geschriebenen Briefe sind Dokumente aus den königlichen Archiven. Einige zählen Namen von Privatpersonen auf und enthalten Zahlen und Hinweise auf bestimmte Güter wie Weizen. Erwähnt werden auch die Söhne Korachs. Offenbar handelt es sich um eine Auflistung von Tempelgaben.

Besonders aufschlussreich sind Briefe aus dem Archiv des Eljaschib, des Sohnes Eschjahus, der ein hoher Beamter war, vielleicht der letzte Kommandant der Zitadelle. Es sind Anweisungen über die Zuteilung von Wein- und Brotrationen. In einem der Briefe ist die Rede von Beerscheba (siehe Kapitel 24), in einem anderen vom „Haus Jahwes". Damit kann nicht der Tempel in Arad gemeint sein, weil dieses Ostrakon aus dem 6. Jahrhundert v.Chr. stammt - als dieser Tempel in Arad lägst zerstört war. Die Erwähnung muss sich auf den Salomonischen Tempel in Jerusalem beziehen. Damit haben wir die älteste außerbiblische Erwähnung dieses Tempels vor uns.

Ein weiterer Brief enthält den strikten Befehl, die Truppen in Ramat-Negev wegen der Gefahr eines Angriffs der Edomiter durch Männer aus Arad und Kina zu verstärken.

Der wahre Anbetungsort

Die Frage nach dem richtigen Ort der Anbetung hat Menschen zu allen Zeiten umgetrieben. War es in Ordnung, eine kleine und schlichte Kopie des Heiligtums in Jerusalem im fernen Arad aufzustellen? Sollte man zu den Jahresfesten die beschwerliche Reise auf sich nehmen und nach Norden ziehen?

Das Allerheiligste des Tempels mit seinen aufgerichteten Steinen und Räucheraltären. Es handelt sich dabei um Kopien, die Originale sind heute im Israel-Museum.

Jesus begegnete einmal einer Samariterin am Jakobsbrunnen, und sie stellte ihm eine knifflige Frage: „*‚Sage mir doch, warum ihr Juden darauf besteht, dass Jerusalem der einzige Ort ist, um Gott anzubeten. Wir Samariter dagegen behaupten, dass es dieser Berg hier ist, wo unsere Vorfahren gebetet haben.' Jesus erwiderte: ‚Glaube mir, es kommt die Zeit, in der es keine Rolle mehr spielt, ob ihr den Vater hier oder in Jerusalem* *anbetet. Ihr Samariter wisst wenig über den, den ihr anbetet – wir Juden dagegen kennen ihn, denn die Erlösung kommt durch die Juden. Aber die Zeit kommt, ja sie ist schon da, in der die wahren Anbeter den Vater im Geist und in der Wahrheit anbeten. Der Vater sucht Menschen, die ihn so anbeten. Denn Gott ist Geist; deshalb müssen die, die ihn anbeten wollen, ihn im Geist und in der Wahrheit anbeten'"* (Johannes 4,20-24).

Was Jesus sagt, bedeutet einen völligen Umbruch in der Art, Gott anzubeten. Die Wahl des richtigen Ortes ist nicht mehr entscheidend. Aufwendige Pilgerreisen sind nicht mehr nötig. Besondere Gottesbegegnungen sind nicht auf besondere Momente beschränkt – wenn man aus dem Alltag aufgebrochen und am heiligen Ort angelangt ist.

Ist es damit einfacher geworden, Gott zu begegnen? Ja und nein – und wieder ja. Ja, denn Gott lässt sich unabhängig von bestimmten Orten finden. Nein – es ist nicht einfacher geworden, denn Jesus sagt, dass Gott „in der Wahrheit" angebetet werden will. Das zielt auf das Herz des Menschen. Und sein eigenes Herz zu ändern ist manchmal viel schwerer, als sich für eine lange Pilgerreise zu rüsten. Und doch – ja, es ist einfacher geworden, denn Jesus verweist zugleich auf den Heiligen Geist. *„Die, die ihn anbeten wollen, [müssen] ihn im Geist und in der Wahrheit anbeten."* Der Heilige Geist aber ist ein Geschenk – all denen versprochen, die den Vater darum bitten.

23

Mamschit und Schibta: Spuren von Nabatäern und Christen

Wände und Treppenhäuser in Mamschit waren mit Fresken bemalt.

Wasser in der Wüste ist nicht nur zum physischen Überleben wichtig. Für Christen ist es auch ein Zeichen der Neugeburt. Für beide Aspekte des Wassers stehen die Orte Mamschit und Schibta mit ihren Zisternen und Taufbecken.

Mamschit liegt an einer alten Straßenkreuzung. Von Jerusalem her über Hebron führt eine Verbindung hinunter ans Rote Meer nach Eilat, die andere Route kommt aus dem Westen von Gaza her über Beerscheba und mündet hier ein. Der moderne Name Mamschit ist die versuchte Vokalisierung der eisenzeitlichen* Siegelaufschriften mit den Buchstaben MMŠT, die vor Ort gefunden wurden. Die *Geographia* des Ptolemäus (einem griechischen Gelehrten aus dem 1. nachchristlichen Jahrhundert) erwähnt diese Stadt. Die Madaba-Karte (siehe Seite 27 und 28) zeigt Mamschit als befestigten Ort mit einem Bogentor, das durch zwei Türme geschützt wurde. Auch andere byzantinische Quellen und die Nessana-Papyri aus dem 6. und 7. Jahrhundert n.Chr. führen die Stadt in ihren Listen auf.

Erst unterschätzt, dann erforscht

1838 besuchte der Forscher Edward Robinson die Gegend. Er erachtete es als nicht lohnend, den Hügel zu erklettern, und schaute nur durch sein Fernglas. So habe er ein Trümmerwirrwarr mit Resten von Kirchen und öffentlichen Gebäuden gesehen. Auch der Orientforscher Edward Henry Palmer, der Ende der 1860er-Jahre vorbeikam, konnte nicht viel Berichtenswertes entdecken. Alois Musil zeichnete 1902 den ersten Stadtplan auf. Er vermerkte eine Stadtmauer, zwei Kirchen und einige andere Gebäude. Leonard Woolley und Thomas E. Lawrence erstellten 1914 einen neuen Plan, der allerdings noch weniger hergab als der vorherige. Sie bemerkten aber die Bewässerungsanlagen der umgebenden Wadis. Eine Oberflächenuntersuchung, ein Survey, förderte 1934 nabatäische und frühe römische Keramik* zutage. 1937 wurde das Gelände wieder untersucht. Dabei registrierte man Besonderheiten der Stadtanlage und zwei Friedhöfe. Ausgedehnte Grabungen fanden dann von 1965–67 statt. Dabei wurde ein großer Teil des Ortes freigelegt und die Gräber wurden untersucht.

Heute ist klar, dass Mamschit zu einer Gruppe von nabatäischen Siedlungen gehört, die gegen Ende des 1. Jahrhunderts v.Chr. gegründet wurden. Wahrscheinlich baute man damals eine Straße nach Petra, und Mamschit war eine der Stationen darauf.

Die Nabatäer – geschickte Händler in Mamschit

Nomadenstämme aus Nordwestarabien wanderten vermutlich im 1. Jahrtausend v.Chr. in das Gebiet zwischen dem Roten und dem Toten Meer ein. Als Karawanenhändler kontrollierten sie die Handelsrouten nach Südarabien und gewannen ab dem 4. Jahrhundert v.Chr. an wirtschaftlicher und politischer Macht. Der Geschichtsschreiber Diodor bezieht sich auf das Jahr 312 v.Chr. und berichtet, dass ein griechisches Heer in die Schlupfwinkel der Nabatäer eindrang, die ihren Besitz und ihre Familien auf einem bestimmten Felsen (griechisch *petra*) versteckten. Dies war wohl der Ort, an dem die Nabatäer später ihre Hauptstadt Petra errichteten. Sie spielten eine sehr aktive Rolle im Gewürzhandel zwischen Arabien und Indien, schreckten aber auch vor Raub nicht zurück. Der besagte Diodor urteilte: *„Sie führen ein Räuberleben, und streifen plündernd in der ganzen Nachbarschaft herum. Im Kriege sind sie schwer zu bezwingen. Denn in der wasserlosen Wüste haben sie an tauglichen Stellen Brunnen angelegt, aber so, dass dieselben für Fremde nicht bemerkbar sind. Daher finden sie in dieser Gegend eine sichere Zuflucht. […] Sie dulden durchaus keine auswärtigen Herrscher und behaupten oft ihre Freiheit."*[25]

Als sie ihr Gebiet nach Südsyrien ausdehnten, kam es zum Konflikt mit den Hasmonäern. 93 v.Chr. wurde in Gadara eine entscheidende Schlacht geschlagen. Die Nabatäer konnten sich danach bis Damaskus ausbreiten. Nun trat der Römer Pompeius auf den Plan. Er verwüstete mit seinen Truppen das Gebiet um Petra, konnte die Felsenfestung selbst aber nicht einnehmen. Die Nabatäer erkauften sich ihre Freiheit durch Zahlung von Tribut. Münzen und Inschriften zeugen vom wechselnden Geschick des Volkes unter Rom.

Entscheidend war schlussendlich die Seefahrt. Ein Kenner der Winde, Hippalus, hatte entdeckt, wie man sich den Südwest-Monsun des Indischen Ozeans nutzbar machen konnte, um ins Rote Meer zu gelangen. Der Weg von dort über Land nach Alexandria war gut zu bewältigen, und von da aus gelangten Gewürze und Duftstoffe direkt nach Rom. So konnten die Römer den Landweg von Indien über die arabische Halbinsel, die Gewürzstraße, umgehen. Der nabatäischen Wirtschaft war damit der Lebensnerv abgeschnitten. 106 n.Chr. gliederten die Römer das Nabatäerreich ihrer neu geschaffenen Provinz Arabia ein.

Obwohl nicht mehr unabhängig, blühte das Reich wie nie zuvor. In Petra wurden eine Säulenstraße, ein Triumphbogen, Tempel und prächtige Gräber errichtet. In Mamschit waren Einheiten der *Legio III Cyrenaica* und Reiter der *Cohors I Augusta Thracum* stationiert. Die Festungsanlagen wurden regelmäßig ausgebessert.

Recht früh in der byzantinischen Zeit*, gegen Ende des 4. Jahrhunderts, erbauten die Bewohner eine Kirche. Sie wurde in den Stadtplan hineingezwängt. Teile älterer Gebäude und Stücke der Stadtmauer mussten dazu weichen. Die Gesamtbefestigung blieb aber erhalten, und so musste sich die wachsende Bevölkerung anders behelfen. Ältere Wohnhäuser wurden unterteilt – oder man baute an ihren Außenmauern Räume an, die in Straßen und Plätze hineinragten. Die arabischen Eroberungen im 7. Jahrhundert bereiteten der Stadt ein Ende. Mamschit wurde geplündert, die Kirchen vom Feuer zerstört.

Häuser und Ställe

Die meisten Überreste stammen aus dem 2. Jahrhundert n.Chr. Charakteristisch für diese Zeit ist das ausgezeichnete Mauerwerk mit schräger Oberflächenbearbeitung, nabatäischen Kapitellen* und typischen Verzierungen. Die geräumigen Häuser waren um einen mit Fresken bemalten Innenhof herum errichtet, wobei jeder Flügel sein eigenes Treppenhaus besaß. In der Mitte dieser turmförmigen Treppenaufgänge stand ein Pfeiler, in den die Stufen eingefügt waren. In einem Treppenhaus fand sich ein Schatz von 10 400 Silbermünzen. Rings um den Innenhof verlief ein von Pfeilern gestützter Balkon. Die Häuser besaßen trotz ihrer Größe nur einen Eingang. Die Fassade war fensterlos und machte das Haus zu einer Festung für sich.

Aus dem 2. Jh. n.Chr. stammen die großen Ställe mit den steinernen Futterkrippen.

Bemerkenswert sind die aufwendig gebauten Ställe. Sie waren eingeteilt in einen großen quadratischen Innenhof und zwei schmale seitliche Gänge, die durch zwei Bogenreihen getrennt waren. Darin standen die steinernen Futtertröge. Es scheint, dass die Zucht arabischer Vollblutpferde eine der Haupteinnahmequellen der Stadt war. Vielleicht stand Mamschit auch mit der Kupfergewinnung im Sinai in Verbindung. Das könnte die ungewöhnlich große Menge von Münzen erklären, die hier gefunden wurden.

Staudämme

Die Wasserversorgung von Mamschit war hervorragend geplant. In den tiefen Schluchten am Fuß des Plateaus, auf dem die Stadt erbaut war, und in den zwei Seitenwadis bildeten Staudämme offene Reservoirs. Während der wenigen Stunden im Jahr, in denen die Täler überflutet waren, konnten dort große Wassermengen festgehalten werden. Einer der Staudämme ist 24 Meter lang, oben 7 Meter breit und bis zu 11 Meter hoch. Die Speicherbecken fassten rund 10 000 Kubikmeter Wasser. Mithilfe von Krügen wurde das kostbare Nass dann in die Zisternen* geschafft, die unter den Häusern in den Fels gehauen waren. Das überschüssige Wasser wurde in einem Teich aufbewahrt. Dieser war mit einem Gewölbe überdacht, um die Verdunstung zu verhindern.

Ein Staudamm fing bei den seltenen Regenfällen das heranströmende Wasser auf, damit es in die Zisternen verbracht werden konnte.

Gräber

In einem der beiden Friedhöfe wurden 20 unberührte Gräber entdeckt. Zu jedem gehörte ein Grabmal in Form einer massiven Stufenpyramide. Darunter war eine zwei Meter dicke Füllschicht aus großen Steinen. Wiederum darunter lag in einer Steinkammer der Holzsarg. Eine einmalige Sammlung von nabatäischem Schmuck fand sich in den Gräbern, dazu Münzen und Abdrücke von Tonsiegeln.

Der andere Friedhof war für das Militär bestimmt. Dort fand man eine andere Form von Bestattungen. Der Leichnam wurde auf einem Scheiterhaufen verbrannt; nur die Asche setzte man unter einer Stufenpyramide oder einem großen Steinhaufen bei.

Kirchen

Zwei christliche Gotteshäuser wurden als Basiliken* mit einer Apsis* und zwei Seitenräumen erbaut. Sowohl die große Ostkirche wie auch die kleinere Westkirche wurde mit qualitativ vorzüglichem Mauerwerk errichtet und mit Mosaikböden verziert. Geometrische Muster, verschiedene Früchte, Vögel und Kreuze sind zu sehen. Eine angebaute Kapelle diente als Baptisterium*.

Eine der christlichen Basiliken von Mamschit.

Schibta

Abseits der großen Karawanenstraßen, 53 Kilometer südwestlich von Beerscheba, liegt ebenfalls eine nabatäische Stadt. Auch dort fanden sich Wohnhäuser in noch gut erhaltenem Zustand, außerdem drei byzantinische Basiliken*. Wie in Mamschit war die Wasserversorgung wesentlich, um überleben zu können. Die Wohngebiete der unbefestigten Stadt erstreckten sich zu beiden Seiten eines Wadis. Im Tal selbst wurde ein riesiges Doppelreservoir angelegt. Kanäle durchzogen die Abhänge und fingen das Regenwasser auf. Da die Siedlung keine strategische Bedeutung hatte, blieb sie unzerstört, als die Römer anrückten.

Nach der Christianisierung der nabatäischen Bevölkerung diente die Stadt als Rastplatz für Pilgerzüge zum Sinai. Um 350 entstand die erste Kirche. Bald danach gründeten griechisch-orthodoxe Mönche ein Kloster und bauten eine große Basilika. In ihrer Blütezeit lebten in der Stadt Schibta bis zu 7000 Einwohner. Auch die Araber verschonten die Stadt und errichteten neben der Südkirche eine Moschee. Später verlagerten sich die Karawanenwege, und die Pilgerströme versiegten. Das Wasserversorgungssystem wurde nicht mehr gepflegt. Seit dem 10. Jahrhundert ist Schibta verlassen.

Um zu verstehen, wie die Menschen früher lebten, wurde ein Gutshof rekonstruiert, um Anbau- und Bewässerungsmethoden zu studieren. Die Ausgräber hatten Konstruktionen freigelegt, die sie als Badehäuser beschrieben. Bei näherem Hinsehen erwiesen sich diese aber als Weinkeltern.

Wie in Mamschit kann man sich auch in Schibta durch die gut erhaltenen Baptisterien* vorstellen, wie erwachsene Menschen getauft wurden. Die Taufbecken sind kreuzförmig angelegt und weisen Stufen auf, um hinein- und auf der anderen Seite gereinigt wieder auszusteigen.

› Das kreuzförmige Taufbecken in einem eigenen Baptisterium, das an die Kirche angebaut worden war.

Neues Leben durch Untertauchen

Eine besondere „Wassergeschichte" wird uns in 2. Könige 5 berichtet. Sie fand ca. 250 Kilometer nördlich von Schibta statt, und zwar in Samaria. Durch die Auseinandersetzungen zwischen Israeliten und Aramäern geriet ein Mädchen als Sklavin in das Haus des Heerführers Naaman. Dieser litt an Aussatz. Auf einen Hinweis des Mädchens hin machte sich der mächtige Herr auf, um den Propheten Elisa zu besuchen und Heilung zu finden. Er nahm zehn Talente Silber, 6000 Schekel Gold und zehn Prachtgewänder mit. Seine Vorbereitungen erwiesen sich aber als nutzlos und seine Vorstellungen als falsch. Ein Diener des Propheten schickte ihn hinunter zum Jordan und forderte ihn auf, sich dort sieben Mal unterzutauchen.

„Da ging Naaman ärgerlich fort. ‚Ich hatte angenommen, dass er persönlich zu mir kommt!', sagte er. ‚Ich hatte erwartet, dass er die Hand über die aussätzige Haut ausstrecken, den Namen des HERRN, *seines Gottes, anrufen und mich heilen würde! Sind der Abana und der Parpar in Damaskus denn nicht besser als alle Flüsse Israels? Warum kann ich mich nicht in ihnen waschen und geheilt werden?' Und er drehte sich um und ging zornig fort"* (Vers 11-12). Auf Zureden seiner Diener hin wagte er dann doch, das Rezept auszuprobieren, und wurde geheilt.

Zur Heilung vom Aussatz kam aber eine völlige geistliche Neuorientierung hinzu. Das zeigt Naamans Bekenntnis, das er Elisa gegenüber ablegte: *„Dein Diener wird keinem anderen Gott als dem* HERRN *jemals wieder Brandopfer oder andere Opfer bringen"* (Vers 17). Als Erinnerung an seine Erfahrung nahm er zwei Maultierladungen Erde aus dem Land Israel mit. Damit zog er nordwärts nach Hause, nach Syrien.

In entgegengesetzter Richtung, südwärts in Mamschit und Schibta, lebten Jahrhunderte später Menschen, die eine ganz ähnliche Erfahrung wie Naaman gemacht hatten: Sie kamen zum Glauben – nun an Christus –, sie wurden getauft und sie konnten dann in Frieden ihren Lebensweg weitergehen. Ganz wie Elisa zu Naaman gesagt hatte: *„Geh in Frieden"* (Vers 19).

Beerscheba: Wasserstreit und Friedensstifter

Brunnen in kargem Land sind mehr als willkommene Wasserstellen für Reisende. Wer einen Brunnen kontrolliert, verfügt über Sicherheit und auch über Macht. Die ganze umliegende Gegend ist auf ihn angewiesen.

Der Ort Beerscheba hat seinen Namen von einem Brunnen dort. *Beer* (gesprochen: be-éhr) heißt Brunnen und der zweite Teil des Ortsnamens wird auf die hebräischen Wörter *scheba* (sieben) oder *schebua* (Schwur) zurückgeführt. Der „Brunnen der Sieben" oder der „Brunnen des Schwurs" galt für die Menschen im Altertum als südlichster Ort des Landes Israel. In der Bibel findet sich häufig der Ausdruck: „von Dan bis Beerscheba". Die moderne Metropole gilt als Hauptstadt der Wüste Negev. Die alte Stadt befand sich auf dem Tell* nahebei und erlebte Untersuchungen und Grabungen seit 1969. Im Jahr 2005 wurde der Siedlungshügel von der UNESCO zum Weltkulturerbe erklärt.

Der Schwurbrunnen

Die Bibel erwähnt den Brunnen vor allem im Zusammenhang mit den Patriarchen Abraham und Isaak. *„Damals kam Abimelech zusammen mit Pichol, seinem Heerführer, zu Abraham. ‚Gott ist bei dir in allem, was du tust', sagte Abimelech. ‚Schwöre mir nun bei Gott, dass du mich und meine Nachkommen nicht betrügen wirst. Ich habe dir nur*

Gutes getan, tu du nun dasselbe an mir und an dem Land, in dem du lebst.' ‚Ich schwöre es dir!', antwortete Abraham. Dann beschwerte er sich bei Abimelech, weil dessen Knechte Abrahams Knechten gewaltsam einen seiner Brunnen weggenommen hatten. ‚Davon höre ich heute zum ersten Mal', sagte Abimelech. ‚Ich weiß nicht, wer das getan hat. Auch du hast mir nichts davon gesagt.' Abraham gab Abimelech ein Schaf und einen Ochsen und sie schlossen einen Vertrag. Als Abraham jedoch sieben weitere Lämmer auf die Seite stellte, fragte Abimelech: ‚Was hast du mit diesen sieben Lämmern vor?' Abraham antwortete: ‚Diese sieben Lämmer sollst du als Geschenk von mir annehmen. Damit bestätigst du offiziell, dass ich diesen Brunnen gegraben habe.' Deshalb wird dieser Ort Beerscheba – ‚Brunnen des Schwurs' – genannt, weil Abimelech und Abraham hier ihren Bund mit einem Schwur bekräftigt hatten" (1. Mose 21,22-32).

Abraham wohnte nun in Beerscheba, pflanzte einen Tamariskenbaum und rief den Namen Gottes an (1, Mose 21,33). Auch Jakob brachte dort Opfer dar (1. Mose 46,1). Nach der Eroberung des Landes unter Josua gehörte die Stadt zum Gebiet des Stammes Simeon. Zur Richterzeit galt sie als Zentrum eines Verwaltungsbezirks. *„Als Samuel alt wurde, ernannte er seine Söhne zu Richtern über Israel. Joel, sein Erstgeborener, und Abija, sein Zweitgeborener, saßen in Beerscheba zu Gericht"* (1. Samuel 8,1-2). Zur Zeit der Könige von Juda bestand wahrscheinlich eine lokale Kultstätte, wie sie von Arad bekannt ist. Nach dem babylonischen Exil wurde Beerscheba wieder besiedelt und bildete dann die südliche Grenze von Idumäa.

Makkabäer, Römer und Byzantiner stationierten in Beerscheba ihre Truppen. Nach der arabischen Eroberung verfiel die Stadt und erlebte erst im 20. Jahrhundert eine neue Blüte. Ein Verwaltungszentrum für Beduinen wurde eingerichtet. Es ging dabei vor allem um die Kontrolle des Zugangs zum Sinai und zum Suezkanal. Im Unabhängigkeitskrieg eroberten israelische Truppen die Stadt und es kam wieder zur Ansiedelung von Juden. 1966 wurde die Ben-Gurion-Universität eingerichtet. Moderne Architektur prägt das Stadtbild. Dem Wüstenklima angepasst, entstanden kilometerlange überdachte Fußgängerpassagen, Quartiere mit Patiohäusern (nach spanischem Vorbild mit Innenhof) und enge Gassen, die Schatten garantieren und bei den häufigen Staubstürmen Schutz bieten. Die meisten Bewohner arbeiten in der Industrie oder sind in Forschung und Entwicklung beschäftigt. Dass auch die alte beduinische Lebensweise noch lebendig ist, zeigt sich im jeweils am Donnerstag stattfindenden Beduinenmarkt.

Der Tell und seine Geschichte

Knapp fünf Kilometer östlich der modernen Stadt erhebt sich der alte Siedlungshügel. Die ältesten neun Schichten gehen in die Jahre 3400–3100 v.Chr. zurück. Zunächst war der Ort noch unbefestigt. Behausungen und Silos zur Aufbewahrung von Getreide wurden untersucht. Im nordöstlichen Teil des Hügels sorgte ein Brunnen mit zwei Metern Durchmesser für die Wasserversorgung. Die Archäologen räumten ihn bis in eine Tiefe von 22 Metern aus, ohne allerdings auf Wasser zu stoßen.

Es war sicherer, wenn man innerhalb der Stadtmauern Wasser holen konnte. Steile Treppen führen in die Tiefe zu einem verzweigten Zisternenkomplex mit verschiedenen Tunneln.

Erste Befestigungsanlagen stammen aus der Zeit um 1100 v.Chr. Kurze Zeit später wurde eine massive, 3,6 Meter dicke Stadtmauer mit zahlreichen Absätzen und Vorsprüngen verstärkt. Dazu stand die Mauer auf einer künstlichen Rampe von bis zu sechs Metern Höhe und war mit einem vorgelagerten Graben geschützt.

Mitte des 9. und Anfang des 8. Jahrhunderts v.Chr. wurde die Mauer zerstört und durch eine typisch israelische Kassettenmauer* mit Glacis* ersetzt. Die erneute Zerstörung Ende des 8. Jahrhunderts wird auf die Eroberung durch den Assyrerkönig Sanherib zurückgeführt.

Die Brunnenanlage vor dem Stadttor von Beerscheba ermöglicht einen Rückblick in die Zeit, als die Frauen aus der Stadt kamen, um Wasser hochzuziehen.

Die israelitische Stadt

Der Tell von Beerscheba zeigt ein gutes Beispiel einer gewöhnlichen Stadt aus alttestamentlicher Zeit, weit entfernt von der Hauptstadt Jerusalem und doch mit allem Nötigen versehen. Vor dem Stadttor liegt der restaurierte Brunnen. Man kann sich hier gut vorstellen, wie die Frauen mit ihren Krügen aus der Stadt herauskamen, um Wasser zu schöpfen und das davor befindliche Becken zu füllen, damit ihre Tiere trinken konnten.

Innerhalb des Stadttores schließt sich ein viereckiger Platz an, der von mehreren Räumen umgeben ist. Die Ausgräber vermuten ein Gasthaus für Reisende. Ein Gebäude aus Quadersteinen war möglicherweise das Haus des königlichen Verwalters. Die Häuser der gewöhnlichen Leute bestanden meist aus vier Räumen. In königlichen Vorratslagern oder Speichern wurden die Abgaben gesammelt und aufbewahrt. Unterschiedliche Keramikfunde in den Räumen lassen darauf schließen, dass jeweils verschiedene Güter gelagert wurden.

In den Vorratslagern wurden die Güter gehortet.

Die Stadt verfügte über ein ausgeklügeltes Kanalisationsnetz, durch das die Abwässer nach draußen vor das Stadttor befördert wurden. Frischwasser leitete man während der Regenzeit in riesige aus dem Fels gehauene Zisternen*, die durch Treppen zu erreichen waren. Ein unerwarteter Fund waren große Quadersteine, die beim Bau der Lagerhäuser wiederverwendet wurden. Als man sie zusammenfügte, bildeten sie einen Hörneraltar, der wahrscheinlich zu einem israelitischen Kultplatz gehörte. Vielleicht wurde er während einer Reform unter König Hiskia zerstört: *„Hiskia tat, was dem* HERRN *gefiel, so wie sein Stammvater David vor ihm. Er ließ die Höhenheiligtümer zerstören, die Gedenksteine umhauen und die Ascherabilder umstürzen“* (2. Könige 18,4). Die Steine des Altars wurden dann – ganz profan – als Material für den Bau des Lagerhauses zweitverwertet.

Ein Hörneraltar fand sich verbaut in Mauern und konnte wieder zusammengesetzt werden.

Um des lieben Friedens willen

Von Isaak lesen wir eine bemerkenswerte Geschichte, die sich in der Gegend um Beerscheba zugetragen hat. *„Da zog Isaak weg von dort und schlug seine Zelte im Tal Gerar auf. Er grub die Brunnen wieder auf, die sein Vater hatte graben lassen und die von den Philistern nach Abrahams Tod zugeschüttet worden waren. Er gab ihnen dieselben Namen, die Abraham ihnen gegeben hatte. Die Sklaven von Isaak gruben im Tal und stießen auf eine Quelle. Doch die Hirten von Gerar sagten: ‚Dies* *ist unser Wasser!', und stritten sich mit Isaaks Hirten. Deshalb nannte Isaak den Brunnen ‚Streit'. Isaaks Männer gruben einen anderen Brunnen, doch auch hier kam es wieder zum Streit, und Isaak nannte ihn ‚Anfeindung'. Da zog er weiter und ließ noch einen weiteren Brunnen graben. Diesmal gab es keinen Streit. So nannte Isaak den Brunnen Rehobot. Denn er sagte: ‚Der* HERR *hat uns doch noch Raum gegeben, nun werden wir uns im Land ausbreiten können.' Von dort zog Isaak weiter nach Beerscheba"* (1. Mose 26,17-23).

Der Sohn Abrahams war ein friedlicher Mann. Er konnte viel einstecken. Wer von uns ist schon bereit, sich zurückzuziehen, obwohl er im Recht ist? Doch gerade dies trägt zu einem friedlichen Miteinander bei.

Auch Paulus bekräftigt dieses Prinzip in Römer 12,16-19: *„Lebt in Frieden miteinander. Versucht nicht, euch wichtigzumachen, sondern wendet euch denen zu, die weniger angesehen sind. Und bildet euch nicht ein, alles zu wissen! Vergeltet anderen Menschen nicht Böses mit Bösem, sondern bemüht euch allen gegenüber um das Gute. Tragt euren Teil dazu bei, mit anderen in Frieden zu leben, soweit es möglich ist! Liebe Freunde, rächt euch niemals selbst, sondern überlasst die Rache dem Zorn Gottes."*

„Um des lieben Friedens willen" ist eine Redensart, die wir heute manchmal gebrauchen, wenn wir fast resigniert sind: „Damit endlich Ruhe ist!" Doch der „liebe Frieden" bedeutet eigentlich: der geliebte, der hoch geschätzte, der kostbare Frieden. Um dieses wertvollen Gutes willen kann es manchmal richtig sein, wie Isaak auszuweichen. Er gab Raum preis, um – durch Gottes Geschenk – neuen Raum zu gewinnen. Wie er nach Beerscheba zog, sollten auch wir zuweilen herausfinden, wo unser „Beerscheba" ist, und dorthin ausweichen. Der Gewinn wird hoch sein, denn Krieg zahlt sich nicht aus.

25

Hebron: Begräbnisplatz der Erzväter

Hebron ist ein Ort der Verhandlungen. Im Alten Testament handelte Abraham hier einen Kaufvertrag aus, und in moderner Zeit sieht man ein Gotteshaus, das von Juden und Muslimen gleichermaßen genutzt wird – sicher sind auch hier viele Verhandlungen vorausgegangen. Doch fangen wir beim Beginn an:

Hebron ist eine der ältesten Städte in Juda und liegt an der Verbindungsstraße von Beerscheba nach Jerusalem. Sie dient auch als Knotenpunkt für die von Westen nach Osten führenden Wege. Hebron war eine der Leviten- und Freistädte – diese Städte waren zum einen den Angehörigen des Stammes Levi zugeordnet, der keinen eigenen Landbesitz hatte, zum anderen fanden hier Menschen, die unbeabsichtigt jemanden getötet hatten, Asyl und Schutz vor Blutrache. Ein anderer Name ist Kirjat-Arba, vielleicht weil vier Vorstädte dazugehörten, darunter Mamre, oder weil es der Hauptort eines Vierstädtebundes war („vier" heißt auf Hebräisch *arba*). In 1. Mose 35,27 heißt es: *„So kam Jakob zu seinem Vater Isaak nach Mamre nahe bei Kirjat-Arba, dem heutigen Hebron, wo auch schon Abraham gelebt hatte."* Das Alter der Stadt können wir aus 4. Mose 13,22 erschließen, wo von den Kundschaftern berichtet wird, die das Land Kanaan ausspähten: *„Sie durchquerten den Negev und gelangten nach Hebron, wo die Anakiter Ahiman, Scheschai und Talmai lebten. Hebron war sieben Jahre vor der ägyptischen Stadt Zoan gegründet worden."* Von jenem Zoan wissen wir, dass es um 1720 v.Chr. gegründet wurde.

Auf dem Weg nach Hebron kann man beobachten, wie nach alter Väter Sitte gepflügt wird.

Abraham erbaute in Hebron einen Altar. Von Efon, dem Sohn Zohars, erwarb der Patriarch die Höhle Machpela, um seine Frau Sara beizusetzen. 1. Mose 23,10-18 illustriert die damaligen Gebräuche beim Landerwerb. *„Efron saß unter den Hetitern am Stadttor. Vor allen Anwesenden sagte er zu Abraham: ‚Nein, mein Herr, hör mir zu. Ich schenke dir den Acker mitsamt der Höhle, damit du dort deine Frau begraben kannst. Die hier Anwesenden sind Zeugen dafür.' Abraham verneigte sich noch einmal vor den Hetitern und wandte sich an Efron: ‚Bitte, hör auf mich', sagte er. ‚Ich will dir die Höhle abkaufen. Lass mich den vollen Preis für den Acker bezahlen, damit ich meine Frau dort begraben kann.' ‚Mein Herr', entgegnete Efron, ‚pass auf! Dir würde ich das Land für 400 Schekel Silber geben, doch was ist das schon? Du kannst dort deine Tote begraben.' Abraham schlug ein und bezahlte Efron die Summe, die dieser vor den versammelten Hetitern genannt hatte, 400 Schekel nach dem damals üblichen Gewicht. Er erwarb das Landstück bei Machpela, in der Nähe von Mamre. Dazu gehörten der Acker, die Höhle darauf und alle Bäume, die auf dem Gelände wuchsen. Vor den Augen der am Stadttor anwesenden Hetiter wurde dieses Geschäft getätigt."* In manchen alten

Städten finden sich in den Räumen der Stadttore Steinbänke, auf denen die Stadtältesten saßen (siehe auch Kapitel 7 und 8). Man kann sie dort förmlich miteinander Höflichkeiten austauschen und feilschen hören.

Wegen seiner Verbindung zu den Erzvätern hatte und hat die Stadt Hebron einen besonderen Rang. Nach Sauls Tod wohnte David dort und wurde zum König über Juda gekrönt. Nach der Rückkehr aus dem babylonischen Exil wurde Hebron wieder besiedelt. Damals wohnten Edomiter dort, und die Gegend wurde Idumäa genannt. Nach der Zerstörung von Jerusalem 70 n.Chr. unterhielt die römische *Legio X Fretensis* in Hebron ein Militärlager.

Hebron heute

Heute ist Hebron die größte und bedeutendste Stadt des Westjordanlandes. Zu den ca. 130 000 palästinensischen Einwohnern kommen einige Hundert Juden. Immer wieder gibt es Spannungen, und besonders anlässlich von jüdischen Festen und während des Fastenmonats Ramadan ist es nicht empfehlenswert, die Gedenkstätten zu besuchen.

Forschungen und Grabungen waren in Hebron kaum möglich, denn die Stadt ist seit dem Altertum bewohnt. Juden, Christen und Muslime besuchen die Höhle Machpela, die spätestens seit Herodes dem Großen überbaut wurde. Der König errichtete um den heiligen Bezirk eine mächtige, 2,65 Meter dicke Mauer, die eine Fläche von 53,8 × 26,6 Metern umschließt. Die Steinblöcke mit dem typischen Rahmen zeugen davon.

Im 6. Jahrhundert baute Kaiser Justinian eine Basilika*. Später, in der ersten Hälfte des 7. Jahrhunderts, wurde sie in eine Moschee umgewandelt. Im Jahre 1100 eroberten die Kreuzfahrer Hebron, und das Gebäude wurde wieder in eine Kirche umgebaut. 80 Jahre später wurde der Spieß erneut umgedreht.

Ein riesiges Gebäude erhebt sich über der Höhle Machpela. Hier die jüdische Seite.

Im 16. Jahrhundert kamen spanische Juden auf der Flucht vor Pogromen auch nach Hebron. Sie führten die Glasbläserei ein und erwarben das Recht, sich bis auf eine gewisse Entfernung, d.h. bis zur siebten Stufe der Außentreppe, den heiligen Grabstätten nähern zu dürfen. Da alle drei monotheistischen Religionen ihre Wurzeln bei den gleichen Erzvätern und -müttern sehen, wurde das Bauwerk immer wieder erneuert. Betritt man es von der einen Seite her, erlebt man eine typische Synagoge mit einem Thoraschrein und vielen Büchern. Von der anderen Seite her ist der Zugang für Muslime möglich. Mobile Trennwände und Kanzeln geben je nach Anlass der einen oder andern Seite mehr Raum.

Der Thoraschrein der Synagoge Machpela von Hebron.

Mit grünen Tüchern behangene Kenotaphe (Scheingräber, die keine sterblichen Überreste enthalten) für Abraham, Isaak und Jakob mit ihren Frauen Sara, Rebekka und Lea sowie für Josef[26] wurden über der Höhle errichtet. 1215 sollen Kreuzfahrer in die Gräber eingedrungen sein. Beim Öffnen seien die sterblichen Überreste gut erhalten gewesen. Der Zugang zur Höhle wurde danach zugemauert und darf nicht einmal mehr von den Wächtern des Heiligtums betreten werden. Unter den Teppichen der Moschee soll der Abdruck von Adams Fuß zu erkennen sein, denn nach altjüdischer Überlieferung hatten sich Adam und Eva nach ihrer Vertreibung aus dem Paradies in Hebron niedergelassen.

Das Kenotaph des Josef ist wie das der anderen der Erzväter und -mütter mit einem grünen Tuch abgedeckt.

Mamre: Vom Wäldchen zum Hofplatz

In 1. Mose 13,18 wird von Abrahams Rückkehr aus Ägypten berichtet: *„Da verlegte Abram sein Lager zu dem Eichenhain von Mamre bei Hebron. Dort baute er dem* HERRN *einen Altar."* Wo genau diese Bäume - das hier verwendete hebräische Wort heißt einfach „großer Baum" - standen, ist nicht mehr festzustellen. Es ist aber möglich, dass schon bald nach Abrahams Tod die Stätte im Gedenken an den Erzvater regelmäßig besucht wurde. Ungefähr vier Kilometer nördlich des Stadtkerns von Hebron sind die Reste einer herodianischen Umfassungsmauer zu sehen, die einen Bezirk von 65 × 48,5 Metern umschließt. Die Anlage wurde zwar 70 n.Chr. zerstört, aber Kaiser Hadrian baute unter Verwendung des alten Quadermauerwerks einen Marktplatz und weihte ihn Hermes-Merkur. Konstantin seinerseits ließ in der östlichen Hälfte der Umfriedung eine dreischiffige Basilika* errichten. Sie soll den Brunnen und die Eiche Abrahams umschlossen haben.

Untersuchungen von A.E. Mader 1926–28 zeigten Baureste aus dem 9.–8. Jahrhundert v.Chr. Der Hof war damals schon mit Steinen bepflastert und von zwei Türmen bewacht. Aus dem Brunnen wurden 1331 Münzen gefischt, die frühesten aus der Zeit der Hasmonäer, die jüngsten von den Kreuzfahrern.

Begraben oder vergraben

Immer wieder stoßen Archäologen auf sogenannte *favissae**, Gruben mit Kultgegenständen. In 1. Mose 35,1-4 wird uns von einem solchen Ort berichtet: *„Gott sprach zu Jakob: ‚Zieh nach Bethel und lass dich dort nieder. Bau mir einen Altar, denn ich bin dir dort erschienen, als du vor deinem Bruder Esau geflohen bist.' Also befahl Jakob seiner Familie und allen, die bei ihm waren: ‚Werft alle Götterfiguren fort, die ihr noch bei euch habt, reinigt euch und zieht euch saubere Kleider an. Wir gehen jetzt nach Bethel. Dort will ich dem Gott, der meine Gebete erhörte, als ich in Not war, einen Altar bauen. Er war auf meiner ganzen Reise bei mir.' Da gaben sie Jakob ihre Götterfiguren und ihre Ohrringe und er vergrub* *sie unter der Eiche bei Sichem."* Einige Verse weiter heißt es: *„So kam Jakob zu seinem Vater Isaak nach Mamre nahe bei Kirjat-Arba, dem heutigen Hebron, wo auch schon Abraham gelebt hatte. Isaak wurde 180 Jahre alt. Dann starb er nach einem langen und erfüllten Leben und wurde im Tod mit seinen Vorfahren vereint. Seine Söhne Esau und Jakob begruben ihn"* (Verse 27-29).

Die Götterfiguren wurden in Sichem vergraben, der Vater in Mamre begraben. Das eine sollte verschwinden, getilgt, beseitigt werden; die Grabstätte eines geliebten und geachteten Verwandten dagegen sollte in Erinnerung bleiben, sein Andenken geehrt sein. Sind wir fähig, unsere Altlasten endgültig zu vergraben und loszuwerden – oder hätscheln wir die altvertrauten Laster? Gott möchte uns beim Aufräumen helfen und unsere Sünden in den tiefen Fluten des Meers begraben. Dort ist das Fischen verboten und kein Ausgräber wird sie wieder ans Tageslicht bringen können. Der Prophet Micha fragt: *„Wo ist ein Gott wie du, der die Sünden vergibt und die Missetaten seines Volkes verzeiht? Der nicht für immer an seinem Zorn festhält, sondern der sich freut, wenn er barmherzig sein kann? Er wird sich wieder über uns erbarmen, alle unsere Sünden zertreten und alle unsere Verfehlungen ins tiefe Meer werfen! Du wirst an Jakob Treue und an Abraham Gnade erweisen, wie du es unseren Vorfahren geschworen hast"* (Micha 7,18-20).

26

Aseka und Socho: Feuer- und Rauchzeichen damals und heute

Das Elah-Tal, wo sich die Armeen der Philister und König Sauls versammelten.

Die Umgebung von Aseka und Socho im jüdäischen Hügelland war über die Zeiten hinweg ein Kampfplatz: nicht nur zwischen feindlichen Truppen im Alten Testament, sondern auch zwischen verschiedenen „Schulen" der Archäologie heute.

Zwischen Aseka und Socho versammelten sich die Philister, um gegen Israel unter König Saul zu kämpfen. In 1. Samuel 17,1-3 wird die Gegend beschrieben: „*Inzwischen rüsteten die Philister zur Schlacht und versammelten ihr Heer bei Socho im Gebiet von Juda. Sie schlugen ihr Lager zwischen Socho und Aseka bei Efes-Dammim auf. Daraufhin sammelte Saul seine Truppen im Tal der Eichen und sie stellten sich zur Schlacht auf. So standen sich die Philister und die Israeliten auf zwei Hügeln gegenüber und zwischen ihnen lag das Tal. Da trat aus den Reihen der Philister ein einzelner Krieger hervor. Es war Goliat, der aus Gat stammte.*"

In alten Grabungen graben

Der Tell* Aseka liegt über dem Tal an einem der westlichen Durchgänge von der Küste zu den Bergen Judäas. In der Nähe liegt die Straße durch den Eichgrund oder das Elah-Tal, die nach Bethlehem führt. Erste Grabungen wurden bereits 1898–1899 unternommen. Seit 2012 gibt es vor Ort neue Forschungen: Man durchsiebt den Schutt und öffnet alte Schnitte neu. Aktuelle Methoden – wie die Entnahme von Erdproben zur Pollenbestimmung, Knochenanalysen und C_{14}-Datierungen* – ermöglichen ein vertieftes und präziseres Bild der zahlreichen Siedlungsschichten. Zu erkennen sind bronzezeitliche Schichten sowie Reste der kanaanäischen, israelitischen, römischen und byzantinischen Zeit*.

Der Tell Aseka weist viele Siedlungsschichten auf. Die Stadt wurde auf einem Hügel erbaut, der guten Überblick auf die Schefela, das judäische Land südwestlich von Jerusalem, bietet.

Jeremia berichtet von der Bedrohung durch Nebukadnezar, den König von Babylon: „*Diese Botschaft überbrachte Jeremia in Jerusalem Wort für Wort Zedekia, dem König von Juda, als das babylonische Heer noch gegen Jerusalem, Lachisch und Aseka kämpfte. Lachisch und Aseka waren die einzigen befestigten Städte Judas, die noch nicht gefallen waren*" (Jeremia 34,7). Ein Ostrakon* bestätigt den Sachverhalt. Hier heißt es, die Leute von Lachisch hätten zu einem bestimmten Zeitpunkt die Feuer von Aseka nicht mehr sehen können. Das bedeutet wohl, dass der Feind im Anmarsch war. Die Städte entlang der Grenze zu Philistäa unterhielten Signalfeuer – doch in Aseka waren durch den Vormarsch der Truppen buchstäblich „die Lichter ausgegangen".

Des einen Leid, des andern Freud

Der Hügel von Socho nach dem Brand im Frühling 2010.

Gegenüber auf der anderen Talseite liegt Socho. Im Frühling 2010 brach hier ein Buschbrand aus und zerstörte viele Pflanzen des Naturreservates, das berühmt für seine Blauen Lupinen ist. Was die Botaniker zutiefst bedauerten, erfreute die Archäologen. Sie konnten einen Ballon mit ferngesteuerter Kamera über dem Tell steigen lassen. Auf den Luftbildern waren deutlich Strukturen zu erkennen, die vorher von Buschwerk zugedeckt waren. Dazu gehörten Zisternenöffnungen, Weinkeltern, Ölpressen und Mauerreste. Durch einen Survey, eine Oberflächenbegehung, wusste man, dass das Städtchen in der Eisenzeit* bewohnt gewesen war. Krughenkel mit Stempelsiegeln für den israelitischen König belegen die Bedeutung der Weinproduktion. Da wegen der Auflagen des Naturschutzes nicht gegraben werden durfte, liegt die Geschichte des Ortes weiterhin im Dunkeln. Bekannt wurde nur, dass dort einmal ein byzantinisches Kloster bestanden hatte.

Archäologenstreit im Elah-Tal

Seltsame Meldungen erreichten die „Archäologen-Gemeinde" im Jahr 2011. Die Medien berichteten, dass ein Streit zwischen Kollegen ausgebrochen sei, der demjenigen von David und Goliat gliche. Wie in alter Zeit kam der eine Kontrahent - Professor Yosef Garfinkel - aus Jerusalem und der andere - Dr. Oded Lipschits - von der philistäischen Küste, nämlich der Universität Tel Aviv. Die eine Partei versucht, die Historizität Davids zu untermauern, während die andere Seite von einem langsamen Einsickern und Erstarken der Nomadenfamilien ausgeht, welche sich im Nachhinein Entstehungsmythen von großen Königen zurechtlegten. Die Fronten sind hart und beide Seiten berufen sich auf archäologische Hinweise.

Zankapfel war nun der Tell Socho, denn beide wollten gerne dort mit einer Grabung beginnen. Nun stellten die Leute aus Tel Aviv bei einer Begehung fest, dass schon gegraben worden war. Yosef Garfinkel wollte sich keine illegale Aktivität unterschieben lassen und sprach von Raubgräbern. Die hatten aber dummerweise eine Trinkflasche mit dem Namen eines Teammitgliedes, das aus Jerusalem stammte, liegen lassen! Die Wogen gingen hoch, Anschuldigungen flogen hin und her.

Um die Sache noch schlimmer zu machen, tauchte in einer renommierten Zeitschrift ein Bild auf, das einen Bagger bei einer archäologischen Grabung zeigte. Ein Sturm der Entrüstung erhob sich. Es hieß: Solche Methoden seien absolut verpönt, es werde ja alles zerstört, Forschung sei so nicht möglich. Allerdings wurde es bald wieder ruhiger um die Baumaschine, denn bei nochmaligem Überdenken musste der eine oder andere Kritiker gestehen, sich auch schon solcher Arbeitshilfen bedient zu haben. Wer bezahlt denn die Arbeiter, die von Hand eine drei bis fünf Meter hohe Sandschicht beseitigen sollen?

Unter diesen Steinen liegt eine große Zisterne.

Kleiner Hirtenjunge gegen Großmaul

Ab und an geistern noch andere Meldungen durchs Internet, nämlich dass das Skelett Goliats gefunden worden sei. Solche Sensationshascherei ist mit Vorsicht zu genießen.

Der biblische Bericht über den Kampf im Elah-Tal kann uns aber Einsichten vermitteln, ganz unabhängig davon, wie wir die Erzählung einordnen. In 1. Samuel 17,8-50 wird erzählt, dass ein mächtiger Krieger der Philister jeden Morgen voll Spott und Hohn zu einem Zweikampf aufforderte. Keiner aus dem israelitischen Heer brachte den Mut auf, sich Goliat entgegenzustellen. Ein Hirtenjunge aus Bethlehem jedoch, David, ließ sich nicht ins Bockshorn jagen, denn er wusste mit seiner Schleuder umzugehen. Die Rüstung von König Saul war ihm zu groß, er zog dem Feind nur mit Stecken und Schleuder entgegen. *„Als der Philister sich auf ihn zubewegte, um ihn anzugreifen, lief David ihm rasch entgegen. Er griff in seine Hirtentasche, holte einen Kiesel heraus, schleuderte ihn und traf den Philister an der Stirn. Der Stein bohrte sich in seine Stirn und er fiel mit dem Gesicht voran auf den Boden. So triumphierte David nur mit Stein und Schleuder über den Philister, besiegte und tötete ihn"* (Verse 48-50).

Steht man auf einem Hügel neben dem Elah-Tal, kann man sich die Szene gut vorstellen. Nutzt ein erfahrener Hirtenjunge die örtlichen Gegebenheiten, das einfallende Licht und den Vorteil der Beweglichkeit gegenüber dem schwer gepanzerten Gegner aus, dann hat er durchaus Chancen, zu gewinnen. Noch dazu wusste er Gott auf seiner Seite.

Diesen Faktor sah David selbst als den wesentlichen an: *„Du trittst mir mit Schwert, Speer und Wurfspieß entgegen, ich aber komme im Namen des Herrn, des Allmächtigen"* (Vers 45). Doch David war sich auch seiner Kenntnisse und Erfahrungen bewusst - er hatte selbst von seinen Kämpfen mit Löwen und Bären gesprochen. Auch die fünf glatten Kieselsteine wird er sachkundig ausgewählt haben.

Diese Haltung darf Christen zu denken geben. Manchmal ist es zwar angezeigt, nachzugeben und auszuweichen, wie das Beispiel Isaaks in Beerscheba zeigt (Kapitel 24). Doch grundsätzlich dürfen Christen durchaus geschickt vorgehen, Vorteile nutzen - und dabei Gottes Hilfe in Anspruch nehmen. Jesus wies den Hohen Priester Kaiphas und den Tempelsoldaten selbstbewusst in ihrer Schranken (Johannes 18,19-23) und Paulus berief sich auf sein römisches Bürgerrecht (Apostelgeschichte 22,25). Oder wie Jesus es sagte: Wir sollen *„ohne Hinterlist wie die Tauben"* sein - das können wir, wenn wir wie David auf den Namen des Herrn vertrauen. Dann aber gilt es zugleich, *„klug wie die Schlangen"* vorzugehen (Matthäus 10,16; GNB).

27

Khirbet Qeiyafa: „Ordnung ist das halbe Leben" – und die andere Hälfte?

In den einzelnen Schnitten wird nach unten bis zum gewachsenen Felsen gearbeitet. Zur Erleichterung der Arbeit und für die Dokumentation der Schichten bleiben die einen Meter breiten Stege dazwischen vorläufig stehen.

Es ist nur eine kleine Siedlung, die da auf einem Hügel in den Bergen Judäas über dem Elah-Tal liegt. Die Orte Socho und Aseka schauen von den andern Anhöhen herüber. Qeiyafa ist nur ein „Khirbet", d.h. ein Dorf, und kein Tell*, der aus vielen Besiedelungsschichten besteht und eine lange Zeitspanne abdeckt. Hier gibt es im Wesentlichen nur zwei Schichten: eine eisenzeitliche und eine hellenistische*. Die archäologische Erkundung des Ortes wird wohl nie an die großen Grabungen, die unser Gesamtbild von der Geschichte Israels geprägt haben, herankommen, aber es sieht so aus, als ob dieses Dorf eine Bedeutung im Verständnis der Ereignisse um die Könige Saul und David erlangen könnte.

Der Ort wurde von 2007–13 unter der Leitung von Yosef Garfinkel erforscht. Mithilfe einer Hundertschaft von Studenten und Freiwilligen, durch systematische Grabungen und sorgfältige Untersuchungen kamen interessante neue Ansätze zur Datierung der in der Bibel geschilderten Ereignisse ans Licht.

Eines der beiden Stadttore von Khirbet Qeiyafa zum Elah-Tal hin. Deutlich ist der Entwässerungsgraben zu sehen.

Die Nachricht eines Ostrakon*-Fundes ging um die Welt. Zwar konnte man die Aufschrift bisher noch nicht eindeutig entziffern. Es könnte sich um einen Rechtstext zugunsten von Sklaven und Witwen handeln, aber das ist nur ein Vorschlag von vielen. Nicht einmal darüber, welcher Sprache die Buchstaben zugehören, besteht Einigkeit. Bemerkenswert ist jedoch das Alter des Ostrakons – es wird in die Davidszeit datiert. Also schon damals und auch in dieser ländlichen Gegend gab es Menschen, die des Schreibens kundig waren. Zu derselben Schlussfolgerung führt eine weitere Ostrakon-Inschrift, die erst 2015 veröffentlicht wurde und den Namen „Ischbaal" enthält - ein Name, der in anderem Zusammenhang auch in der Bibel vorkommt.

Ein Städtchen mit zwei Toren

Khirbet Qeiyafa ist von einer Mauer umgeben, von der heute noch Steinlagen bis drei Meter Höhe zu sehen sind. Der Ort umfasste nur 2,3 Hektar Land auf einem Hügel. Die Stadtmauer ist in der Kasemattenbauweise* errichtet, was für israelitische Städte typisch ist. Die Wohnbauten aus der Eisenzeit zeigen 4-Raum-Komplexe, wie sie auch in der alten Stadt Davids, in Jerusalem, gefunden wurden. Anders als in kanaanäischen Siedlungen verläuft keine Straße innen der Mauer entlang. Eine bemerkenswerte Besonderheit: Das Städtchen weist zwei Stadttore mit je vier Räumen auf. Ähnliche Anlagen finden sich in Hazor, Megiddo und Gezer, allerdings mit sechs Räumen. All diese Stadtanlagen aus jener Zeit haben jeweils nur ein Tor. Zwei Tore (statt einem) sind sonst nur noch in dem biblischen Ortsnamen Schaarajim (das Wort „Tor" in der Dualform, die eine Verdoppelung bezeichnet) angedeutet. Deswegen wird vorgeschlagen, dieses Schaarajim mit Khirbet Qeiyafa gleichzusetzen.

Teil der Kasemattenmauer aus israelitischer Zeit.

Die eisenzeitliche Keramik* ist sehr schlicht und einfach gestaltet. Sie unterscheidet sich damit wesentlich von zeitgleichen verzierten und farbig bemalten Funden in benachbarten Ortschaften. Unter den Knochen, welche als Essensreste anzusehen sind, befinden sich keine Reste von Schweinen, obwohl die Gegend mit ihrem Eichenbewuchs für deren Zucht sehr geeignet gewesen wäre. Kanaanitische Siedlungen in der Nachbarschaft zeigen bis zu 15 % Schweineknochen. Die Bevölkerung des Städtchens muss bestimmten Kriterien für die Ernährung gefolgt sein, wie sie in 3. Mose 11 beschrieben sind.

Durch die Grabungskampagnen kamen Hunderte von Gefäßgriffen zum Vorschein, welche eine spezielle Markierung, einen sogenannten *fingerprint* aufweisen. Dies deutet darauf hin, dass im Ort eine Form von Infrastruktur oder Verwaltung vorhanden war. Der Inhalt von bestimmten Krügen war entweder für einen speziellen Zweck bestimmt (Steuerabgaben?) oder kam von einem zentralen Ort, auf den die Markierung dann hinweisen könnte.

So präsentieren sich zerbrochene Tonkrüge in Fundlage. Die Keramikstücke werden gesammelt, gereinigt, nummeriert und im Museum wieder zusammengesetzt.

Ein Tempelgebäude oder ein Höhenheiligtum mit den dazugehörigen Götterfiguren und Altären konnte nicht gefunden werden. Einzig eine kleine private Kultnische mit einem Basalt-Altärchen kam ans Licht. Die üblichen Mengen von Terrakottafiguren*, die in kanaanäischen und phönizischen Siedlungen bekannt sind, fanden sich nicht. Sogenannte *standing stones*, bearbeitete, aufgerichtete Monolithen, wurden zweckentfremdet und als Material in Mauern verbaut.

2010 wurde ein freies Areal ergraben, welches Versammlungen gedient haben mag, dazu angrenzend ein Raum mit Sitzbänken. 2013 fanden sich große Strukturen, die der Grabungsleiter als Palast mit angrenzenden Vorratsräumen für Steuerabgaben in Form von landwirtschaftlichen Erzeugnissen bezeichnete. Die Datierung des organischen Materials, z.B. der Olivenkerne, deutet ins frühe 10. Jahrhundert v.Chr.

Geschichte nacherzählt

Die Geschichte von Khirbet Qeiyafa könnte folgendermaßen rekonstruiert werden: Von der Anhöhe über dem Elah-Tal her wurde ein großer Sieg Israels gegen Goliat und die Philister erzielt. Einige Zeit später siedelten sich mehrere Familien dort an. Ein Städtchen wurde mit einer Mauer eingefasst, zwei Tore sicherten es gegen die heidnischen Nachbarn und zu den Verkehrswegen im Tal hin. Aufgerichtete kultische Steinmale verbaute man in Wände und machte sie so unsichtbar. Die Menschen hatten bewusst einfache Keramik in Gebrauch und verzichteten auf die üblichen Darstellungen von Göttern als Bilder oder Figuren. Schweinefleisch gehörte nicht auf ihren Speisezettel. Aus unbekannten Gründen verließen die Bewohner Khirbet Qeiyafa schon nach kurzer Zeit wieder.

Erst ca. 700 Jahre später wurde der Platz ein zweites Mal bewohnt, die Tore zugemauert, neue Strukturen angelegt und alte weiter benutzt. Auch jene Menschen wohnten nicht lange auf dem Hügel und überließen den Ort danach dem Verfall und den vorüberziehenden Hirten.

In der letzten Grabungswoche 2010 tat sich der Eingang zu einer Höhle auf. Fünf Wochen lang waren Bagger und Lastwagen darübergefahren, ohne dass sie einstürzte!

Alles in allem kann dieser kleine Ort als Hinweis für ein frühes Königreich Israel im 10. Jahrhundert v.Chr. gelten. David wäre demnach keine mythische Figur, sondern ein real existierender Herrscher mit einer Staatsstruktur gewesen, welche sich auch auf kleine Siedlungen, entfernt von der Hauptstadt ausdehnte. Das gilt auch, wenn man die Meldungen über einen „Palast Davids" für übertrieben und aufgebauscht hält. Einen solchen Palast glaubte der Grabungsleiter in den Mauerfunden erkennen zu können, und entsprechende Pressemeldungen trompeteten schon von einer sensationellen Entdeckung. Vielleicht war hier der Wunsch Vater des Gedankens – dennoch ist das Gesamtbild der Funde, einschließlich des eingangs erwähnten Ostrakons, aussagekräftig.

Organisation ist nicht alles

Die in Khirbet Qeiyafa gefundenen zahlreichen Krughenkel mit den einheitlichen Markierungen zeigen eindrücklich, dass das Zusammenleben der Menschen damals organisiert war. Der König sollte der Garant dafür sein, dass das Volk unter seiner Herrschaft in Frieden und unter gerechten Bedingungen leben konnte. Salomo fasst in Psalm 72 dieses Ideal in Form eines Gebetes zusammen:

„Gott, lass den König dein Recht sprechen und schenke dem Königssohn Gerechtigkeit. Hilf ihm, dein Volk gerecht zu richten, sorge dafür, dass den Armen zu ihrem Recht verholfen wird. Das Volk wird in Frieden leben und das Land wird fruchtbar sein, weil der König tut, was gerecht ist. Hilf ihm, für die Unterdrückten einzutreten, den Kindern der Armen zu helfen und ihre Ausbeuter zu vernichten. Der König soll leben, solange die Sonne scheint und solange der Mond am Himmel steht, für alle Zeiten. Seine Herrschaft sei so erfrischend wie der Regen – wie die Schauer, die die Erde bewässern. Die Gottesfürchtigen sollen unter ihr aufblühen und Frieden soll herrschen bis ans Ende der Zeit" (Verse 1-7).

Salomo war sich bewusst, dass eine friedliche und gerechte Herrschaft mit der inneren Einstellung des Königs seinem Gott gegenüber eng verbunden war. Allerdings sorgte er auch für eine straffe Verwaltungsstruktur, um die Ordnung aufrechtzuerhalten. Eine

Ahnung von seinem Steuersystem erhalten wir durch die Notiz in 2. Chronik 9,13-14: *„Salomo nahm alljährlich 666 Talente Gold ein, nicht mitgerechnet die Abgaben der Kaufleute und Händler. Auch die Könige Arabiens und die Statthalter des Landes brachten Salomo Gold und Silber."*

Schon sein Vater David hatte sein Reich gut organisiert: *„David ließ alle führenden Männer Israels nach Jerusalem kommen: die Oberhäupter der Stämme, die Befehlshaber der Abteilungen, die im Dienst des Königs standen, die führenden Männer des Heeres und die Hauptleute, die Verwalter der Güter und der Viehherden des Königs und seiner Söhne, die Kämmerer, alle einflussreichen Männer und herausragenden Krieger"* (1. Chronik 28,1).

David und Salomo sorgten für eine innere und äußere Form ihres Lebens – ihre Beziehung zu Gott, die sie im Gebet pflegten, und die mit Weisheit organisierten Strukturen der Verwaltung ihres Reiches. „Ordnung ist das halbe Leben", heißt es im Sprichwort. Die andere Hälfte wäre demnach die Beziehung zu Gott. Er allein kann Recht und Gerechtigkeit schaffen. Jeremia weissagte vom kommenden Messias: *„Denn es kommt der Tag, spricht der* HERR, *da will ich einen Nachkommen Davids zum König ernennen. Er wird mit großer Weisheit regieren und für Recht und Gerechtigkeit im Land sorgen. In den Tagen seiner Herrschaft wird Juda gerettet werden und Israel sicher wohnen. Diesem König wird man den Namen geben: Der* HERR *ist unsere Gerechtigkeit"* (Jeremia 23,5-6).

Gerechtigkeit und Frieden – wer wünscht sich das nicht? Leider kommen sie nicht automatisch und von selbst. Ich bin aufgefordert, wie die alten Könige eine Beziehung zu demjenigen zu pflegen, der Gerechtigkeit und Frieden schaffen kann. Dafür steht Christen das Gebet zur Verfügung:

„Unser Vater im Himmel, dein Name werde geehrt. Dein Reich komme bald. Dein Wille erfülle sich hier auf der Erde genauso wie im Himmel. Schenk uns heute unser tägliches Brot und vergib uns unsere Schuld, wie auch wir denen vergeben haben, die an uns schuldig geworden sind. Lass nicht zu, dass wir der Versuchung nachgeben, sondern erlöse uns von dem Bösen" (Matthäus 6,9-13).

28

Lachisch: Prävention und Krisenbewältigung

Die Stadt Lachisch ist eine Besonderheit in der biblischen Archäologie, denn von ihr haben wir sozusagen die Innensicht und die Außensicht. Die Innensicht ergibt sich aus den zahlreichen Funden vor Ort. Die Außensicht besteht in Text- und Bilddokumenten der Assyrer. Beide Sichtweisen ergänzen sich.

Die eindrücklichsten Bilder der Stadt Lachisch um 700 v.Chr. fanden sich nicht in Israel, sondern in Ninive, der damaligen assyrischen Hauptstadt. Der König hatte die Wände seines Palastes mit Reliefs auskleiden lassen. Heute sind die meisten von ihnen im Britischen Museum in London zu bewundern. Sie zeigen in vielen Details die Belagerung und Eroberung von Lachisch sowie die Wegführung von Gefangenen und Beute. Bekannt ist Lachisch auch aus den Amarna-Briefen*. Pharao Thutmoses III. bezeichnete die Stadt als Feind Ägyptens.

Der bis zu 40 Meter hohe Tell* liegt 44 Kilometer südwestlich von Jerusalem. Viele Siedlungsschichten türmen sich übereinander. Seit 1878 werden die Ruinen erforscht und die Ergebnisse in zahlreichen Fachbüchern veröffentlicht. 1973–94 grub David Ussishkin dort und entdeckte die assyrische Belagerungsrampe. Sie ist an ihrem Fuß 70–75 Meter breit. 850 Pfeilspitzen, Fragmente von Schuppenpanzern, Zaumzeug und Schleudersteine (Ballisten) sind Zeugen des Kampfes. In den Resten des aufwendig angelegten Stadttores jener Zeit fanden sich Bronzehalterungen der Tore sowie Holzreste in den Türangeln. In einem Torraum wurden Dokumente aufbewahrt. Die berühmten Lachisch-Briefe geben Einblick in vergangene Zeiten. Zum Vorschein kamen auch 300 gesiegelte Krughenkel, 48 Privatsiegel und viele beschriebene Gewichtssteine.

2014 fand erstmals wieder eine größere Grabung statt. Viele Fragen sind noch ungelöst, und durch die modernen Untersuchungsmethoden sind weitere detaillierte Ergebnisse zu erwarten.

Weinberge umgeben den Tell Lachisch mit seinen vielen Siedlungsschichten.

Die Bibel und der Kriegsbericht des Assyrers

Der Bericht in Josua 10,3 erwähnt Lachisch als Königreich, das im Zuge der Landnahme Kanaans durch die Israeliten erobert wurde. Im 2. Buch der Könige in den Kapiteln 18 und 19 wird der Feldzug eines assyrischen Königs beschrieben. *„Im 14. Jahr von König Hiskias Herrschaft griff König Sanherib von Assyrien alle befestigten Städte in Juda an und eroberte sie. König Hiskia schickte dem König von Assyrien folgende Botschaft nach Lachisch: ‚Ich habe falsch gehandelt. Ich zahle dir, was du verlangst, wenn du nur wieder umkehrst.' Daraufhin forderte der König von Assyrien 300 Talente Silber und 30 Talente Gold von ihm"* (2. Könige 18,13-14).

Die Assyrer bauten eine Belagerungsrampe und eroberten die Festung.

Die Tributzahlung brachte allerdings nicht den gewünschten Erfolg. Jerusalem wurde ebenfalls belagert. Durch ein Wunder entging es aber der Zerstörung. *„In dieser Nacht ging der Engel des* HERRN *hinaus ins assyrische Lager und tötete 185 000 Mann. Als sie am nächsten Morgen aufwachten, lag alles voller Leichen. Da brach König*

Sanherib von Assyrien das Lager ab und kehrte in sein Land zurück. Er blieb in Ninive" (2. Könige 19,35-36).

Diese schmachvolle Niederlage wird natürlich nicht in assyrischen Chroniken und schon gar nicht auf den Bildern in Ninive erwähnt. Feldherren und Könige zeigen sich damals wie heute dem Volk nur von der besten Seite. Interessanterweise erfahren wir trotzdem etwas über die damaligen Umstände. Durch die Blume gesprochen heißt es auf dem sogenannten Taylor-Prisma (einem zylinderförmigen Dokument aus Ton, das mit Keilschrift bedeckt ist):

„Und Hiskia vom Lande Juda, der sich meinem Joch nicht gebeugt hatte, 46 seiner festen Städte, mit Mauern versehen, und die kleinen Städte in ihrer Umgebung, ohne Zahl, durch Niedertreten und durch Ansturm mit Belagerungsmaschinen, durch den Kampf der Fußtruppen, durch Einbruchstellen, Breschen und Mauerbrecher, belagerte und eroberte ich sie. 21 500 Leute, jung und alt, männlich und weiblich, Rosse, Maultiere, Esel, Kamele, Rinder und Kleinvieh ohne Zahl führte ich von ihnen heraus und rechnete sie als Beute. Ihn selbst, wie einen Käfigvogel, inmitten der Stadt Jerusalem, der Stadt seines Königtums, schloss ich ein. Befestigungen gegen ihn warf ich auf, und den aus dem Tore seiner Stadt Herauskommenden vergalt ich ihre Übertretung … 30 Talente Gold, 800 Talente Silber, Edelsteine, Schminke, Dagassu-Steine, große Lapislazuli-Steine, Betten aus Elfenbein, Thronsessel aus Elfenbein, Elefantenhaut, Elefantenzähne, Ahornholz, Buchsbaumholz, allerlei wertvolle Schätze, seine Töchter und Palastfrauen, Sänger und Sängerinnen ließ er nach Ninive, der Stadt meiner Herrschaft, mir nachbringen."[27]

Wäre Jerusalem durch Sanherib erobert worden, hätte man ihm nicht Tribut nachgeschickt, sondern er hätte alles gleich selbst mitgenommen. Die Formulierung: *„Ihn selbst* (den König von Juda), *wie einen Käfigvogel, inmitten der Stadt Jerusalem, der Stadt seines Königtums, schloss ich ein"*, bedeutet keinen Sieg, sondern beschreibt nur die Belagerung. Liest man zwischen den Zeilen, erweist sich der biblische Bericht als historisch verankert.

Die lange Geschichte von Lachisch

Erste Siedlungsreste in der Umgebung werden in das keramische Neolithikum* datiert. Im Hügel selbst lassen sich Spuren der Früh- und Mittelbronzezeit* nachweisen. Um einen Kultplatz mit Weihgaben entstand die erste, mit einem Glacis* und Graben befestigte Stadt. In ihr erhoben sich drei Tempel übereinander. Im Abstand von jeweils etwa 200 Jahren wurde über derselben Stelle neu gebaut. Zahlreiche Kultgegenstände für Räucher- und Trankopfer, mykenische Tontöpfe, Elfenbeinschnitzereien, Tonfigurinen* und Skarabäen* wurden in Depositbänken untergebracht, die aus Ziegeln errichtet waren und an den Mauern entlangliefen. In Gruben neben dem Tempelareal fanden sich große Mengen an Tierknochen. Mithilfe einer Inschrift auf einem Krug wird die Zeit der Eroberung durch die Israeliten um das Jahr 1220 v.Chr. geschätzt.

Als Nächstes in der zeitlichen Abfolge ist erst wieder ein Palast aus der Zeit Rehabeams (des Sohnes Salomos um 926–10 v.Chr.) bekannt. Ein weiterer jüdischer König, Asa, errichtete eine neue Stadtmauer. Unter Joschafat erlebte der Palast eine Erweiterung und war zuletzt 39 × 78 Meter groß und von einem Vorhof mit einem Sechs-Kammertor geschützt. Auf einer der Stufen zu diesem Palast wurde ein Ostrakon* mit den ersten fünf Buchstaben des hebräischen Alphabets gefunden.

Ein Weg führt im Winkel zum Stadttor, das gut zu verteidigen war.

Die Häuser waren damals durch eine doppelte Mauer geschützt, die innere sechs Meter breit. Die äußere Mauer lief auf einem Steinfundament um die Stadt herum und bestand aus 5,5 Meter breiten Lehmziegelschichten. Zusätzlich verstärkten Vorsprünge und Türme den Schutz.

Das Stadttor war mit einer riesigen 25 × 20 Meter großen Bastion verstärkt. Die mächtige Toranlage verband die beiden Mauern. Eine gepflasterte Straße führte von unten den Hang hinauf. Hinter dem äußeren Tor befand sich ein Hof, dann in einem Winkel von 90 Grad ein weiteres 5,2 Meter breites Tor mit sechs Kammern.[28] Über den Zeitpunkt, zu dem diese Stadt zerstört wurde, sind sich die Forscher nicht einig. Eine einen Meter dicke Ascheschicht zeugt entweder von der Zerstörung durch Sanherib im Jahre 701 v.Chr. oder vom Feldzug Nebukadnezars 597 v.Chr.

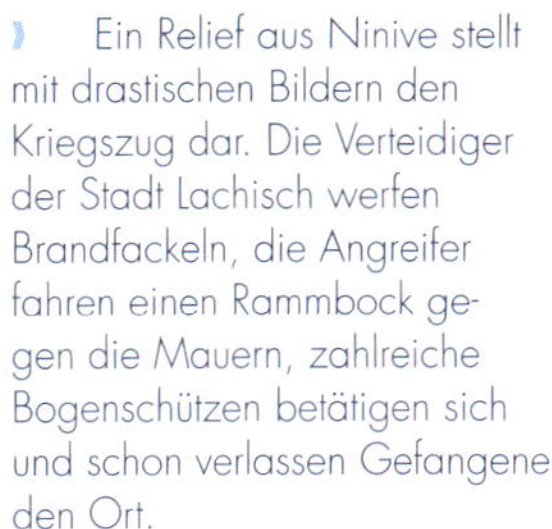

› Ein Relief aus Ninive stellt mit drastischen Bildern den Kriegszug dar. Die Verteidiger der Stadt Lachisch werfen Brandfackeln, die Angreifer fahren einen Rammbock gegen die Mauern, zahlreiche Bogenschützen betätigen sich und schon verlassen Gefangene den Ort.

In den Friedhöfen fand man zahlreiche Grabbeigaben. In einer Höhle wurden über 2000 Skelette gefunden, die durch ein Loch in der Decke hinuntergeworfen worden waren. Möglicherweise handelt es sich um Kriegsopfer.

Die jüngste Siedlung auf dem Tell bestand in der persischen Zeit*. Ein öffentliches Gebäude und ein als Sonnenheiligtum bezeichneter Ort werden in jene Zeit datiert. Auf derselben Stelle wird sich vorher auch eine israelitische Kulthöhe befunden haben. Darauf deuten zahlreiche Funde: eine große steinerne Stele (eine Massebe wie in Arad; siehe Kapitel 22), die Reste eines Olivenbaumes, der dort bestattet worden war, Gruben mit zerbrochenen Steinstelen und Votivgaben sowie ein Hörneraltar für Räucheropfer, Räucherständer und zahlreiche Keramikgefäße.

Eine Besonderheit bildet der 44 Meter tiefe Brunnen in der Nordostecke des Hügels. Weit hinunter führt die runde Steinkonstruktion. Allerdings hört man kein Wasser mehr plätschern, sondern Tauben gurren.

Die Torschwelle zeigt, wie zu alten Zeiten die hölzernen Türflügel eingerastet wurden.

Vorbeugen – und die Krise meistern

König Hiskia versuchte angesichts der Bedrohung durch den Assyrer Sanherib zunächst, seine Hauptstadt Jerusalem zu schützen. In einem ersten Schritt ergriff er folgende Vorkehrungen:

- Tributzahlung, um den Gegner zu besänftigen (2. Könige 18,14-16);
- Überwachungssystem mithilfe von Signalfeuern (wie einer der Lachisch-Briefe es sagt);
- die Wasserleitung von der Gichon-Quelle zum Teich Siloah wurde in den schützenden Felsen verlegt (2. Könige 20,20);
- die Wasserstellen außerhalb der Stadt wurden zugeschüttet (2. Chronik 32,3);
- die Stadtmauer wurde ausgebessert, die Türme vergrößert, eine zweite Mauer errichtet (2. Chronik 32,5);
- Aufrüstung mit Wurfgeschossen und Schilden (2. Chronik 32,5);
- Neuorganisation des Heeres, Hauptleute wurden eingesetzt (2. Chronik 32,6);
- das Volk wurde versammelt und ihm wurde Mut zugesprochen: *„Seid zuversichtlich und mutig! Habt keine Angst vor dem König von Assyrien oder seinem mächtigen Heer, das er bei sich hat, denn auf unserer Seite steht eine weit größere Macht! Er hat nur Menschen auf seiner Seite. Uns aber hilft der Herr, unser Gott; er kämpft für uns!"* (2. Chronik 32,7-8).

Die Präventionsmaßnahmen fruchteten leider nicht. Das feindliche Heer belagerte die Stadt. Zunächst kam Kriegsrhetorik zum Einsatz. Die Gegner verhöhnten Hiskia, boten ihm zynisch eine Wette an, die er nicht gewinnen konnte, und versuchten, den Glauben an den Gott Israels zu unterhöhlen.

Nun war die Krise da und der König musste sie meistern. Er ließ sich nicht provozieren - auch seinen Leuten hatte Hiskia eingeschärft, sich nicht herausfordern zu lassen. *„Doch die Menschen schwiegen und antworteten nicht, denn der König hatte ihnen befohlen: ‚Antwortet ihm nicht!'"* (2. Könige 18,36).

Der König selbst zerriss sein Gewand und legte ein Sacktuch als Zeichen der Trauer an, dann ging er in den Tempel und suchte Unterstützung. Er schickte eine Nachricht an den Propheten Jesaja mit der Aufforderung, für Jerusalem zu Gott zu beten (2. Könige 19,2-7). Jesaja hatte gleich eine ermutigende Antwort von Gott, die er den Boten mitgeben konnte.

Schlussendlich erfolgte die wichtigste Maßnahme. Der König wandte sich an Gott selbst und übergab ihm sein Problem. *„Nachdem Hiskia diesen Brief erhalten und gelesen hatte, ging er hinauf zum Haus des Herrn und breitete das Schreiben vor dem Herrn aus. Dann betete er zum Herrn: ‚Herr, Gott Israels, der du zwischen Cherubim thronst! Du allein bist Gott über alle Königreiche der Erde. Du allein hast Himmel und Erde geschaffen. Höre meine Worte, Herr, und erhöre mich! Öffne deine Augen, Herr, und sieh! Höre Sanheribs Lästerworte gegen den lebendigen Gott'"* (2. Könige 19,14-16).

Erneut meldete sich der Prophet Jesaja mit einer Mut machenden Botschaft zu Wort. Und dann – sang er im Namen Gottes ein Spottlied! In der Bibelübersetzung „Gute Nachricht Bibel" wird es in gereimter Form wiedergegeben (Jesaja 37,22-29; GNB):

„Die unbesiegte Zionsstadt
nur Spott und Verachtung für dich hat!
Die Jungfrau Zion lacht dich aus,
die Zunge streckt sie dir heraus.
Mit wem hast du dich eingelassen,
gegen wen, du Narr, dich aufgeblasen?
Mich, den heiligen Gott Israels, kennst du nicht
und doch schmähst du und höhnst du mir ins Gesicht!
Wahrhaftig, du warst schlecht beraten,
als du so prahltest mit deinen Taten.
Durch Boten ließest du überall sagen:
Ich bin der Herr! Ich bestieg meinen Wagen,
hoch auf den Libanon fuhr ich im Trab,
die Tannen und Zedern dort holzte ich ab,
all seine Schlupfwinkel spürte ich auf
und nie kam ins Stocken mein Siegeslauf!

Ich grub mir Brunnen mit eigener Hand,
so schafft' ich mir Wasser im Feindesland.
Ich trockne sie aus, die ägyptischen Flüsse,
sie müssen versiegen vom Tritt meiner Füße!
So prahlst du. Hör zu jetzt und lass es dir sagen:
Ich hab's so beschlossen seit uralten Tagen;
ich hab es geplant, was jetzt ist geschehen,
drum mussten die Städte zugrunde gehen.
Nichts ist davon übrig als Trümmer nur,
von ihren Bewohnern blieb keine Spur.
Der Mut, sich zu wehren, war ihnen entfallen,
verschwunden die Kraft, drum erging's ihnen allen
wie Gras an einem trocknen Ort;
es sprießt – und schon ist es verdorrt.
Ich hab auch dich ganz fest in der Hand,
was immer du tust, ist mir vorher bekannt,
ob du stehst, liegst, kommst, gehst – alles sehe ich,
ich weiß genau, wie du tobst gegen mich.
Weil mir dein Geschwätz in die Ohren dringt,
schmück ich dir die Nase mit einem eisernen Ring,
ich lege dir meinen Zaum in das Maul
und zwing dich wie einen störrischen Gaul.
Den Weg, den du Prahlhans gekommen bist,
den bring ich zurück dich in kürzester Frist!"

Daraufhin griff Gott ein und rettete die Stadt wie oben angeführt – wie es der biblische Bericht direkt und das assyrische Zylinder-Dokument indirekt sagten.

Ein solches Spottlied wie dasjenige von Jesaja nimmt sich in der Bibel seltsam aus. Es entspricht aber damaligen Gepflogenheiten. Heutige Kriegsrhetorik oder Propagandavideos im Internet hören sich ganz ähnlich an. Der Gegner soll demoralisiert werden. Der Spieß wird möglichst umgedreht, es wird versucht, den Gegner an einem wunden Punkt zu treffen. Eine interessante Illustration der Erwähnung eines Nasenrings als Strafe findet sich auf einer assyrischen Stele*. Der Sohn Sanheribs führt dabei einen syrischen Fürsten und einen ägyptischen Thronprinzen (erkennbar an der Uräusschlange vorne auf dem Kriegshelm) an Nasenringen vor.

Mich persönlich berühren diese Geschichten. Sie zeigen nicht nur die Vergangenheit in einem realistischen Licht, sondern sie helfen mir auch, zu überlegen, wie ich mit bedrohlichen Situationen umgehen soll. Bin ich weise und ergreife rechtzeitig Maßnahmen? Helfen diese nicht, kann ich zu Provokationen schweigen und bringe ich das Problem vor Gott, um ihm das Handeln zu überlassen? Nehme ich die Sache mit einer Prise Humor, und lasse ich mich nicht ins Bockshorn jagen?

29

Tell es-Safi: Von Furcht, Ehrfurcht und Verantwortung

Das Wort „Philister" hat in unserer Sprache keinen guten Klang. Es kann einen kleinlichen und engstirnigen Menschen bezeichnen, einen Spießbürger, der keinen großen geistigen Horizont hat. Auch für die Israeliten klang es nicht gut, wenn von Philistern die Rede war. Es handelt sich um die Erzfeinde Israels seit der Zeit der Richter.

Eine der fünf Philisterstädte, die öfter in der Bibel genannt werden, ist Gat. So z.B. in dieser Aufzählung: *„Das sind Gebiete, die den Kanaanitern gehören. Dieses Land reicht vom Fluss Schihor an der Grenze Ägyptens nach Norden bis nach Ekron und umfasst die fünf Fürstenstädte der Philister: Gaza, Aschdod, Aschkelon, Gat und Ekron"* (Josua 13,3). Die Stadt Gat ist die Heimat des Riesen Goliat: *„Da trat aus den Reihen der Philister ein einzelner Krieger hervor. Es war Goliat, der aus Gat stammte. Er war etwa sechs Ellen und eine Spanne groß!"* (1. Samuel 17,4). Und Goliat war nicht der einzige Riese, der Israel Angst machte. Von den Helden Davids wird erzählt: *„In einer weiteren Schlacht bei Gat trat ein sehr großer Mann mit sechs Fingern an jeder Hand und sechs Zehen an jedem Fuß auf – ebenfalls ein Nachkomme der Riesen – und verhöhnte Israel. Doch er wurde von Jonatan, dem Sohn von Davids Bruder Schamma, getötet. Alle vier Philister waren Nachkommen der Riesen von Gat, aber sie wurden von David und seinen Kriegern getötet"* (2. Samuel 21,20-22).

Zu dieser Zeit war der Tempel in Jerusalem noch nicht erbaut. Das Zeltheiligtum stand in Silo, und es enthielt auch die Bundeslade. Als man diese in einem Krieg von Silo heranholte, um Gottes Siegeskraft mit sich zu führen, fiel sie den Philistern in die Hände. Doch die machten daraufhin schlechte Erfahrungen mit dem Gott der Israeliten. Die Leute in Aschdod – einer anderen der fünf Philisterstädte – wollten die Lade nicht behalten.

„Sie riefen deshalb alle Herrscher der Philister zusammen und fragten: ‚Was sollen wir mit der Lade des Gottes Israels machen?' Die Herrscher antworteten: ‚Bringt sie in die Stadt Gat.' Also schafften sie die Lade des Gottes Israels nach Gat. Doch als die Lade dort eintraf, begann der HERR *die Bevölkerung von Gat, Jung und Alt, mit Geschwüren zu plagen, sodass eine gewaltige Panik ausbrach. Daraufhin schickten sie die Lade Gottes in die Stadt Ekron, doch als die Leute sie kommen sahen, riefen sie: ‚Sie bringen die Lade des Gottes Israels hierher, um auch uns umzubringen!' Wieder berief das Volk alle Herrscher der Philister ein und bat sie: ‚Bitte schickt die Lade des Gottes Israels dorthin zurück, wo sie hergekommen ist, oder sie wird uns alle töten.' Denn die Hand Gottes lag schwer auf ihnen und in der Stadt herrschte große Angst. Wer nicht starb, wurde von Geschwüren geplagt; und überall hörte man Jammern und Stöhnen"* (1. Samuel 5,8-12).

Der riesige Ruinenhügel Tell es-Safi.

Die Philister konnten sich lange halten, doch Gat als Grenzstadt wurde immer wieder zwischen verschiedenen Herrschern hin und hergereicht. In der Zeit Samuels wurde es von Israel erobert (1. Samuel 7,14), später noch einmal von David (1. Chronik 18,1). Als Salomo regierte, stand Gat wieder unter der Kontrolle des philistäischen Stadtkönigs Achisch (1. Könige 2,39; vgl. 1. Samuel 21,11). Salomos Sohn Rehabeam befestigte Gat als Grenzstadt – also hatte Israel zu dieser

Zeit die Oberhand (2. Chronik 11,8). Mehr als hundert Jahre später verleibten sich die Aramäer die Stadt ein (2. Könige 12,18), doch bald darauf war der judäische König Usija imstande, die Mauern wieder zu schleifen und Gat als Stadt des Feindes unschädlich zu machen (2. Chronik 26,6).

Wo ist Gat?

Die Lokalisierung des biblischen Gat (der Name bedeutet „Weinpresse“) war nicht einfach. Der Tell* Irani war früher Favorit und deshalb erhielt 1956 ein Übergangslager für Neueinwanderer den Namen Kirjat Gat. Inzwischen ist klar, dass der 10 Kilometer entfernte Tell es-Safi die antiken Reste birgt. Er liegt etwa in der Mitte zwischen Jerusalem und Aschkelon und ist einer der größten Siedlungshügel in Israel. Wer ihn heute sucht, hat es nicht einfach. Mut und Ausdauer sind gefragt, denn je nach politischer Lage dort nahe am Gazastreifen ist der Zugang erschwert. Bekommt man einmal den Zutritt, gilt es, viele heiße, staubige Längen- und Höhenmeter zu bezwingen, es sei denn, man verfügt über ein geländegängiges Auto.

Ist eine Grabungskampagne beendet, werden die Schnitte mit Vliesen abgedeckt, um die Erosion zu verlangsamen und in einer nächsten Saison genau zu wissen, wo unterbrochen wurde.

Erste Grabungen fanden schon 1899 statt, allerdings nur während zweier Wochen. 1996 wurde dann ein groß angelegtes Grabungsprojekt der Bar-Ilan-Universität lanciert. Immer wieder kamen aufsehenerregende Funde zutage, so z.B. Ostraka* mit Namen in protosemitischer Schrift, die Ähnlichkeit mit dem biblischen Goliat aufwiesen. Der Fund kann dazu beitragen, den kulturellen Hintergrund der biblischen Goliat-Geschichte zu erhellen. Dass sich die Inschriften tatsächlich auf die in der Bibel genannte Person beziehen, kann freilich nicht bewiesen werden.

Das Jahr 2015 bescherte den Ausgräbern aufsehenerregende neue Funde. Ein außergewöhnlich großes Stadttor mit anschließender Mauer, ein Tempel mit Inventar und der Nachweis einer riesigen Unterstadt veranlassen zur Schlussfolgerung, dass Gat ein bedeutendes Zentrum in der Region gewesen sein muss und in seiner Größe bisher unterschätzt wurde.

Ein großes Steinbecken wurde durch die Grabung freigelegt, seine Verwendung ist ungeklärt.

Die lange Geschichte

Schon im Chalkolithikum* war der Tell es-Safi bewohnt. Aus der Spätbronzezeit* wurden Baustrukturen gefunden. Die Zeit der Philister spiegelt sich in den Schichten der Eisenzeit I und IIB* wider. 2011 wurde ein Hörneraltar aus dem 9. Jahrhundert gefunden. Von den „Hörnern des Altars“ ist in der Bibel mehrfach die Rede –

etwa wenn das Opferblut an diese Hörner gesprengt werden sollte, wenn es heißt: *„Schmückt das Fest mit Maien bis an die Hörner des Altars“* (Psalm 118,27; LUT), oder wenn ein Schutzsuchender ins Heiligtum flieht und die Hörner des Altars umklammert (1. Könige 1,50; siehe das Bild des Altars in Beerscheba auf S. 216). Auch in etwa diese Zeit fällt eine gewaltige Anlage eines Belagerungssystems. Rings um den Tell zieht sich 2,5 Kilometer weit ein acht Meter breiter und fünf Meter tiefer Graben. Es handelt sich um das älteste derartige Bauwerk und ist wahrscheinlich auf die Belagerung der Stadt durch die Aramäer zurückzuführen.

Die Assyrer unter Sargon II. zerstörten schließlich im 8. Jahrhundert v.Chr. die Philisterstädte. Danach scheint der Hügel längere Zeit verlassen gewesen zu sein. Nachweisbar sind dann wieder Ruinen aus byzantinischer Zeit* vom 4.–7. Jahrhunderts n.Chr. Die Kreuzfahrer errichteten Mitte des 12. Jahrhundert eine Burg mit dem Namen „Blanche Garde“ (der „weiße Wächter“, wohl anspielend auf die hellen Felsen dort). Untersuchungen auf der Akropolis, dem höchsten Punkt des Tells mit den Resten von vier Türmen, sind erschwert, denn dort liegt ein muslimischer Friedhof. Bis 1948 befand sich ein arabisches Dorf auf dem Berg.

Deutlich sind die unterschiedlichen Bauweisen sichtbar. Unten wurden die Zwischenräume der behauenen Steine mit kleinem Material aufgefüllt, oben passen die Blöcke genau aufeinander.

Furcht und Ehrfurcht

Wie oben erwähnt, machten die Gatiter schlechte Erfahrungen mit der Lade des Gottes Israels, als diese in ihre Hände fiel. Ja, es war – wie vermutet – eine besondere Kraft mit der Bundeslade verbunden, aber sie verlieh den Philistern nicht den Sieg über Israel. Auch in anderen Städten wollte man das besondere Beutestück nicht haben. Die philistäischen Priester und Wahrsager rieten daraufhin:

„Baut einen neuen Wagen und sucht zwei Kühe, die gerade gekalbt haben, die aber noch nie ein Joch trugen. Spannt die Kühe vor den Wagen, aber bringt ihre Kälber von ihnen weg nach Hause zurück. Stellt die Lade des HERRN *auf den Wagen und daneben legt einen Kasten mit den goldenen Gegenständen, die ihr ihm als Opfergabe entrichten wollt. Dann lasst sie ihres Weges ziehen. Wenn sie eure Landesgrenze überschreitet und nach Bet-Schemesch zieht, werden wir wissen, dass es der* HERR *war, der dieses große Unglück über uns gebracht hat. Wenn nicht, wissen wir, dass es einfach ein Zufall war und nicht seine Hand auf uns lag"* (1. Samuel 6,7-9). Der Transport klappte, aber auch am neuen Ort wollten die Leute die Lade nicht bei sich haben, denn *„der* HERR *tötete 70 Männer aus Bet-Schemesch, weil sie in die Lade des* HERRN *hineingeschaut hatten"* (1. Samuel 6,19). Schließlich blieb sie 20 Jahre in Kirjat Jearim, nicht weit von Jerusalem entfernt.

König David wollte sie holen lassen. Davon wird in 2. Samuel 6,1-11 eine seltsame Geschichte berichtet: *„Daraufhin rief David erneut alle besonders bewährten Männer Israels zusammen; es waren 30 000 Mann. Er führte sie nach Baala im Gebiet von Juda. Sie sollten die Lade Gottes holen, die den Namen des* HERRN*, des Allmächtigen, trägt, der über den Cherubim thront. Sie stellten die Lade auf einen neuen Wagen, nachdem sie sie aus dem Haus Abinadabs geholt hatten, das auf einer Anhöhe stand. Usa und Achjo, die Söhne Abinadabs, lenkten den Wagen, auf dem sich die Lade Gottes befand; Achjo ging vor ihr her. David und das ganze Volk Israel tanzten begeistert vor dem* HERRN*; sie sangen und spielten auf Zithern, Harfen, Tamburinen, Rasseln und Zimbeln.*

Doch als sie zur Tenne von Nachon kamen, stolperten die Rinder, und Usa streckte die Hand aus, um die Lade Gottes festzuhalten. Da wurde der HERR *zornig auf Usa, weil er das getan hatte, und Gott tötete ihn, sodass er dort neben der Lade des* HERRN *starb. David war empört, dass der* HERR *Usa so aus dem Leben gerissen hatte. Er nannte den Ort Perez-Usa. Diesen Namen trägt er noch heute.*

David bekam an jenem Tag Angst vor dem HERRN *und er fragte sich: ‚Wie soll die Lade des* HERRN *jemals zu mir kommen?' Und er beschloss, die Lade des* HERRN *nicht in die Stadt Davids zu bringen. Er brachte sie stattdessen in das Haus von Obed-Edom aus Gat. Die Lade des* HERRN *blieb drei Monate bei der Familie von Obed-Edom und der* HERR *segnete ihn und sein ganzes Haus."*

Hier war etwas total schiefgelaufen. Ein junger unschuldiger Mann, der es vordergründig doch nur gut gemeint hatte, war zu Tode gekommen und David fühlte sich schuldig. Die Freude verkehrte sich in Trauer und Wut. Weshalb tut Gott so etwas? Das kann doch nicht sein!

Kommen uns nicht auch heute manchmal solche Gedanken? Weshalb lässt der „liebe Gott" einen jungen Menschen durch einen alkoholisierten Fahrzeuglenker ums Leben kommen? Warum sterben unschuldige Kinder den Hungertod? Ähnliche verzweifelte Fragen wird David an den Höchsten gerichtet haben. Gab er deshalb auf und verlor er seinen Glauben?

Lesen wir weiter: *„Dann erfuhr König David: ‚Der* HERR *hat Obed-Edoms Haus und alles, was er besitzt, wegen der Lade Gottes gesegnet.' Da ging er zum Haus Obed-Edoms, um die Lade in einem festlichen Zug in die Stadt Davids zu holen. Als die Träger der Lade des* HERRN *sechs Schritte gegangen waren, blieben sie stehen, und David opferte ein Rind und ein Mastkalb. Und David tanzte begeistert vor dem* HERRN *und trug dabei nur einen leinenen Priesterschurz. So brachten David und alle Israeliten die Lade des* HERRN *unter großem Jubel und dem Schall der Hörner nach Jerusalem"* (2. Samuel 6,12-15). Auf den ersten Blick sehen wir gar keinen Unterschied – der Transport der Bundeslade, den Gott zuvor so dramatisch unterbrochen hatte, schien problemlos zu laufen. Was war jetzt anders? Warum gab es keinen erneuten Zwischenfall?

Das entscheidende Detail liegt in dem Wort „Träger". David hatte drei Monate Zeit, um über das Geschehene nachzudenken. Ob das der Grund war, dass er jetzt anders vorging und bestimmte

Träger einsetzte, welche die Lade transportieren? In den biblischen Vorschriften stand jedenfalls - und die Priester um David hatten das vielleicht gewusst -, dass die Lade von den Leviten getragen werden sollte (5. Mose 10,8). Beim Durchzug durch den Jordan zur Josuazeit waren es sogar nicht nur die Leviten allgemein, sondern speziell die Priester gewesen (Josua 3,6.14-17). Zu diesem Zweck war die Bundeslade extra mit Tragestangen konstruiert worden: *„Als Nächstes fertigte Bezalel die Bundeslade aus Akazienholz an. Sie war zweieinhalb Ellen lang, eineinhalb Ellen breit und eineinhalb Ellen hoch. Innen und außen überzog er sie mit reinem Gold und brachte ringsum eine Zierleiste aus reinem Gold an. Er goss vier goldene Ringe und befestigte sie an ihren vier Ecken. Bezalel fertigte Stangen aus Akazienholz an und überzog sie mit Gold. Diese steckte er durch die Ringe auf beiden Seiten der Lade, sodass man die Lade tragen konnte"* (2. Mose 37,1-5). Das war der Unterschied, den David zunächst nicht beachtet hatte, als er die Lade zum Transport auf einen Wagen verfrachtete. Nun, beim zweiten Versuch auf der Stecke vom Haus des Mannes aus Gat nach Jerusalem, hatte er Träger, und zwar Leviten (1. Chronik 15,2-15), eingesetzt.

Verantwortung für das, was man weiß

Es bleibt die Frage, weshalb es den Philistern gelang, die Bundeslade auf einem Wagen zu transportieren - mit demselben Verfahren, an dem David und der hilfsbereite Usa gescheitert waren. Macht Gott Unterschiede? Ich denke: Unter bestimmten Bedingungen tut er das.

Gott beurteilt das Handeln der Menschen nach ihrer Erkenntnis oder im Fall von Verantwortungsträgern nach dem Wissen, das sie in ihrer Position haben sollten. Unwissende werden nicht mit dem gleichen Maß gemessen. Auch Jesus hat über diesen Grundsatz gesprochen: *„Der Diener wird hart bestraft werden, denn er hat seine Pflichten nicht erfüllt, obwohl er den Willen seines Herrn kannte. Menschen, die diesen Willen nicht kennen und unrecht tun, werden nur leicht bestraft werden. Von den Menschen jedoch, denen viel anvertraut wurde,* *wird viel verlangt, und von denjenigen, denen noch mehr anvertraut wurde, wird auch noch viel mehr verlangt werden"* (Lukas 12,47-48).

Das macht mich nachdenklich. Die Härte Gottes gegenüber Usa erklärt sich durch diese Worte von Jesus noch nicht. Hier bleiben für Bibelleser sicherlich Fragezeichen. Aber für mich selbst kann ich Schlussfolgerungen ziehen: Wenn ich einmal etwas als richtig erkannt habe, sollte ich auch danach handeln. Ich trage die Verantwortung, wenn ich andere Menschen mit meinem Gott bekannt mache, dass ich das Evangelium, die gute Nachricht, der Schrift gemäß weitergebe und nicht nach eigenem Gutdünken rede. Das braucht auch Mut und Ausdauer, denn Fehler werden geschehen. Ich muss mir wie David die nötige Zeit nehmen, darüber nachzudenken, zu forschen und dann auch dementsprechend meine Meinung zu korrigieren. Ich darf sicher sein, dass Gott mich segnen wird, wie er es mit dem Mann Obed-Edom aus Gat getan hat: *„… und der* HERR *segnete ihn und sein ganzes Haus".*

30

Aschkelon: Das Tor zum Mittelmeer

Zusammen mit Gaza, Aschdod, Gat und Ekron gehört Aschkelon zu den fünf Städten der Fürsten der Philister. Der Ruinenhügel liegt direkt am Meer, und so sind einige der antiken Reste den Wellen zum Opfer gefallen. Der Tell* hat aber noch vieles zu bieten, und die Bewohner dieser südlichsten Stadt Israels am Mittelmeer kommen gerne abends mit ihren Familien zum Picknick in den archäologischen Park.

Kanaaniter, Philister und auch Ägypter benutzten den Stützpunkt für die Handelsverbindungen über das Mittelmeer. Es wurde aber nie ein Hafen gebaut. Größere Schiffe ankerten einige Hundert Meter von der Küste entfernt und kleine Boote fuhren mit den Gütern hin und her. Lokale Produkte wie Wein und Olivenöl spielten dabei eine untergeordnete Rolle. Vor allem der Zwischenhandel bereicherte die jeweiligen Bewohner von Aschkelon. Nach Norden hin belieferte man Phönizien und Zypern, nach Süden das Großreich Ägypten.

Vom ägyptischen zum römischen Einfluss

Aus Ägypten stammen denn auch die ersten uns bekannten Nachrichten über diese Stadt. Eine frühe Erwähnung findet sie im 19. Jahrhundert v.Chr. in Ächtungstexten*. 400 Jahre später empfing Amenophis II. einen Botschafter aus Aschkelon. Um 1285 zog

Ramses II. nach Norden gegen die Hethiter und ließ ein Heiligtum für den Gott Ptah errichten. In den Reliefs des Tempels von Karnak wird Aschkelon als befestigter Turm dargestellt. Auf der Stele* des Merenptah ist die Stadt zusammen mit Gaza, Gezer und Yeno'am erwähnt. Damals wohnten die „Hurru" dort. Sie seien besiegt und *„Hurru ist wie eine Witwe geworden"*, wird weiter berichtet[29].

Man vermutet, dass die Philister Anfang des 12. Jahrhunderts v.Chr. die Kontrolle über diese Gegend am Mittelmeer übernahmen, also auch über Aschkelon. Die Israeliten konnten dort nie Fuß fassen. Tiglat-Pileser III. zog von Assyrien 743 v.Chr. gegen die Pentapolis (die fünf Städte der Philister). Die rebellischen Könige wurden abgesetzt und zum Teil ins ferne Ninive deportiert. Wie damals allgemein üblich, kamen ausländische Fürstensöhne in die Hauptstadt der Eroberer, um von dort erzogen und „indoktriniert" wieder in ihr Heimatland zurückzukehren. Das klappte nicht immer, Tribut wurde mitunter nicht pünktlich oder in der geforderten Menge abgeliefert, und die fernen Herrscher mussten immer wieder eingreifen.

Nebukadnezar ließ 140 Jahre später viele Einwohner von Aschkelon nach Babylon deportieren. Die Stadt gehörte damals zum Handelsimperium von Tyrus im Libanon. Unter den Nachfolgern von Alexander dem Großen war die Stadt selbstständig und konnte 111 v.Chr. eigene Silbermünzen prägen. Herodes der Große soll in Aschkelon geboren worden sein; er stattete es mit Palästen, Tempeln und einer Stoa (Säulenhalle) aus.

600 Jahre lang herrschten die Römer über die *Colonia Ascalon liberata et foederata*. Philosophen und Grammatiker ließen sich dort nieder. Es war eine kosmopolitische Stadt mit vielen jüdischen Einwohnern und auch Tempeln für Atargatis bzw. Derketo (einer Göttin mit dem Kopf einer Frau und dem Körper eines Fisches, die in der Region verehrt wurde), die ägyptische Göttin Isis sowie Apollon und Herakles (griechische Götter). Nach dem Untergang des Byzantinischen Reiches übernahmen die Araber das Gebiet. Im Mittelalter hatte die Handels- und Festungsstadt eine besondere Bedeutung bei der Kontrolle des Landweges zwischen Ägypten und Syrien. Die Kreuzfahrer kamen und gingen, Mauern wurden

gebaut und wieder zerstört. Die Stadt zerfiel im 14. Jahrhundert. 1948 wurde hier ein Auffanglager für jüdische Neueinwanderer errichtet und Aschkelon erhielt dadurch den Status einer Entwicklungsstadt.

Das Glacis der Stadtmauer geht auf die Aktivitäten der Kreuzfahrer zurück.

Biblische Erwähnungen

Im Buch Josua wird Aschkelon zusammen mit den andern vier Städten der Philister genannt. Interessant ist die Geschichte von Simson. Der israelitische Richter wollte unbedingt eine Frau aus dem Volk der Philister heiraten. Das Fest endete in einem Fiasko. Simson hatte seinen Gästen ein Rätsel gestellt. Da sie nicht auf die

Lösung kamen, drohten sie der Braut eine harte Strafe an, wenn sie nicht von ihrem Bräutigam die gewünschten Informationen erschmeicheln würde. Sie setzte ihm tagelang zu, weinte und beschuldigte ihn, sie nicht zu lieben, bis er schließlich weich wurde.

Simson hielt sich nicht an Gottes Weisungen. Seine Eltern hatten ihm vor der Hochzeit Vorhaltungen gemacht: *„Gibt es denn keine Frau in unserem Stamm oder unter den Israeliten, die du heiraten kannst? Warum musst du dir ausgerechnet bei den unbeschnittenen Philistern eine Frau suchen?"* Doch Simson entgegnete nur: *„Gib mir die und keine andere zur Frau, denn sie gefällt mir"* (Richter 14,3). Gott wollte sein Volk vor fremden Göttern bewahren. Sie sollten nicht Ehen mit Andersgläubigen schließen, denn das würde viele Probleme mit sich bringen.

Und die Probleme kamen. Als die Hochzeitsgesellschaft schließlich Simsons Rätsel löste – sie hatten es von dessen Braut erfahren, die es wiederum Simson entlockt hatte –, geriet Simson außer sich: *„Da kam der Geist des* HERRN *über ihn, und er ging hinunter in die Stadt Aschkelon, erschlug dort 30 Männer, nahm ihnen die Kleider weg und gab sie den Männern, die sein Rätsel gelöst hatten. Dann kehrte er wütend zum Haus seines Vaters zurück. Seine Frau aber wurde mit dem Mann verheiratet, der bei der Hochzeit sein Brautführer gewesen war"* (Richter 14,19-20). Was Simson hier erlebte, ist typisch für das Verhältnis von Philistern und Israeliten: Die Spannungen konnten einfach nicht überbrückt werden.

Aschkelon wird auch von verschiedenen Propheten erwähnt, z.B. in Zefanja 2,3-7: *„Ihr Demütigen im Land, die ihr bis jetzt nach dem Recht Gottes gelebt habt, sucht den* HERRN*! Streckt euch weiter nach Gerechtigkeit aus, seid weiterhin demütig! Vielleicht werdet ihr dann an diesem Tag vor Gottes Zorn bewahrt werden. Denn Gaza wird verlassen sein und Aschkelon verwüstet … Gott spricht gegen dich, Kanaan, Land der Philister! Ich lasse dich zugrunde gehen und niemand soll dich retten. Der Küstenstrich wird zur Schafweide werden, wo Hirtenlager und Schafställe stehen. Diese Gegend wird den wenigen Übriggebliebenen aus dem Stamm Juda zufallen. Sie sollen dort weiden und sich am Abend in den verlassenen Häusern Aschkelons zur Ruhe legen. Denn der* HERR*, ihr Gott, wird sich wieder um sie kümmern; er wird zu seinem Volk zurückkehren und sein Schicksal wenden."*

Diese und ähnliche Verheißungen erfüllten sich, als nach dem Exil in Babylon jüdische Familien in Aschkelon wieder eine bleibende Heimat fanden. Das Land der Philister um Aschkelon und die anderen vier Städte herum wurde dann - weitere Jahrhunderte später - zu einer Gegend, in der sich das Evangelium von Christus ausbreitete. Der Evangelist Philippus hielt sich auf der Straße von Jerusalem nach Gaza auf und gelangte dann über Aschkelon hinweg nach Aschdod (Apostelgeschichte 8,26-40). Im zweiten Jahrhundert n.Chr. bestand in Aschkelon eine christliche Gemeinde.

Aschkelon kommt ans Licht

Archäologische Grabungen nahmen 1920–21 ihren Anfang. Römische und hellenistische* Funde wurden untersucht. Seit 1985 sind internationale Teams unter Lawrence Stager an der Arbeit. Jedes Jahr werden neue Schnitte abgesteckt. 80 bis 100 Freiwillige arbeiten im Sommer sieben Wochen lang und manchmal zusätzliche fünf Wochen im Frühling. Die Funde sind oft aufsehenerregend, und Dokumentationen werden regelmäßig veröffentlicht.

Das kanaanitische Tor aus Lehmziegeln gilt als die älteste Bogenkonstruktion in Israel.

Aus der Zeit der Kanaaniter (2000–1500 v.Chr.) wurde ein gigantischer Erdwall mit einem Tor entdeckt und restauriert. Es handelt sich um die älteste je entdeckte Bogenkonstruktion. Gebaut wurde mit ungebrannten Ziegeln. Der Zugang zur Stadt war eng und überwölbt und somit gut zu kontrollieren. Ein kleiner tönerner Schrein enthielt ein Kalb aus Bronze mit Silber überzogen und wurde außerhalb des Tores gefunden. Wahrscheinlich repräsentiert das Kalb den Gott Baal, dem die ankommenden oder abfahrenden Seeleute huldigten. Die Stadt hatte einen regelmäßigen Grundriss mit rechtwinkligen Straßen. Gewichtssteine belegen den regen Handel. Die Keramik* gleicht derjenigen der anderen Philisterstädte. Es wurden aber auch griechische und zypriotische Gefäße gefunden.

Das Gelände umfasst die einstige große Marktbasilika von Aschkelon.

Mittelpunkt des römischen Aschkelon bildete eine riesige Marktbasilika*. Der Fußboden war mit Marmor ausgelegt, Reihen von Säulen und Räumen liefen entlang der Seiten. Das Gebäude war 100 Meter lang und 35 Meter breit. Das südliche Ende ist halbkreisförmig gestaltet und bildet das *Buleuterion*, ein Rathaus. Der Sitzungssaal hatte Ränge wie ein Theater. Der Vorhof der großen Basilika war von 7,6 Meter hohen Säulen umgeben, die Wände mit geflügelten Siegesgöttinnen dekoriert. Hier fanden sich die Bewohner zu ganz unterschiedlichen Anlässen zusammen, es wurde gehandelt und man pflegte Beziehungen. Man kann sich auch Redner, Aufführungen, militärische Übungen und kultische Zeremonien darin vorstellen. Für größere Veranstaltungen diente das Theater am Südrand des Tells.

In einem Grabgewölbe am Strand zeigen die getünchten Wände Ernteszenen, den Gott Pan, der auf seiner Flöte spielt, und einen Hund, der eine Gazelle jagt. Vor dem Hintergrund einer Nil-Szene sitzen zwei Nymphen, wie es der damals modischen Art der Wandbemalung entspricht. 1988 kam ein Säuglings-Massengrab in der Kanalisation eines Badehauses ans Licht. Über 100 Kinderskelette, vorwiegend von gesunden männlichen Neugeborenen, lassen auf ein Bordell schließen. Ähnliche traurige Funde sind aus England bekannt.

Von den Kreuzfahrern stammen riesige Mauern, die das 55 Hektar große Stadtgebiet halbkreisförmig umgaben. Auf einem zehn Meter hohen Glacis* wurden ältere Bauteile wie Säulen und Gebälkteile antiker Tempel verbaut. 54 Türme und eine Zitadelle gehörten zu den Verteidigungsanlagen. Eine Marienkirche wurde nahe an die Mauer herangebaut. Es sind noch Reste der Fresken zu sehen, welche vier Heilige mit griechisch beschriebenen Schriftrollen in den Händen zeigen.

Süßes Wasser

Auf dem Gelände des archäologischen Parks sind verschiedene Nachbauten alter Wasserversorgungsanlagen zu bewundern. Um an das Grundwasser zu gelangen, mussten tiefe Schächte ausgehoben werden. Ein Schöpfsystem mit Krügen oder Holzgefäßen führte tief hinunter, angetrieben von im Kreis gehenden Kühen, Kamelen oder Eseln. Die von unten hochgehobenen Gefäße ergossen sich in einen Kanal, der zu einem Becken führte. Von dort wurde das kostbare Nass in Bewässerungskanäle verteilt, um das Wachstum

Zahlreiche Wasserräder oder Konstruktionen mit Behältern an langen Seilen beförderten das Grundwasser auf die Höhe der Stadt.

auf den Feldern zu gewährleisten. Die Technologie ist seit Langem bekannt und wird in ländlichen Gegenden heute noch so betrieben.

Engel oder Götter?

Immer wieder begegnen uns Bildwerke, die auf den ersten Blick Engel darzustellen scheinen, so auch in Aschkelon. Ich stehe dann vor der Frage, was die Menschen damals geglaubt haben. Welche Vorstellungen von Gott hatten sie? Wie steht es mit uns modernen Leuten?

Zum Studium der Archäologie gehört auch, dass man sich mit dem Götterglauben der antiken Welt auseinandersetzt. Natürlich können wir heute nicht rekonstruieren, was in den Köpfen der Menschen damals vor sich ging, aber anhand von Darstellungen in Ton, Stein und seltener Holz, außerdem durch Inschriften, Widmungen, Dichtungen, Beschwörungen und andere schriftliche

Hinterlassenschaften können wir uns heute ein Bild machen. In den jeweiligen Götterhimmeln ging es sehr menschlich zu. Neid, Eifersucht, Betrug, Rache und Leidenschaft trieben die Götter oder Halbgötter um. Jede Stadt hatte ihr lokales Pantheon (die Versammlung der gesamten Götterwelt) mit jeweils besonderen Eigenschaften, Ausprägungen und Beinamen. Wie oben erwähnt, verehrten die Bewohner von Aschkelon unter anderem und zu wechselnden Zeiten Atargatis oder Derketo, Isis, Apollos und Herakles. Viele dieser Götter wurden mit Flügeln dargestellt.

Auch die Bibel spricht von solcherart ausgestatteten Wesen, z.B. in Hesekiel 1,5-11: *„In der Mitte der Wolke erschienen vier lebendige Wesen. Sie sahen aus wie Menschen, doch jedes von ihnen hatte vier Gesichter und zwei Paar Flügel. Ihre Beine waren gerade, doch ihre Füße glichen Kälberfüßen und schimmerten wie glänzendes Kupfer. Unter den Flügeln an ihren vier Seiten besaßen sie Menschenhände. Alle vier hatten Gesichter und Flügel und ihre Flügel berührten sich gegenseitig. Sie drehten sich nicht um, wenn sie gingen, sondern folgten immer der Richtung, in die eines ihrer Gesichter zeigte. Jedes Wesen hatte vorn ein Menschengesicht, auf der rechten Seite ein Löwengesicht, auf der linken Seite ein Stiergesicht und hinten ein Adlergesicht. Ihre Flügel waren nach oben hin ausgebreitet – mit einem Flügelpaar berührten sie einander und mit dem anderen bedeckten sie ihre Körper."*

Wo ist da ein Unterschied zwischen heidnischen Göttern und biblischen Bildern? Geflügelte, mächtige Wesen werden in der Heiligen Schrift auch Engel genannt. Ihre Funktion ist eine ganz andere als diejenige der Götter. In Hebräer 1,7-8 ist zu lesen: *„Von den Engeln heißt es: ‚Er macht seine Engel zu Winden und seine Diener zu Feuerflammen.' Aber zu seinem Sohn spricht er: ‚Dein Thron, o Gott, steht für immer und ewig. Die Herrschaft deines Reiches ist eine gerechte Herrschaft.'"* Hier wird ein klarer Trennungsstrich zwischen Engeln und dem Sohn Gottes gezogen. Engel stehen in der biblischen Hierarchie auf einem ganz andern Platz, sie sollen nicht verehrt werden. In Kolosser 2,18 heißt es: *„Und wenn jemand zu euch kommt und Demut predigt oder Verehrung der Engel, dann lasst euch davon nicht ablenken – auch dann nicht, wenn er sich dabei auf das beruft, was er gesehen hat."*

In christlichen Augen erscheinen griechische Göttinnen als Engelwesen.

Die Bildwerke in Aschkelon fordern mich auf, darüber nachzudenken, welchen Mächten ich Ehrfurcht zugestehe. *„Du sollst außer mir keine anderen Götter haben. Du sollst dir kein Götzenbild anfertigen von etwas, das im Himmel, auf der Erde oder im Wasser unter der Erde ist. Du sollst sie weder verehren noch dich vor ihnen zu Boden werfen, denn ich, der HERR, dein Gott, bin ein eifersüchtiger Gott!"* (2. Mose 20,3-5). Wie viele moderne Menschen basteln sich heute ihre Götzenbilder? Nein, nicht in Form von geschnitzten Skulpturen, sondern durch Vorstellungen, die ihrem eigenen Gusto entsprechen. Wo ist da der Unterschied zu einem Handwerker vergangener Zeiten, der seine Ideen umsetzte? Jesaja verspottet die menschengemachten Götzen in Kapitel 44,15-20: *„Das Holz dient dem Menschen zur Feuerung. Er erwärmt sich daran und beheizt damit den Backofen, um Brot zu backen. Er nimmt es aber auch, um daraus einen Gott anzufertigen, den er anbetet. Er verarbeitet es zu einem Götzen, vor dem er sich ehrfurchtsvoll verneigt. Man verheizt einen Teil des Baumes, um sich ein Stück Fleisch* *zu braten, zu essen und satt zu werden. Man wärmt sich daran und sagt: ‚Mir wird schön warm, ich spüre das Feuer.' Dann nimmt man die Reste und macht sich daraus einen Gott: ein geschnitztes Götzenbild! Man verbeugt sich, fällt davor nieder, betet es an und sagt: ‚Rette mich! Du bist mein Gott!' Sie erkennen und verstehen nichts! Ihre Augen sind verklebt, sodass sie nichts sehen und ihre Herzen nichts erkennen können. Deshalb ändert sich in ihrem Denken nichts; sie haben weder Einsicht noch Verstand, um wahrzunehmen: ‚Mit der einen Hälfte habe ich Feuer gemacht. Ich habe mir Fladenbrot darauf gebacken und Fleisch gegrillt und gegessen. Sollte ich den Rest zu etwas Schrecklichem verarbeiten und einen Holzklotz anbeten?' Wer sich mit Asche abgibt, dessen Herz wurde irregeleitet."*

Es ist einfach, über den Glauben anderer zu spotten – man fühlt sich dadurch ja so viel besser! Doch muss ich mich wirklich für meinen persönlichen Glauben starkmachen, indem ich die Bildwerke der „Ungläubigen" zerstöre? Leider sind solche zeitgenössischen Bilderstürme eine Begleiterscheinung von Radikalisierung, Terror und unglaublicher Gewalt. Wertvolles Kulturgut wird unter großer medialer Aufmerksamkeit unwiederbringlich zerstört. In früheren Zeiten waren es Christen, die Bilder und Orgeln in Kirchen zerschlugen. Ist das die Lösung, um dem „rechten Glauben" Nachdruck zu verleihen?

Die Haltung des Apostels Paulus mag uns einen anderen gangbaren Weg zeigen: *„Während Paulus in Athen auf sie (seine Mitarbeiter) wartete, war er erschüttert über die vielen Götzen, die er überall in der Stadt sah … Als Paulus nun vor dem Rat stand, rief er: ‚Männer von Athen, ich habe bemerkt, dass ihr den Göttern besonders zugewandt seid, denn als ich umherging, sah ich eure vielen Altäre. Einer davon trug die Inschrift: ‚Dem unbekannten Gott'. Ihr habt ihn angebetet, ohne zu wissen, wer er ist, und nun möchte ich euch von ihm erzählen'"* (Apostelgeschichte 17,16.22-23).

Der Streiter für Jesus spottete nicht über die griechischen Götter, sondern zeigte ihnen den Schöpfer der Welt, der nicht in Tempeln wohnt, die von Menschen erbaut wurden. Gott ist nicht auf die Anbetung vonseiten der Menschen angewiesen, denn er selbst gibt *„Leben und Atem und er stillt jedes Bedürfnis, das ein Mensch haben kann"* (Vers 25).

Ehrfurcht vor Gott befreit den Menschen von der diffusen Furcht vor dem Zorn der Götter. Sie befreit von dem „Muss", Gebete, Opfer und Gaben zu bringen. Wer zwischen Gott und Götzen unterscheiden kann, erlebt Erlösung und Befreiung. Paulus wollte seine Zuhörer von Athen, die den Gott der Bibel nicht kannten, in diese Freiheit führen. Sie hatten es nicht besser wissen können.

Die Israeliten, zu denen Jesaja sprach, allerdings schon! Ihre Götzenverehrung war ein herber Rückfall. Deshalb der scharfe Spott des Propheten. Er war kein „Bilderstürmer", der Fremdes zerschlagen musste, um die Überlegenheit seines eigenen Glaubens zu wahren. Sondern sein Ziel war es, Gottes Volk von falschen Abhängigkeiten frei zu machen. Sein Spott war ein Instrument – wie das Skalpell eines Chirurgen.

Ob man eher den Athenern gleicht, zu denen Paulus sprach, oder den Israeliten, die Jesajas Worte hörten – damals wie heute gilt: Wer Gott fürchtet, hat nichts anderes zu fürchten.

31

Aschdod und Aschdod-Yam: Grabungsalltag im schützenden Schatten

Im Verlauf unserer archäologischen Pilgerreise haben wir schon eine Menge an Stätten besucht. Wir haben betrachten können, was Archäologen ausgegraben haben. Aber wie geht so eine Grabung eigentlich vor sich? Wie arbeiten die Ausgräber? Bei einem Blick über die Schulter der Archäologen kann man in Aschdod-Yam den Sand zwischen den Zähnen, die Schweißtropfen auf der Stirn und eine kühle Meeresbrise in den Haaren spüren.

Geschichte einer Philisterstadt

Das ältere Aschdod, etwa drei Kilometer südlich der modernen Stadt und im Landesinnern, gehört zur *Pentapolis*, den fünf Fürstenstädten der Philister. Der Ruinenhügel besteht aus einer acht Hektar großen Akropolis[30] und einer Unterstadt von 28 Hektar. Umfangreiche Grabungen wurden von 1962–72 vorgenommen. Die Funde sind in einem Museum ausgestellt. Seitdem ist der Hügel verlassen und zerfällt langsam. Weil Siedlungen vom Chalkolithikum* bis in die Bronzezeit* im 15. Jahrhundert v.Chr. vor allem aus Lehmziegeln gebaut wurden, wirken Regenschauer und Sandstürme verheerend. Doch einige Steinfundamente sind geblieben. Sie ziehen die Umrisse von Befestigungen und Häusern nach. In Zisternen* wurde das Regenwasser von den Dächern gesammelt. Die Keramik* ist teilweise aus Zypern und Griechenland importiert.

Der Übergang zur Eisenzeit* wird durch eine dicke Ascheschicht markiert. Von ca. 1200 v.Chr. an bewohnten die Philister den Ort. Die Straßen legte man nach einem regelmäßigen Muster an. Ein größerer Gebäudekomplex wies eine Apsis* und eine Halle mit zwei Steinsockeln auf, auf denen vermutlich Säulen standen, die wiederum das Dach trugen. Ein bemerkenswerter Fund stellt eine sitzende Frau als Teil eines Thrones dar. Sie hat die Gestalt der mykenischen „Großen Mutter", einer typischen Darstellungsform dieser Göttin. Eine Reihe von Brennöfen lässt auf ein Töpferviertel schließen. Eine besondere Art von Keramik, die „Aschdod-Ware", ist rot poliert und mit schwarzen Bändern dekoriert. Ein kleiner Tempel wird ins 8. Jahrhundert v.Chr. datiert. Er enthielt einen Altar aus Ziegelsteinen und eine Reihe von Kultgegenständen, z.B. Figurinen* von Haustieren und Miniaturopfertische aus Ton. Im Tempel und in der Umgebung fanden sich die Skelette von ca. 3000 Menschen, die wahrscheinlich bei der Eroberung von Aschdod durch Sargon II. 712 v.Chr. ums Leben kamen. Dieser Feldzug wird in Jesaja 20,1 erwähnt. Die Assyrer hinterließen auch eine Siegesstele* aus Basalt, die einem ähnlichen beschrifteten Stein in Dur Scharrukin, einer Hauptstadt der Assyrer hoch im Norden des heutigen Irak, gleicht. Aus der hellenistischen Zeit* ist ein Gebäude am Marktplatz, der Agora, auffällig. Zusammen mit Weinkrügen aus Rhodos kamen ein großer und zwei Miniaturaltäre ans Licht. Auf einer Bleitafel war eine Gottheit mit Fischschwanz dargestellt.

Ein Götze wird bekämpft

Wie bereits in Kapitel 29 berichtet, war die Bundeslade der Israeliten eine Kriegsbeute geworden. *„Die Philister brachten die Lade Gottes von Eben-Eser nach Aschdod. Sie trugen sie in den Tempel von Dagon und stellten sie neben dessen Standbild auf. Doch als die Bürger von Aschdod am nächsten Morgen in den Tempel von Dagon kamen, war Dagon umgefallen und lag mit dem Gesicht zur Erde vor der Lade des*

HERRN. *Sie nahmen das Standbild und stellten es wieder auf. Doch als sie früh am nächsten Morgen kamen, lag das Standbild wieder mit dem Gesicht zur Erde vor der Lade des* HERRN. *Diesmal lagen sein Kopf und seine Hände abgeschlagen im Eingang. Nur sein Rumpf war unbeschädigt"* (1. Samuel 5,1-5). Manche Sprachwissenschaftler leiteten früher von dem Namen Dagon eine Fischgestalt ab. Diesem biblischen Bericht zufolge muss das Bildwerk aber auch Hände gehabt haben.

Der ehemals starke Richter Simson wurde - etliche Jahre vor der Episode mit der umgefallenen Götzenstatue - aus seinem Gefängnis in den Tempel Dagons in Gaza geholt und verspottet. *„Da rief Simson den* HERRN *an und sagte: ‚Allmächtiger* HERR, *erinnere dich an mich. O Gott, gib mir noch ein einziges Mal Kraft, damit ich, o Gott, mich an den Philistern für den Verlust meiner Augen rächen kann.' Dann umfasste Simson die beiden Mittelsäulen, auf denen das Haus ruhte, die eine mit seinem rechten, die andere mit seinem linken Arm, und stemmte sich dagegen. ‚Lass mich mit den Philistern sterben!', rief er. Er stemmte mit aller Kraft, und da stürzte der Tempel über den Fürsten der Philister und allen anderen Anwesenden ein. Auf diese Weise tötete Simson im Sterben mehr Menschen als in seinem ganzen Leben"* (Richter 16,28-30).

Das war nicht der letzte Schaden, den Israeliten in Aschdod anrichteten. Der jüdische König Usija regierte 790 bis ca. 740 v.Chr. Er *„erklärte den Philistern den Krieg und riss die Stadtmauern von Gat, Jabne und Aschdod nieder. Dann gründete er im Gebiet von Aschdod und in anderen Landesteilen der Philister neue Städte"* (1. Chronik 26,6).

Nach dem babylonischen Exil baute Nehemia Jerusalem wieder auf. Zu dieser Zeit war die Distanz zwischen Israel und Aschdod nicht mehr groß - im Gegenteil. Nehemia berichtete: *„Etwa um die gleiche Zeit sah ich, dass einige Männer aus Juda Frauen aus Aschdod, Ammon und Moab geheiratet hatten. Die Hälfte ihrer Kinder sprach die Sprache Aschdods oder des jeweiligen anderen Volkes und beherrschte nicht einmal mehr die Sprache Judas"* (Nehemia 13,23-24).

Der oben erwähnte Fund einer Bleitafel mit dem Bild eines Fischgottes kann sich auf die Zeit zwischen dem Alten und Neuen Testament beziehen. Wahrscheinlich wurde der Kult Dagons in Aschdod immer noch zelebriert. Und wieder gingen Israeliten dagegen an: *„Judas* (Makkabäus) *wandte sich dann nach Asotus* (eine andere

Schreibweise für Aschdod) *im Philisterlande, zerstörte die dortigen Altäre, verbrannte die Schnitzbilder ihrer Götter, plünderte die Städte und kehrte dann nach Judäa zurück"* (1. Makkabäer 5,68; HM).

Aschdod-Yam

Zur Zeit der Römer wird Aschdod als eine Zwillingsstadt erwähnt: *Azotus Paralus* an der Küste mit einem Hafen und *Azotus Mesogeius*. Wahrscheinlich verlagerte sich die Bedeutung der Stadt im Laufe der Zeit immer mehr an die Küste, wo ein Hafen genutzt wurde. Die schon in Kapitel 3 erwähnte Madaba-Karte aus byzantinischer* Zeit zeigt nur noch die Hafenstadt. Im 12. Jahrhundert bauten die Kreuzfahrer eine Burg der Araber um. Die Ruinen sind heute noch bemerkenswert.

Das moderne Aschdod wurde 1956 als Auffanglager für Einwanderer gegründet. Heute ist es eine der größten Städte in Israel. Die Hafenanlage hat Haifa den Rang abgelaufen; in Aschdod werden mittlerweile mehr Güter umgeschlagen.

1965–68 forschte Jacob Kaplan an der Küste. Er fand überall Scherben aus der Eisenzeit und vermutete eine ägyptische Befestigungsanlage. Durch einige Schnitte stellte er aber fest, dass die Ziegelmauer und das Glacis*, also die Wälle auf beiden Seiten, aus einer anderen Zeit stammen müssten. Er bemerkte auch, dass die Umrisse dieser Aschdod-Yam genannten Stadt kein bekanntes Muster ergaben, sondern die Form eines Halbrundes zeigten.

2013 begannen unter Alexander Fantalkin neue archäologische Grabungen. Er vermutet und hofft, eine assyrische Hafenanlage aufdecken zu können. Dies würde einer kleinen Sensation gleichkommen, denn die Assyrer aus dem fernen Irak waren absolute Landratten. Allerdings hatten sie großes Interesse daran, den Handel entlang der Mittelmeerküste in ihren Händen oder zumindest unter ihrer Kontrolle zu haben.

› Ein Schnitt wurde abgesteckt, die Ränder mit Sandsäcken eingefasst, die oberste Pflanzenschicht entfernt – die Grabung kann beginnen.

Grabungsalltag

Wie geht es nun bei einer archäologischen Grabung vor sich - z.B. in Aschdod-Yam?

Vom Gefühl her ist es noch mitten in der Nacht, doch schon ertönt energisches Klopfen an den Türen eines während der Sommerferien verlassenen Internats. *Boker tov, good morning,* wird gerufen, und Studenten, Professoren sowie Freiwillige schlüpfen in Hosen, T-Shirts und Wanderschuhe. Man gönnt sich gähnend einen Kaffee oder füllt die Wasserflaschen. Fast noch im Halbschlaf werden die leeren Eimer, die hoffentlich heute Abend voller Keramik sind, die teure technische Ausrüstung und die Verpflegung zum Bus geschleppt. Auf der kurzen Fahrt zum Tell* tauchen die Konturen der Sanddünen aus dem Dämmerlicht auf. Der Aufstieg zum Arbeitsplatz gestaltet sich schwierig, denn im losen Sand lässt sich schlecht laufen, besonders wenn man Wasserkanister trägt. Falls der Chamsin, der teils heftige Wind, die schwarzen Sonnenschutzsegel über Nacht niedergelegt hat, richtet man sie wieder auf. Das Werkzeug und die leeren Eimer werden verteilt. Sobald die aufgehende Sonne eine Unterscheidung von Sand und Scherben erlaubt, beginnt die Arbeit, und alle graben, denn allzu bald steigen die Temperaturen und der Schweiß fließt in Strömen.

Mit dem Pickel wird über eine Breite von etwa einem Meter ein Streifen Erdreich gelockert. Mithilfe der *terrea*, einem Art Spaten mit einem rechtwinkligen Blatt, kratzt der Digger dann das Material in die Eimer. Dabei gilt es, die Augen offen zu halten und Scherben herauszufischen. Stein- und Lehmstrukturen, die zutage treten, werden mit dem Handpickel oder der Maurerkelle (in Neuhebräisch *spachtel* genannt) freigelegt. Wenn Feinarbeit gefragt ist, kommen Besen und Pinsel zum Einsatz. Besondere Funde werden mithilfe des Nivelliergerätes eingemessen, sorgfältig dokumentiert und fotografiert.

Der Metalldetektor spürt Bleigewichte von Fischernetzen, Angelhaken, Münzen und dergleichen auf.

Sind alle verfügbaren Eimer voll, ertönt der Ruf nach einer *bucket line*. Alle verfügbaren Hände fassen an, und die Gefäße werden bis an den Rand der aktuellen Schnitte* weitergereicht, wo sie ausgekippt werden. Von Zeit zu Zeit erscheint ein Fachmann mit dem Metalldetektor. In den Kopfhörern kann er verschiedene Signale unterscheiden und setzt dann gezielt sein Werkzeug ein, um im Falle von Aschdod-Yam vor allem Bleigewichte von Fischernetzen, Angelhaken oder Münzen aus dem Sand zu klauben.

Unterbrochen von Trink- und Frühstückspausen (ein Ausgräber sollte mindestens vier Liter Wasser pro Tag konsumieren) wird bis etwas nach Mittag gearbeitet. Die inzwischen tüchtig schmutzigen Leute sammeln die Keramikeimer ein und kippen den Sand aus den Schuhen. Nach einer Siesta heißt es dann, die über Nacht eingeweichten Scherben des Vortages mit Nagelbürsten zu bearbeiten, um ihre Form und eventuelle Dekoration deutlich zu erkennen. Erfahrene Archäologen beurteilen die Teile und sortieren die *diagnostics* aus. Diese Gefäßlippen, Henkel, Böden, beschriftete oder gestempelte Teile kommen in die Archive des Museums. Die restlichen, gewöhnlichen Scherben werden auf den Platz zurückgebracht. Am Abend finden oft noch Unterrichtseinheiten statt, bevor die müden Knochen ausruhen dürfen.

Die Tagesausbeute an Keramik aus einem Schnitt wird ins Lager gebracht, eingeweicht, gereinigt und analysiert.

Bezahlen, um zu schuften?

Wer tut sich denn so etwas an? Die Freiwilligen bezahlen ihre Reise und den Unterhalt selbst, arbeiten hart und dürfen nichts von den Funden nach Hause nehmen! Die Faszination einer archäologischen Grabung ist schwer zu beschreiben. Wenn plötzlich ein Gefäß sichtbar wird, eine Mauer zum Vorschein kommt, die Zusammenhänge klarer werden und das Leben der Menschen vor einigen Tausend Jahren fassbar erscheint, bedeutet das, mehr als einfach zu reisen, zuzuhören und Fotos zu machen. Probieren Sie es selbst! Auch Kinder und ältere Menschen buddeln begeistert mit. Dreck unter den Fingernägeln oder Sand in Nasenlöchern und Ohren beeinträchtigen nicht das aufregende Erlebnis eines Grabungstages.

Einzelne Teile werden beschriftet, um eingelagert oder restauriert zu werden.

Gewaschene Keramik, welche keine Besonderheiten aufweist, wird auf die Grabung zurückgebracht und beispielsweise in einer Zisterne entsorgt.

Manchmal ist auch Ungewöhnliches zu entdecken. Im Frühling 2015 wurde von der Grabungsstätte Horbat Siv berichtet, dass ein unerwarteter Helfer, ein Stachelschwein, eine 1400 Jahre alte Öllampe ans Licht beförderte. Der Leiter in Aschdod-Yam spricht von „Trüffelschweinen", aber er meint damit keine Rüsseltiere, sondern autorisierte Ausgräber, denen ein besonderer Fund gelingt. Oft ist es reines Glück, dass ein Team an einer bestimmten Stelle etwas tiefer gräbt und so auf einen besonderen Fund stößt. In Aschdod-Yam war dies ein Depot mit Weihrauchständern. Vor vielleicht 2300 Jahren hatten die Bauleute ihren Göttern Opfer gebracht, damit ihr Werk gesegnet sei. Danach legten sie die dabei verwendeten Gegenstände nieder und bauten darauf die Lehmziegelmauer weiter, ähnlich wie heute Grundsteinlegungen von Gebäuden vorgenommen werden. Man darf gespannt sein, was die folgenden Grabungen zum Vorschein bringen werden.

Ein Depot mit Weihrauchständern wurde per Zufall aufgedeckt. Zwei Studenten befreien die Keramik mit ihren Spachteln und Pinseln sorgfältig von der umgebenden Erde.

Schatten, Schild und Schutz

Archäologen sind meist friedliche Zeitgenossen – vom gelegentlichen Streit der Gelehrten mal abgesehen. Angehörige verschiedener Kulturen arbeiten Hand in Hand, das Sprachengewirr ist manchmal babylonisch. Ihre Sorge ist meist nur, genügend Schatten zu haben, um nicht allzu sehr zu schwitzen. Im Sommer 2014 allerdings war die Grabung gefährdet. Aus dem Gazastreifen kam Rakete um Rakete. Der israelische Schutzschild funktionierte zwar, aber es war nicht zu verhindern, dass zum Beispiel Kinder auf einem Tennisplatz in Tel Aviv fast von Splittern getroffen wurden. Eine geordnete Arbeit in Aschdod-Yam war nicht möglich, denn immer wieder trafen Trümmerteile das Dünengebiet mit dem Tell.

Auch ohne Raketenbeschuss drohen Gefahren – nicht für die Menschen, wohl aber für die Funde. Größere Grabungen mieten einen Wächter, der darauf achten muss, dass nachts keine Raubgräber die offenen Schnitte* bearbeiten. Nicht immer ist ein solcher Schutz wirksam. Bei einer kurzen Kampagne in der griechischen Kolonie Himera auf Sizilien fanden die Studenten fast jeden Morgen neu aufgeworfene Erdhügel. Zunächst vermutete ich dahinter nachtaktive Maulwürfe. Die Haufen waren zwar recht groß, aber was weiß eine Schweizerin schon von der Fauna auf dieser warmen Insel? Nach einigen Tagen wurde mir bewusst, dass hier keine Tiere gruben, sondern dass Leute der örtlichen Mafia mit ihren exakt eingestellten Metalldetektoren gezielt nach Münzen suchten. Dabei nahmen sie keinerlei Rücksicht auf unsere Arbeiten, zerbrachen Keramik und brachten die Schichten durcheinander. Zwar war nahebei ein Museum rund um die Uhr mit Wächtern bestückt, doch diese handelten nach der Devise: Wir sehen und hören nichts, denn das könnte unsere Familien gefährden. Deshalb betete ich um Gottes Schutz und durfte auch wohlbehalten zurückkehren.

Psalm 91,1-11 verspricht: *„Wer im Schutz des Höchsten lebt, der findet Ruhe im Schatten des Allmächtigen. Der spricht zu dem* HERRN*: Du bist meine Zuflucht und meine Burg, mein Gott, dem ich vertraue. Denn er wird dich vor allen Gefahren bewahren und dich in Todesnot beschützen. Er wird dich mit seinen Flügeln bedecken, und du findest bei ihm Zu-*

flucht. Seine Treue schützt dich wie ein großer Schild … Wenn der HERR *deine Zuflucht ist, wenn du beim Höchsten Schutz suchst, dann wird das Böse dir nichts anhaben können, und kein Unglück wird dein Haus erreichen. Denn er befiehlt seinen Engeln, dich zu beschützen, wo immer du gehst."*

Dieser Schutzschild ist stark, er hat keine Löcher, auch wenn ich ihn vielleicht nicht spüre. Ich darf vertrauen, dass Gott über meinem Leben wacht und es gut mit mir meint.

32

Geser: Verlockende Steinmale

Die Steine, die in Geser „sprechen", haben ihre Besonderheit. Es handelt sich nicht nur um Reste von Mauern oder Gebäuden, sondern vor allem um aufgerichtete Kultsteine. Wie große Hinkelsteine stehen sie nebeneinander. Doch der Reihe nach:

Der mächtige Tell* von Geser liegt auf dem letzten Kamm der judäischen Hügelkette etwa in der Mitte zwischen Tel Aviv und Jerusalem. Vor Jahrtausenden wachte die Stadt über die Straßenkreuzung zwischen der *via maris* und der Verbindung, die von der Küste her nach Jerusalem durch das Tal Ajalon führt. Geser verfügte über eine ganzjährige Wasserversorgung durch Quellen und tiefe Brunnen.

Wie auch andere philistäische Städte wird Geser auf einem Relief an einer Tempelwand im ägyptischen Karnak aufgezählt. Thutmoses III. brüstet sich, die Stadt erobert zu haben. Auch in den Amarna-Briefen* wird sie erwähnt. Über ein Dutzend solcher Dokumente sind erhalten. Im Palast des assyrischen Königs Tiglat-Pileser III. in Kalchu (Irak) war die Stadt Geser oder Gazru auf einem Relief dargestellt.

Umfangreiche Grabungen begannen 1871 und dauern bis heute an, wobei es zu merkwürdigen Funden gekommen ist. Die alten Methoden bestanden darin, dass ein Graben ausgehoben und das Material daneben zu einem Hügel aufgeschüttet wurde. Dann wandte man sich parallel einem nächsten Graben zu und füllte den Aushub in das vorherige Loch. So arbeitete man sich vor. Bei einer späteren Untersuchung in Geser entdeckte man unter fünf Meter hohem Abraum – die Meerschaumpfeife eines früheren Kollegen!

Nicht nur die Methoden früherer Archäologen bereiten Probleme. Auch ihre Aufzeichnungen und Karten sind heute fast nicht mehr zu gebrauchen, denn sie verzeichneten keine Höhenangaben, brachten die Schichten durcheinander und verwendeten eine unzureichende Chronologie. Die Funde wurden klassifiziert nach „vorsemitisch“, „erste semitische Zeit“ usw. Den Wissenschaftlern von damals ist diesbezüglich kein Vorwurf zu machen, denn sie verfügten nicht über die Mittel und den Wissensstand heutiger Forscher. Die neuen Untersuchungen unterscheiden in Geser 26 verschiedene Siedlungsschichten, verteilt über den Zeitraum von 3000 v.Chr. bis 100 n.Chr.

Das Mauerwerk eines kanaanäischen Turmes.

Mauern und Tore

Der Tell* erstreckt sich über eine Fläche von 15 Hektar. Vier verschiedene Stadtmauern konnten identifiziert werden. Die mittlere stammt wahrscheinlich aus der Frühbronzezeit* und weist einen massiven Steinturm mit einem Durchmesser von 15,6 Metern auf.

Ein 8,5 Meter hohes Glacis* wurde in einem Winkel von 45 Grad aufgeschüttet. Die innere Mauer mit einem dreifachen Torweg geht auf die Mittelbronzezeit* zurück, die äußere ist vielleicht ein Relikt der israelitischen Besiedelung. Typisch für die Bauweise unter Salomo ist die Kasemattenmauer* mit einem Vierkammertor. Ein 70 Meter langer Wasserkanal, der in den Felsen gehauen wurde, führt zu einer unterirdischen Quelle. Die Anlage gleicht denjenigen von Hazor und Megiddo.

Ein typisches israelisches Vierkammertor. Die Räume wiesen entlang der Wände Steinbänke auf, wo die ortsansässigen Richter und Ältesten tagen konnten.

Zahlreiche Gräber wurden außerhalb der Stadtmauern gefunden. Eine Kammer enthielt 68 Bestattungen mit einer reichen Zusammenstellung von einheimischen und aus Ägypten importierten Objekten. Die gut erhaltenen Skelette lassen Rückschlüsse auf Ernährung, Krankheiten und die Lebenserwartung in Geser im 15. und 14. Jahrhundert v.Chr. zu. Solche Erkenntnisse kann man vor allem aus der Abarbeitung der Zähne gewinnen sowie aus Knochendeformationen, die auf bestimmte Krankheiten oder Mangelernährung zurückzuführen sind. Wiederverwachsene Brüche und

Verletzungen der Knochen zeigen erfolgreiche ärztliche Eingriffe oder ein gutes Immunsystem, das zu einem hohen Alter beigetragen hat.

› Es ist rätselhaft, was die großen Monolithen für die Menschen damals für eine Bedeutung hatten.

Eine Reihe von Monolithen

Berühmt ist die Kulthöhe mit ihrer Galerie von Steinmalen. In der Mittelbronzezeit* wurden zehn riesige Stelen* oder Megalithen, sogenannte Masseben, aufgerichtet. Sie sind zum Teil mehr als drei Meter hoch und wurden in Nord-Süd-Richtung auf einen offenen Platz nahe der Stadtmauer gesetzt. An der Seite ist ein großes Steinbassin oder ein Sockel für ein weiteres Steinmal zu sehen. Auch in Europa sind solche Steinsetzungen bekannt: Sie werden dort als Menhire bezeichnet und sehen so aus, wie man sich einen Hinkelstein vorstellt. Sie zu datieren ist sehr schwer, außer man findet in den Setzlöchern organisches Material. Viele Theorien kursieren über die „Verwendung" dieser tonnenschweren Steine. Stellen sie eine Art von Sonnen- oder Monduhren dar? Brachte man dort blutige Opfer? Die Antwort bleibt offen.

Schriftzeugnisse

Über den Tell verteilt wurden Inschriften gefunden. Eine davon galt lange Zeit als das älteste bekannte hebräische Schriftdokument: der „Gezer-Kalender" aus dem 10. Jahrhundert v.Chr. Diese kleine Kalksteintafel (7 × 11 cm), die 1908 gefunden wurde, ist heute in Istanbul zu sehen. Die Übersetzung lautet: *„Zwei Monate: (für das) Einsammeln. Zwei Monate: (für das) Säen. Zwei Monate: (für das) Spätgras* (oder: *Spätsaat*). *Ein Monat (für das) Schneiden von Flachs. Ein Monat (für das) Ernten von Gerste. Ein Monat (für das) Ernten und Abmessen. Zwei Monate: (für das) Schneiden (von Trauben). Ein Monat (für die Sommerfrucht)."*[31] Einige Forscher vermuten, es seien günstige Daten für landwirtschaftliche Tätigkeiten aufgezählt, andere schließen auf Übungen eines Schülers, und wieder andere denken, es könnte sich um ein Volks- oder Kinderlied handeln. Es ist anzunehmen, dass in Geser eine Schreiberschule eingerichtet war. Ein Bruchstück des berühmten Gilgamesch-Epos wurde von einem Hirten bei einer Schutthalde gefunden (er behauptete dies jedenfalls). Paläografen (Schriftforscher) vermuten, dass ein Schreiber aus Geser für verschiedene Herrscher Dokumente verfasste.

Der sogenannte Geserkalender, eine kleine Tontafel, heute im Museum von Istanbul.

Andere Inschriften sind der Korrespondenz mit Ägypten und Assyrien zuzuordnen. Krughenkel zeigen die Stempel von jüdischen Königen. Neun römische Grenzinschriften wurden in der Umgebung von Geser gefunden – das spricht dafür, dass der Tell tatsächlich mit der antiken Stadt gleichzusetzen ist.

Kulthöhen und die Bibel

Im Laufe der Geschichte des Volkes Israel hatten die Menschen immer wieder Probleme mit fremden Kulten. Es war für sie schwer, an einen einzigen, unsichtbaren Gott zu glauben, hatten die Nachbarn doch eindrucksvolle Tempel mit Kultfiguren. Auf den Hügeln waren Steine aufgerichtet, unter einzelnen Bäumen standen Altäre, und die Götterfeste wirkten sehr anziehend. Als das Volk unter Mose aus Ägypten auszog, mussten sie in der kahlen Wüste erst lernen, was es hieß, ohne Bilder auszukommen. So ging die Reise auch nicht weit – und schon geschah es: *„Aaron nahm das Gold von ihnen, schmolz es ein und verwendete es dazu, um ein Götzenbild in Form eines Kalbes anzufertigen. Da riefen die Leute: ‚Das ist dein Gott, Israel, der dich aus Ägypten geführt hat!'"* (2. Mose 32,4). Gott gebot ihnen allerdings klipp und klar: *„Ihr sollt keine Götzen anfertigen und weder geschnitzte Bilder noch heilige Säulen oder behauene Steine in eurem Land aufstellen, um sie anzubeten. Denn ich bin der* HERR, *euer Gott"* (3. Mose 26,1). Kultsteine, wie man sie dann in Geser fand, sind hier ausdrücklich genannt.

› Die Steinsetzungen in Geser.

Die Bibel berichtet, dass das Land Kanaan unter Josua erobert wurde. Wie in Kapitel 12 bezüglich der Stadt Hazor erwähnt, sollte an den Bewohnern des Landes der Bann vollstreckt werden, damit die Israeliten nicht etwa den fremden Göttern nachliefen und heidnische Praktiken übernahmen. Im Fall von Geser wird in Josua 16,9-10 jedoch berichtet, wie man diese Anweisung unbeachtet ließ: „*Ephraim erhielt darüber hinaus einige Städte mit den umliegenden Dörfern im Gebiet des halben Stammes Manasse. Aus Geser vertrieben sie die Kanaaniter jedoch nicht, und so leben die Bewohner von Geser bis heute als Sklaven unter dem Stamm Ephraim.*" Aus unserer Sicht mag das eine bessere Lösung gewesen sein, aber sie erwies sich in der folgenden Zeit oft als verhängnisvoll. Die Bewohner von Geser werden weiter auf ihrer Kulthöhe angebetet und Opfer gebracht haben. Da schielte mancher Israelit heimlich hin, nahm vielleicht an den Festen teil und ließ sich verführen.

Auch der weise Salomo konnte auf die Dauer nicht widerstehen. In 1. Könige 11,4-10 heißt es: „*Als Salomo alt geworden war, hatten seine Frauen ihn so weit gebracht, dass er ihre Götter anbetete. Er vertraute nicht länger allein auf den* HERRN*, seinen Gott, wie sein Vater, König David, es getan hatte. Salomo betete Astarte, die Göttin der Sidonier, an und Milkom, den abscheulichen Gott der Ammoniter. Und so tat Salomo etwas, was dem* HERRN *missfiel; er hielt sich nicht mehr ausschließlich an den* HERRN*, wie sein Vater David es getan hatte. Er ließ für Kemosch, den scheußlichen Gott Moabs, auf dem Berg östlich von Jerusalem einen Altar errichten, und einen weiteren für Moloch, den abscheulichen Gott der Ammoniter. Das tat Salomo für alle seine ausländischen Frauen, die ihren Göttern Weihrauch verbrennen und opfern wollten. Der* HERR *wurde zornig über Salomo, weil sein Herz sich vom* HERRN*, dem Gott Israels, abgewandt hatte, obwohl er ihm zweimal erschienen war. Er hatte Salomo eindringlich davor gewarnt, andere Götter anzubeten, doch Salomo hörte nicht darauf.*"

Ein späterer König von Juda, Josia, führte Reformen durch. Sie werden in 2. Könige 23,5-8 beschrieben: „*Er setzte die Götzenpriester ab, die von den Königen Judas ernannt worden waren. Sie hatten vor den Höhenheiligtümern, die in den Städten Judas und in der Umgebung von Jerusalem standen, Weihrauch verbrannt und dem Baal, der Sonne, dem*

Mond, den Sternbildern und den Mächten des Himmels geopfert. Der König ließ das Ascherabild aus dem Haus des HERRN *entfernen und aus Jerusalem hinaus an den Bach Kidron schaffen, wo es verbrannt wurde … Er entweihte die Höhenheiligtümer, vor denen Weihrauch verbrannt worden war, von Geba bis nach Beerscheba. Auch die Höhen der Feldgeister im Eingang zum Tor Joschuas, des Statthalters, ließ er zerstören."*

Es hört sich modern und tolerant an, jedem Menschen seine eigene Religion zuzubilligen. „Jeder soll nach seiner Fasson selig werden" – diese alte Devise gilt heute mehr denn je, zumindest da, wo man überhaupt an einer „Seligkeit", an einer Erlösung, interessiert ist. Ob diese Meinung allerdings auch vonseiten Gottes her gültig ist, darf bezweifelt werden. In Sprüche 14,12 wird gewarnt: *„Vor jedem Menschen liegt ein Weg, der richtig zu sein scheint, aber dennoch in den Tod führt."* Die Forderung, nur den einen und einzigen Gott zu verehren, hat durchaus nichts mit Engstirnigkeit, Intoleranz oder gar der Eifersucht einer beleidigten Gottheit zu tun. Im Gegenteil liegt gerade in dem Gebot, alle anderen Götzen loszulassen, eine ausgesprochene Freiheit für den Menschen. Wer den Gott der Bibel fürchtet, muss sich nicht ängstlich bemühen, andere Götter zufriedenzustellen. Psalm 112 stellt diese beiden Möglichkeiten nebeneinander – entweder Gott zu fürchten oder alles andere: *„Glücklich ist der Mensch, der Ehrfurcht hat vor dem Herrn. Er fürchtet sich nicht vor schlechter Nachricht, sondern vertraut fest darauf, dass der Herr für ihn sorgt. Zuversichtlich ist er und furchtlos, denn er wird über seine Gegner triumphieren"* (Vers 1.7-8). Das ist eine Erlösung, die weder Stein noch Götze geben kann.

33

Bet Guvrin und Tell Marescha: Höhlengeheimnisse

Wendet man sich von den philistäischen Küstenstädten ostwärts, gelangt man in die Hügellandschaft zwischen Küste und judäischem Bergland, die Schefela. Bet Guvrin und Tell Marescha gehören zu den Nationalparks Israels, die einen Besuch besonders lohnen. Die Spuren ganz verschiedener Völker und Zeiten mischen sich dort. Der Ort liegt an einer wichtigen Straßenkreuzung der Wege von Norden nach Süden und denen von Westen nach Osten.

Marescha in biblischen Zeiten und später

Marescha wird in Josua 15,44 dem Stamm Juda zugeordnet: *„Keïla, Achsib und Marescha – insgesamt neun Städte mit den umliegenden Dörfern“*. Der Sohn Salomos baute die Verteidigung aus. *„Rehabeam blieb in Jerusalem und ließ folgende Städte zu Festungen ausbauen: Bethlehem, Etam, Tekoa, Bet-Zur, Socho, Adullam, Gat, Marescha, Sif, Adorajim, Lachisch, Aseka, Zora, Ajalon und Hebron. Alle diese Städte in den Gebieten Judas und Benjamins wurden befestigt“* (2. Chronik 11,5-10). Einige Jahrzehnte später wurde der übernächste Nachfolger von Rehabeam, König Asa, in eine Schlacht mit einem Heer aus Kusch, dem heutigen Äthiopien, verwickelt. Bei Marescha fiel die Entscheidung über Sieg und Niederlage: *„Dann sammelte der Kuschiter Serach ein riesiges Heer, unterstützt von 300 Streitwagen, und drang bis zur Stadt Marescha vor. Asa stellte seine Streitmacht im Tal Zefata* *bei Marescha zur Schlacht auf. Dann rief er den* HERRN, *seinen Gott, an: ,*HERR, *keiner außer dir kann den Schwachen gegen die Mächtigen helfen! Hilf uns,* HERR, *unser Gott, denn wir vertrauen allein auf dich. In deinem Namen sind wir gegen dieses riesige Heer in die Schlacht gezogen. Du,* HERR, *bist unser Gott; kein Mensch kann gegen dich bestehen!' Da schlug der* HERR *die Kuschiter vor Asa und dem Heer von Juda, und sie liefen davon"* (2. Chronik 14,8-11).

Der Aussichtsplatz auf der höchsten Erhebung des Tells ermöglicht einen guten Überblick. Zur Zeit der Könige von Juda standen dort starke Mauern. Nach der Zerstörung des ersten Tempels in Jerusalem siedelten sich in Marescha Edomiter, Sidonier und Griechen an. Sie bauten in zwei Etappen einen Turm hoch und richteten mehrstöckige Häuser mit Werkstätten ein. Auch einzelne Ägypter und übrig gebliebene Juden lebten hier. Daraus ergab sich eine besondere Mischung von Kulturen, was vor allem in den Grabanlagen sichtbar wird. Unter den Römern erhielt die Stadt im Jahre 200 den Namen Eleutheropolis. 1949 wurde der Kibbuz Bet Guvrin gegründet.

› In den Sandstein gehauene Höhle mit Grabnischen.

Innerhalb des Naturparks ist nicht viel von der Geschichte des Ortes zu bemerken, denn die Sehenswürdigkeiten befinden sich unter dem Boden oder im Felsen. Außerhalb des Geländes erheben sich die Ruinen einer byzantinischen Basilika*, eines Kastells und des römischen Amphitheaters. Unter den Zuschauerrängen sind die Gänge und Kammern erhalten, in denen die wilden Tiere oder auch verurteilte Gefangene den Auftritt mit den Gladiatoren erwarten mussten. In christlicher Zeit wurden diese brutalen Spiele verboten und das Oval diente als Marktplatz. Die römischen Thermen* nutzte man weiterhin. Gut erhalten ist der Heißbadebereich mit den Hypokausten*. Im 12. Jahrhundert bauten die Kreuzfahrer ein großes Kastell über dem Amphitheater und umschlossen den ganzen Bereich mit einem Verteidigungswall. Die dreischiffige Basilika mit ihren Apsiden* wurde auch von islamischen Militärsklaven, den Mameluken, und seit dem 13. Jahrhundert n.Chr. von den Osmanen genutzt. Sie bauten eine Moschee ein.

Grabhöhlen und Taubenschläge

Die vielen Höhlen von Bet Guvrin dienten ganz verschiedenen Zwecken. In den weichen Kalkstein wurden Grabhöhlen, Taubenschläge, Zisternen* und Bäder, Ölpressen und Vorratsräume gegraben. Auch als Steinbruch wurde das Gebiet genutzt; dadurch entstanden die sogenannten *bell caves*. Ein Pfad führt durch das Gebiet, sodass Besucher sich eine Einrichtung nach der anderen ansehen können. Der ganze Rundgang dauert drei bis vier Stunden – aber keine Angst, längere Strecken können mit dem Auto zurückgelegt werden.

Aus dem 3. und 2. Jahrhundert v.Chr. stammen die Höhlen mit Grabnischen. Etwas älter ist die „Polnische Höhle“. Gegraben wurde sie im 4. oder 3. Jahrhundert v.Chr. – ursprünglich als Zisterne, um das Regenwasser aufzufangen. Später nutzte man den Hohlraum als Taubenschlag. Kleine Nischen in den Wänden dienten den Tieren als Nistplatz. Begehrt war vor allem der anfallende Kot, der in der glockenförmigen Höhle gut aufgesammelt werden konnte und als Dünger diente. Seinen Namen erhielt das Loch durch die Stationierung von polnischen Soldaten während des Zweiten Weltkrieges. In eine Säule ritzten sie die Jahreszahl „1943“ sowie einen Adler und die Worte „Warschau, Polen“.

Ein Kolumbarium.

Nicht weit entfernt steigt man hinunter in den größten bekannten Taubenschlag Israels. Er ist kreuzförmig angelegt und enthält mehr als 2000 Nischen. 85 solche Anlagen wurden in diesem Gebiet entdeckt. Man vermutet, dass die Tauben für kultische Zwecke verwendet wurden, Eier und Fleisch waren nützliche Nebenprodukte.

Auch die Eltern von Jesus benötigten einmal zwei Tauben, ganz wie es der Sitte und Anweisung von Mose entsprach. Nach der Geburt ihres Sohnes opferten sie ein Paar dieser Vögel. *„Als das Kind acht Tage später beschnitten wurde, gab man ihm den Namen Jesus – so* *wie der Engel ihn schon genannt hatte, bevor Maria schwanger wurde. Dann kam die Zeit des Reinigungsopfers, das im Gesetz Moses nach der Geburt eines Kindes vorgeschrieben ist. Maria und Josef gingen mit ihm nach Jerusalem, um ihn dem Herrn zu weihen. Denn im Gesetz des Herrn steht: ‚Alle erstgeborenen Söhne müssen dem Herrn geweiht werden.' Sie brachten das Reinigungsopfer dar, wie es das Gesetz vorschrieb: ‚Ein Paar Turteltauben oder zwei junge Tauben'"* (Lukas 2,21-24). In 3. Mose 12,7-8 wird ein Passus eingefügt, um auch minderbemittelten Gläubigen die Opfer zu ermöglichen: *„Dies sind die Anweisungen für eine Frau, die einen Sohn oder eine Tochter zur Welt bringt. Wenn eine Frau sich das erforderliche Lamm jedoch nicht leisten kann, soll sie stattdessen zwei Turteltauben oder zwei junge Tauben nehmen; die eine für das Brandopfer, die andere für das Sündopfer."* Es ist gerade diese Anordnung, die Maria und Josef in Anspruch nahmen – was klare Rückschlüsse auf ihren Lebensstandard zulässt: Sie waren zu arm für das normale Opfer.

Das Geschäft mit den Tieren muss sich gelohnt haben und nahm ein Ausmaß an, das Jesus einschreiten ließ. *„Das alljährliche Passahfest stand bevor, und Jesus ging nach Jerusalem. Im Hof des Tempels sah er Händler, die Rinder, Schafe und Tauben als Opfertiere zum Verkauf anboten; und er sah Geldwechsler hinter ihren Tischen sitzen. Da machte Jesus aus Stricken eine Peitsche und jagte sie alle aus dem Tempel. Er trieb die Schafe und Rinder hinaus, warf die Münzen der Geldwechsler auf den Boden und stieß ihre Tische um. Dann ging er zu den Taubenverkäufern und befahl ihnen: ‚Schafft das alles fort. Macht aus dem Haus meines Vaters keinen Marktplatz!'"* (Johannes 2,13-16).

Duschen und Körperpflegeöl

Die nächste Höhle des Rundgangs diente als Bad. Stufen führen zu kleinen Räumen hinab, wo die Badenden sich setzen konnten. Das Wasser kam als Dusche aus Löchern über ihnen. Ein Sklave, der die Besucher nicht sehen konnte, hatte diese Leitungen mit dem Nass zu versorgen. Etwas mehr als 20 Badeanlagen wurden auf dem Tell Marescha gefunden.

Ein Mahlwerk für Oliven.

Olivenhaine bedeckten große Flächen der Schefela, also des Hügellandes. Der Handel mit dem Öl war eine der wichtigsten Einnahmequellen der Bewohner von Marescha. Dementsprechend kamen Ölpressen in großer Anzahl zum Vorschein. Die meisten verfügten über einen Mühlstein, der von einem Tier im Kreis gedreht wurde und die Oliven zerquetschte. Der Brei kam, in Tüchern verpackt, unter die mit Gewichtssteinen beschwerten Balken. Das kostbare Öl floss durch Rinnen in Auffangbehälter. Es diente zur Beleuchtung, zum Kochen, als Nahrungsmittel, um Lebensmittel zu konservieren, bei kultischen Handlungen als Trankopfer und zur Körperpflege. Der Trester, der ausgepresste Rest der Oliven, wurde als Brennmaterial verwendet.

Von den Wohnhäusern, die aus den unterirdischen Zisternen* mit Wasser versorgt wurden, ist wenig erhalten. Die Räume waren um Höfe herum errichtet, Treppen führten sowohl auf das Dach wie auch hinunter zu den Wasserreservoiren, Vorratsräumen und Pressen. Tonröhren leiteten den Regen von den Straßen, Dächern und Höfen hinab unter die Erde.

Die schmale Treppe führt tief hinunter in die Zisterne.

Der Inhalt der Zisternen ist vielfältig: Keramik*, Siegelabdrücke, Münzen, Knochen und allerhand Abfall fanden den Weg in die Löcher und füllten sie zusammen mit feinem Sand langsam auf. Ausgräber und ihre Helfer können hier einmal in angenehmer Kühle arbeiten und im unterirdischen Labyrinth Entdeckungen machen.

Große Grabkomplexe werden als „Sidonische Gräber" bezeichnet. Die Bewohner von Marescha gruben Nischen mit dreieckigem Giebel in den Felsen. Die Bezeichnung stammt von einer Inschrift, die Apollophanes, den Sohn des Sesmaios, erwähnt, einen Leiter der sidonischen Gemeinschaft in Marissa. Die Malereien lassen Rückschlüsse auf die ausgeübte Kunst zu, ferner auf die Mythologie, die damals bekannte Tierwelt, Familienverbindungen und Begräbnisriten. Die Höhlen entdeckte man 1902. 1993 wurden die Fresken restauriert.

Höhlen in Glockenform

Ein steiniger Fußpfad führt hinüber zu den *bell caves*. Unterwegs kommen wir an „Sandahanna" vorbei. Es handelt sich um eine christliche Kirche aus byzantinischer Zeit*, die von den Kreuzfahrern erneuert wurde. Sie war der Heiligen Anna, der Mutter Marias, geweiht. Die Araber konnten oder wollten den Namen nicht aussprechen, und so entstand die Bezeichnung Sandahanna. Der ganze Hügel wurde bis zur Übernahme durch die Israelis so benannt.

› Durch das Ausbrechen von Bausteinen entstanden die sogenannten *bell caves.*

Etwa 800 glockenförmige Höhlen wurden in byzantinischer und früharabischer Zeit als Steinbruch genutzt. Sie sind zum Teil untereinander verbunden und bilden ein großes Netzwerk. Bei jeder Anlage entstand zunächst ein schmales Loch. Je mehr Steine mithilfe von Seilen herausgehoben wurden, desto mehr erweiterte sich die darunter befindliche Höhle. Die spezielle Art der Anlage hat gute Gründe: Die Glockenform verhindert, dass die Höhle einstürzt. Der Kalkstein trocknet nicht aus, und außerdem konnten die Arbeiter sich vor Umwelteinflüssen schützen und systematisch vorgehen. Eingeritzte Inschriften lassen darauf schließen, dass hier Christen zugange waren, die sich in der arabischen Sprache ausdrücken konnten. Die Steinbrüche wurden vom 7. bis zum 10. Jahrhundert bewirtschaftet.

Ein besonderes Erlebnis sind die Lichtverhältnisse und die Akustik in den Glockenhöhlen. Einige seltsame Geräusche können den Fledermäusen zugeordnet werden, die sich dort eingenistet haben.

Ein Bündel Wolle auslegen

Die Höhlen von Marescha erinnern mich an eine Geschichte aus dem Richterbuch, Kapitel 6,1-14. Hier waren Höhlen die notwendige Zuflucht für das hart bedrängte Volk Gottes:

„Wieder taten die Israeliten Böses in den Augen des HERRN, *und der* HERR *lieferte sie für sieben Jahre den Midianitern aus. Die Unterdrückung durch die Midianiter war so hart, dass die Israeliten sich in den Bergen Befestigungen bauten, in die sie sich zurückziehen konnten. Diese bestanden aus Wassergräben, aber auch aus Höhlen und Felsenhöhen, die ihnen als Burgen dienten. Jedes Mal, wenn die Israeliten Getreide aussäten, fielen die Midianiter und Amalekiter bei ihnen ein. Auch die Völker aus dem Osten griffen Israel an, belagerten das Land und vernichteten die Ernte bis nach Gaza. Sie ließen den Israeliten nichts zu essen übrig und nahmen ihnen alle Schafe, Rinder und Esel weg. Denn zahlreich wie die Heuschrecken fielen sie mit ihrem Vieh und ihren Zelten bei ihnen ein. Sie und ihre Kamele waren so viele, dass man sie nicht zählen konnte, und sie blieben, bis das Land geplündert war. Auf diese Weise machten die Midianiter Israel arm. Da schrien die Israeliten zum* HERRN *um Hilfe …*

Gideon, der Sohn von Joasch, drosch gerade Weizen unten in der Kelter, um es vor den Midianitern in Sicherheit zu bringen. Der Engel des HERRN *erschien ihm und sagte: ‚Der* HERR *ist mit dir, tapferer Held!‘ ‚Ach, Herr‘, entgegnete Gideon, ‚wenn der* HERR *mit uns ist, warum ist uns dann all das passiert? Wo bleiben die Wunder, von denen unsere Vorfahren uns erzählten? Sagten sie nicht: Der* HERR *hat uns aus Ägypten herausgeführt? Jetzt hat der* HERR *uns verlassen und an die Midianiter ausgeliefert.' Da wandte sich der* HERR *zu ihm und sagte: ‚Geh mit der Kraft, die du hast, und rette Israel vor den Midianitern. Ich sende dich aus!'"*

Der später so tapfere Held Gideon, der da unten in der in den Fels eingegrabenen Weinpresse seinen Weizen drosch, war zunächst gar nicht mutig. Er musste erst einmal seine Zweifel loswerden: Warum ließ Gott das Elend zu? Warum geschahen keine Wunder, wie sie das Volk Israel früher erlebt hatte? Warum … – Fragen sind das, wie sie auch heute tausendfach gestellt werden. Gott antwortete, indem er Gideon einen Auftrag gab. Doch dieser Auftrag und der Hinweis auf die eigene Kraft (*„mit der Kraft, die du hast"*) waren Gideon nicht genug. Er folgte zwar den Anweisungen, einen Altar Baals und einen Pfahl für Aschera zu zerstören, er tat dies aber heimlich und bei Nacht. Bevor er sich weiter in den Dienst des Höchsten stellte, forderte er ein Zeichen.

„‚Ich werde heute Abend geschorene Wolle auf die Tenne legen. Wenn die Wolle morgen früh feucht vom Tau und der Boden rundherum trocken ist, weiß ich, dass du Israel durch mich retten willst, wie du es zugesagt hast.' Und genau so geschah es. Als Gideon früh am nächsten Morgen aufstand, drückte er die geschorene Wolle aus und es kam eine ganze Schale voll Tau heraus" (Richter 6,37-38). Noch nicht überzeugt, forderte er für die kommende Nacht ein umgekehrtes Wunder und erhielt auch dieses: Die Wolle blieb trocken, der Boden war nass.

Um ehrlich zu sein: Mir geht es oft genauso. Eigentlich weiß ich, was ich zu tun hätte, aber ich traue mich nicht. Da muss zuerst eine deutliche Ansage her, ein Beweis, dass ich mich bewegen soll. Ich zögere, frage, habe keinen Mut oder versuche es „hintenherum", um nicht aufzufallen und bloßgestellt zu werden. Wie tröstlich ist da die Geschichte Gideons. Gott sagte nicht: „Genug jetzt, ich hab's dir gesagt!", sondern er ließ ihn ein weiteres Zeichen sehen. Seine Geduld und Güte gelten auch für mich. Manchmal erwartet er, dass ich glaube, ohne etwas zu sehen (Johannes 20,29). Aber zu anderen Zeiten darf ich auch um ein Signal beten: *„Herr, gib mir ein Zeichen deiner Güte"* (Psalm 86,17).

34

Apollonia und Tell Dor: Aus Stein gebaut für immer und ewig?

Der Nationalpark Apollonia liegt an der Mittelmeerküste, nördlich von Tel Aviv. Die Phönizier nannten die Siedlung Arsuf, nach ihrem Sturm- und Kriegsgott Reschef.[32] Natürliche Buchten wurden als Ankerplätze benutzt. Die Phönizier lebten vom Seehandel, vom Fischfang und von der Purpur-Produktion. Dazu wurden im Winter Schnecken gefangen, das weiche Innere mit den Drüsen herausgeklaubt, das Ganze zerdrückt, drei Tage in Salzwasser gekocht, gereinigt und durch Kochen in Urin eingedickt. Der damit gefärbte Stoff musste dem Sonnenlicht ausgesetzt werden, damit sich die anfangs schwach gelbliche Färbung in Purpur verwandelte. Zur Herstellung eines Grammes reinen Purpurs mussten ca. 10 000 Tiere verarbeitet werden. So entstanden „Müllhalden" von Schneckenhäusern, aus denen Archäologen die Produktionsmenge ablesen können.

Zwischen dem 4. und 3. Jahrhundert v.Chr., der hellenistischen Periode*, wurde der Gott Reschef mit Apollo gleichgesetzt. Die seit der persischen Zeit* bewohnte Siedlung hieß dann dementsprechend Apollonia. Allerdings wurde der Ort erst in der römischen Zeit*, dem 1. bis 3. Jahrhundert n.Chr., zu einer wirklichen Stadt. Es scheint, als hätten Samaritaner und Juden miteinander oder jedenfalls nebeneinander dort gelebt. Die folgende byzantinische Zeit*, das 5. und 6. Jahrhundert, erlebte der Ort unter dem Namen Suzussa und stieg zum bedeutendsten Hafen jenes Küstenabschnitts auf. Wein- und Ölproduktion mit den entsprechenden Pressen sowie eine Glasmanufaktur ermöglichten Wohlstand. In einer schönen Kirche versammelten sich die Christen zum Gottesdienst. Die Bewohner fühlten sich sicher, eine Stadtmauer benötigten sie nicht. Für süßes Wasser sorgte ein ausgeklügeltes System, das den Regen in Zisternen* leitete.

Die Zeit vom 7. bis 11. Jahrhundert wird als frühislamisch bezeichnet. Die Muslime besannen sich auf den ursprünglichen Namen Arsuf und schützten die Stadt mit einem Wall. Die Fläche der Siedlung ging drastisch zurück, die Bevölkerungszahl wahrscheinlich aber nicht, sodass ein ziemliches Gedränge geherrscht haben dürfte. Im Jahr 1099 fiel Jerusalem an die Kreuzfahrer und zwei Jahre später eroberten diese die Stadt an der Küste, nunmehr Arsour genannt. Die Stadt avancierte in der Folge zur Hauptstadt der Region an der Scharon-Küste. Der Schutzwall wurde verstärkt und ein Graben ausgehoben.

Im nächsten Jahrhundert wechselten die Geschicke erneut, doch danach kehrten die Kreuzfahrer für weitere 100 Jahre zurück. Unter ihrem Anführer, Jean d'Ibelin d'Arsour, entstand eine scheinbar unbesiegbare Burg mit steinernen Mauern, hohen Türmen und einer Brücke über den Graben. Die Küstenseite ist sehr steil und kein Feind konnte dort eindringen. Trotz aller Vorkehrungen fiel die Anlage 1265 nach einer Belagerung von 40 Tagen. Die darin ausharrenden Ritter wurden gezwungen, die Burg abzubrennen. Sie hatte nur 24 Jahre Bestand gehabt!

› In solchen Kalkbrennöfen landeten Marmorblöcke, Statuen und andere unersetzliche Kunstwerke.

Burgbesichtigung

Es lohnt sich, ein Picknick in den Rucksack zu packen und den Weg zur Ritterburg unter die Füße zu nehmen. Dabei kommt man am äußeren Stadtgraben vorbei und gelangt zu den Resten einer römischen Villa. Unterwegs sind verschiedene Zisternen und ein Kalkbrennofen zu besichtigen. Solche Installationen sind selten zu sehen, obwohl sie sehr oft und an vielen Orten in Gebrauch waren. Um die Wände der Wohnhäuser weiß zu verputzen, holte man sich mit Vorliebe griechische und römische Marmorblöcke, Säulen oder auch Statuen. Bei großer Hitze zerbröselte der Stein innerhalb von drei bis sechs Tagen zu Pulver und wurde dann zu Putz verarbeitet. Dieser Praxis fielen bis in die Neuzeit unschätzbar wertvolle Kunstgegenstände zum Opfer, und nur selten konnten die Forscher etwas retten.

Die Ritterburg war dreifach geschützt durch einen Graben sowie eine äußere Befestigung mit riesigen halbrunden Türmen und einem inneren System von Türmen und dicken Mauern. Dazu erhob sich im Innern der Burg ein hoher achteckiger Bergfried. Eine Besucherbrücke überquert den 30 Meter breiten und 14 Meter tiefen Burggraben. Bei der Belagerung wurde er mit Baumstämmen aufgefüllt, sodass die Rammböcke darüber gerollt werden konnten. Berge an steinernen Wurfgeschossen (es wurden 2200 Stück gezählt) erinnern an den Kampf. Die Überreste von Hallen, Höfen und Vorratsräumen, eine Getreidemühle und Küchen sind zu sehen.

Selbst viele Ballisten (Wurfgeschosse) konnten eine Einnahme durch die Feinde nicht verhindern.

Nicht nur die Ruinen sind sehenswert, auch die Natur der Scharon-Küste ist vielfältig. Seltene Pflanzen und eine interessante Tierwelt lassen sich mit etwas Kenntnis und Geduld auf den Sandsteinklippen beobachten.

Tell Dor

Etwas weiter nördlich der Küste entlang liegt die antike Stadt Dor. Sie wird mehrfach in der Bibel erwähnt. In 1. Chronik 7,29 heißt es: *„Im Besitz der Nachkommen Manasses befanden sich die Städte Bet-Schean, Taanach, Megiddo und Dor, jeweils mit ihren umliegenden Ortschaften. In diesen Städten lebten die Nachkommen Josefs, des Sohnes Israels."* Das Verzeichnis in 1. Könige 4 zählt die Beamten und Statthalter Salomos auf: *„Der Sohn von Abinadab war für das ganze Bergland von Dor zuständig. Er war mit Tafat, einer Tochter Salomos, verheiratet"* (Vers 11).

Ihren Namen erhielt die Siedlung in griechischer Zeit. Als Gründungsmythos wurde erzählt, dass Doros, der Stammvater der Dorer, die Stadt erbaut habe. Die berühmte Xanthippe sei übrigens die Tochter des Doros gewesen.

Aus der Zeit Ahabs, des Königs von Israel, stammen Reste einer Stadtmauer und eines Tores mit vier Kammern. Bevor das Gebiet von den Assyrern erobert wurde, trieb man schon eifrig mit Griechenland und den Ägäischen Inseln Handel, wie Keramikscherben zeigen. Im 8. Jahrhundert v.Chr. wurde Dor oder Duru, wie es damals genannt wurde, zur Hauptstadt einer assyrischen Provinz. Eine wichtige Straße lief der dortigen Küste entlang nach Jaffa. Eine neue Mauer und neue Tore (diesmal mit zwei Kammern) wurden gebaut. Übrigens bestand die Mauer – wie diejenige in Aschdod-Yam – aus Lehmziegeln, verstärkt mit Aufschüttungen auf beiden Seiten. Während der Babylonischen Gefangenschaft des Volkes Israel war die Gegend dünn besiedelt, einen Aufschwung erlebte sie wieder in persischer Zeit*. Griechische Händler wohnten schon damals dort und fügten sich nahtlos in die Herrschaft von Ptolemaios ein, dem General Alexanders des Großen. Die Stadtmauer zu jener

Zeit bestand aus Steinblöcken und war alle 30 Meter durch quadratische Türme verstärkt. Die Machtansprüche verschiedener Herrscher hinterließen ihre Spuren. Dor wurde schließlich in römischer Zeit* eine unabhängige Stadt mit Münzrecht.

Viele Reste der Stadt Dor liegen mittlerweile unter dem Meeresspiegel.

Die Forschung

Erste Grabungen fanden 1923 unter John Garstang statt. Es war die größte Grabung im Mandatsgebiet Palästina. Die Schnitte* reichen tief hinab durch römische bis in bronzezeitliche Schichten. Zu sehen ist davon vor Ort nicht mehr viel. Ein zum Meer hin ausgerichtetes Theater wurde angeschnitten und hellenistische Wohnquartiere untersucht. Aus römischer Zeit stammte ein riesiger Tempel. Eine Karawanserei*, Lagerhallen und öffentliche Thermen* lagen im Nordwesten der Stadt. Eine fünfschiffige Basilika* zeugt von der Anwesenheit der Christen. Ergänzt wird die Forschung durch Unterwasseruntersuchungen. Zahlreiche Funde zeigen die unterschiedlichsten Götterbilder. Kleine Modelltempel, Fayenceamulette und Figurinen* lassen auf die in Dor beheimateten religiösen Vorstellungen schließen.

Im benachbarten Kibbuz Nachscholim befindet sich in der ehemaligen Glasfabrik des Barons Edmond de Rothschild ein Museum mit Funden von Tell Dor. Auch Stücke der Unterwasserexkursionen entlang der Küste sind dort zu sehen.

Für die Ewigkeit gebaut?

Die riesige „uneinnehmbare" Ritterburg in Apollonia und die vielen Mauern von Tell Dor schienen für die Ewigkeit gebaut worden zu sein. Allerdings lassen nur noch klägliche Reste auf die einstige Macht und Pracht schließen.

Der Apostel Paulus wagt einen Vergleich des Lebenswerkes der Christen mit Baumaterialien. *„Ihr seid Gottes Acker, sein Bauwerk – nicht unseres. Aufgrund der besonderen Gnade, die Gott mir schenkte, habe ich als weiser Bauherr das Fundament gelegt. Nun bauen andere darauf auf. Doch wer auf diesem Fundament aufbaut, muss sorgsam vorgehen. Denn niemand kann ein anderes Fundament legen als das, das schon gelegt ist – Jesus Christus. Wer nun auf dieses Fundament aufbaut, kann dazu Gold, Silber, Edelsteine, Holz, Heu oder Stroh verwenden. Am Tag des Gerichts wird sich die Arbeit jedes Einzelnen im Feuer bewähren müssen. Das Feuer wird zeigen, von welcher Qualität das Bauwerk ist. Wenn es dem Feuer standhält, wird der, der es gebaut hat, Lohn empfangen. Doch wenn sein Werk verbrennt, wird er einen schmerzlichen Verlust erleiden. Er selbst wird zwar gerettet werden, aber nur wie einer, der mit Mühe und Not einem Feuer entkommt. Erkennt ihr denn nicht, dass ihr der Tempel Gottes seid und dass der Geist Gottes in euch wohnt? Gott* *wird jeden ins Verderben stürzen, der diesen Tempel verdirbt. Denn Gottes Tempel ist heilig, und ihr seid dieser Tempel"* (1. Korinther 3,9-17).

Welche Ehre ist es, Tempel Gottes genannt zu werden! Doch der Bau dieses Tempels muss klug angefangen werden. Auf das Fundament kommt es ebenso sehr an wie auf die Wahl des Baumaterials. Ob das eigene Lebenswerk Bestand haben wird – das ist eine Frage, über die man nicht nur beim Besuch in Apollonia und Tel Dor nachdenken sollte.

Wind und Wellen setzen den Ruinen zu.

35

Das Herodion: Ein Monument der Macht

Herodes der Große ist bekannt für seine groß dimensionierten Bauten. Mit dem Hügel und der darin ruhenden kreisrunden Burg Herodion setzte er sich ein besonderes Denkmal. Etwa fünf Kilometer von Bethlehem entfernt errichtete Herodes der Große in der Zeit von 24–12 v.Chr. eine Palastanlage und eine starke Festung. Er benannte sie nach seinem eigenen Namen. Es wird sich dabei um einen Sommerpalast für seine Familie gehandelt haben, vor allem aber diente die Anlage als Monument seiner Macht.

Das Herodion ist ein künstlich angelegter Hügel. Darin verbirgt sich eine kreisrunde Festung.

Ein Hügel wurde dazu stark bearbeitet und aufgeschüttet, sodass er heute wie ein Kegelstumpf aussieht. Riesige Mauern stützten hohe Türme, die wiederum die Gebäude schützten. In den Fels wurden Zisternen* gegraben. Die Befestigung bestand aus einer runden Doppelmauer mit vier Türmen, welche nach den vier Himmelsrichtungen weisen. Der Durchmesser der Festung misst außen 60, innen 50 Meter. Eine solche runde Anlage aus der Antike ist selten zu finden.

Ein Teil des Palastes im Innern des Herodions.

Der Innenraum wird von einem Säulenhof beherrscht. Eingänge führen in die Türme und in unterirdische Kammern und Reservoire. Ein Wohnteil oder Palast enthält ein Triclinium, das heißt eine Art Wohnzimmer mit an drei Seiten umlaufenden Bänken. Schlafzimmer, Küchen usw. schließen sich an. Der Bequemlichkeit diente ein typisch römisches Bad mit Mosaikboden. Die Wände der Räume waren mit Stuck überzogen und wurden farbig bemalt. Dabei imitierte man auch vielfarbigen Marmor. So sahen die Hallen und Zimmer edel aus, ohne dass das Baumaterial von weit herangeschafft werden musste. Ein kleines Theater an der Hügelflanke mit 450 Sitzplätzen wurde speziell für hohen Besuch erbaut, wahrscheinlich für Herodes' Freund Marcus Agrippa, den Schwiegersohn des Kaisers, im Jahre 15 v.Chr.

In die Flanke des Hügels wurde speziell für einen hohen Gast ein kleines Theater eingebaut.

Ort der Revolte und der Anbetung

Nach dem Tod Herodes' des Großen 4 v.Chr. ging die Festung in die Hände seines Sohnes Archelaus über. Infolge seiner Verbannung nach Rom legten die römischen Statthalter ihre Hand darauf. Als die große Revolte im Jahre 66 n.Chr. ausbrach, übernahmen Rebellen die Burg. Sie bauten das Triclinium zu einer Synagoge um. Auch eine Mikwe* wurde eingerichtet. Nach vier Jahren rückte die 10. römische Legion (Legio X Fretensis) unter dem Kommando von Lucilius Bassus auf ihrem Marsch nach Masada an, eroberte die Festung und zerstörte sie. 132 n.Chr. nutzten Rebellen des Bar-Kochba-Aufstands den Hügel. Ein ausgedehntes Tunnelsystem, weitere Zisternen und geheime Ausgänge entstanden. Die Burg konnte aber nicht lange gehalten werden. Zwischen dem 6. und 7. nachchristlichen Jahrhundert nutzten Mönche den Platz. Inschriften, Münzen und Gebäudereste belegen dies.

› Am Fuß des Hügels ließ Herodes eine grandiose Anlage mit Gebäuden, Wasserbecken und Garten anlegen.

Am Fuß des Hügels ist noch heute zu erkennen, welche Bauwerke Herodes angelegt hatte. Man sieht Reste eines prächtigen Palastes. Die Anlage umfasst auf einer Fläche von ca. 20 Hektar mehrere Wohn- und Versorgungsgebäude, Ställe, eine Badeanlage, ein großes Schwimmbecken, das auch für Bootsfahrten und als Wasserreservoir diente, und wahrscheinlich einen wundervollen Garten. Das benötigte Wasser wurde durch einen Kanal aus dem 12 Kilometer entfernten Jerusalem herangeleitet. Ein Tunnel führte ursprünglich zum Palast, wurde aber bereits zu Herodes' Zeiten blockiert. Forscher meinen, er sei deshalb nicht benutzt worden, weil die ganze Anlage nicht mehr dem ursprünglichen Zweck als Zufluchtsort diente, sondern ein monumentales Grab darstellen sollte.

Die Entdeckung des Herrschergrabes

Im 19. Jahrhundert besuchten zahlreiche Forscher den Hügel und beschrieben ihn. 1962–67 untersuchten Franziskaner unter Vigelio Corbo die Ruinen. Danach erfolgten Restaurationsarbeiten und weitere Grabungen. Reste des Palastes am Fuß des Hügels waren bis in die Neuzeit sichtbar. Zwischen 1972 und 1980 erkannte Ehud Netzer die großartige architektonische Anlage. Der gesamte Komplex wurde nach einem Gittersystem genau geplant. Vier Hauptachsen, je zwei in Nord-Süd- und Ost-West-Ausrichtung, sowie eine Diagonale spiegeln die einzelnen Teile der Paläste.

38 Jahre lang suchte Netzer nach dem Grab des Herodes. Der jüdische Herrscher soll im Herodion zu Grabe gelegt worden sein. Wie kam es dazu, dass er gerade diesen Ort als letzte Ruhestätte bestimmte? Im Jahr 40 v.Chr. musste seine Familie vor den Parthern aus Jerusalem fliehen und der Wagen der Mutter des Königs stürzte um, sodass sie beinahe den Tod fand. Darauf soll der Sohn geschworen haben, den Platz zu seiner letzten Ruhestätte zu bestimmen. Eine 350 Meter lange breite Straße führt vom unteren Palast den Hügel entlang. Eine monumentale Treppe steigt bis in die Mitte der Hügelflanke. Dies könnte den Prozessionsweg zum Begräbnis des Herrschers darstellen. An ihrem Beginn fand man ein monumentales Gebäude, ein Triclinium, das vielleicht den wiederkehrenden Trauermählern an den Gedenktagen des Todes diente. Der Historiker Flavius Josephus beschreibt die Prozession:

„Die Bahre war von massivem Golde und mit Edelsteinen besät, darüber war eine golddurchwirkte Decke aus echtem Meerpurpur gebreitet, auf ihr war dann die Leiche selbst gebettet, gleichfalls in Purpur gehüllt, das königliche Stirnband auf dem Haupt, darüber noch eine goldene Krone, in der Rechten das Zepter. Die Bahre umgaben zunächst seine Söhne und die zahlreiche Verwandtschaft. Diesen schloss sich die eigentliche königli-

che Leibgarde und das Korps der Thrakier, der Germanen und Galater an, sämtlich in voller Kriegsparade. Das übrige Heer marschierte an der Spitze des Zuges hinter seinen Generälen und Obersten, gleichfalls in voller Rüstung. Den Schluss bildeten 500 königliche Sklaven und Freigelassene, welche verschiedene Spezereien für die Bestattung trugen. So wurde die Leiche einen Weg von 70 Stadien bis nach Herodion geleitet, wo sie nach des Königs eigener Anordnung beigesetzt wurde."[33]

Die vermuteten Reste des Grabmonuments Herodes' des Großen.

Aufwendig verzierte Steinblöcke, welche nachträglich in eine byzantinische Kirche verbaut wurden, stammen möglicherweise vom Mausoleum. Im Mai 2007 verkündete Netzer, den Platz und Bruchstücke des Sarkophags gefunden zu haben. Am 25. Oktober 2010 besuchte der 76-Jährige die Grabung und stürzte dabei mehrere Meter tief ab, erlitt schwere Kopfverletzungen und verstarb drei Tage später.

Ein Modell zeigt das mögliche Aussehen der Grabanlage. Allerdings bestätigt keine Inschrift die Richtigkeit, und inzwischen kommen auch Zweifel auf. Heftig geführte Diskussionen zwischen Archäologen, Historikern und Politikern sind keine Seltenheit. Immer wieder werden Funde für ideologisch gefärbte Ansichten instrumentalisiert. So lösten die Grabungen und die Einrichtung eines Nationalparks Herodion sowie eine große Ausstellung über Herodes den Großen 2013 in Jerusalem hitzige Debatten zwischen Juden und Palästinensern aus. Möglich ist, dass Juden noch im Altertum das Grab des verhassten Königs beraubten und schleiften, sodass sein Andenken fast völlig verloren ging.

Zwei Modelle der Macht

Das Streben nach Macht ist eine Energie, die jedem Menschen innewohnt und die durch die Jahrtausende viel Unheil heraufbeschwor. Herodes, der sich an seinen durch Intrigen eroberten Thron klammerte, ist ein extremes Beispiel dafür. Ein Beispiel allerdings, das mit den nötigen Abstrichen für den Normalfall steht: Jedem Menschen ist Macht willkommen. Herodes ging so weit, dass er alle möglichen Kontrahenten erbarmungslos ausschaltete, sogar die eigenen Söhne. Dies wird auch der Grund für das Massaker an den Kindern von Bethlehem gewesen sein. Bethlehem liegt ja in Sichtweite des Herodion – die Burg und Bethlehem sind also beides Schauplätze, an denen Herodes seine Macht sichern wollte.

Der Herrscher hatte durch die weit gereisten Sterndeuter von einem ominösen neugeborenen Judenkönig gehört. Wenn da ein Konkurrent heranwachsen sollte, dann musste der unbedingt beseitigt werden. Um ihn zweifelsfrei zu erwischen, ging Herodes gründlich vor: *„Er schickte Soldaten aus, die in Bethlehem und der ganzen Umgebung alle Jungen im Alter von zwei Jahren und jünger umbringen sollten. Denn die weisen Männer hatten ihm erzählt, dass sie den Stern vor etwa zwei Jahren zum ersten Mal gesehen hatten“* (Matthäus 2,16).

Weder in außerbiblischen Quellen noch in archäologischen Zeugnissen sind Hinweise auf den Kindermord in Bethlehem zu finden. Allerdings passt er gut ins Bild des Herrschers. Herodes der Große handelte machtpolitisch schlau, zumindest kurzfristig gesehen. Auf lange Sicht trug ihm sein Verhalten aber den Hass der Bevölkerung und der Nachwelt ein.

Das Ereignis von Bethlehem – die Geburt des „Königs der Juden" – kann aber auch zu ganz anderen Schlussfolgerungen führen. Dafür steht der hochbetagte Simeon in Jerusalem: *„An diesem Tag führte der Heilige Geist ihn* (Simeon) *in den Tempel. Als Maria und Josef kamen, um das Kind dem Herrn zu weihen, wie es im Gesetz vorgeschrieben ist, war Simeon dort. Er nahm das Kind auf seine Arme und lobte Gott und sagte: ‚Herr, nun kann ich in Frieden sterben! Wie du es mir versprochen hast, habe ich den Retter gesehen, den du allen Menschen geschenkt hast. Er ist ein Licht, das den Völkern Gott offenbaren wird, und er ist die Herrlichkeit deines Volkes Israel! … Dieses Kind wird von vielen in Israel abgelehnt werden, und das wird ihren Untergang bedeuten. Für viele andere Menschen aber wird er die höchste Freude sein. Auf diese Weise wird an den Tag kommen, was viele im Innersten bewegt"* (Lukas 2,27-35).

Jesus hatte ein völlig anderes Verständnis von Macht und Gewalt. Er stellte die gängigen Maximen auf den Kopf. Er fand sich im Bild des gewaltlosen Dieners Gottes wieder: *„Er wird weder kämpfen noch schreien; er wird seine Stimme nicht in der Öffentlichkeit erheben. Er wird das geknickte Rohr nicht zerbrechen und den glimmenden Docht nicht auslöschen"* (Matthäus 12,19-20). Das machte Jesus zum Maßstab für seine Nachfolger, und seine Worte zeigen, wie sehr er mit der Machtpolitik von Herrschern wie Herodes vertraut war: *„Ihr wisst, dass in dieser Welt die Könige Tyrannen sind und die Herrschenden die Menschen oft ungerecht behandeln. Bei euch soll es anders sein. Wer euch anführen will, soll euch dienen, und wer unter euch der Erste sein will, soll euer Sklave werden. Der Menschensohn ist nicht gekommen, um sich bedienen zu lassen, sondern um anderen zu dienen und sein Leben als Lösegeld für viele hinzugeben"* (Matthäus 20,25-28).

Als sich am Ende seines Lebens tatsächlich herausstellte, dass Jesus der König der Juden war, da „definierte" er seine Herrschaft höchst merkwürdig. Zu Pilatus sagte er: „,*Du sagst es: Ich bin ein König; du hast recht … Dazu bin ich geboren. Ich bin gekommen, um der Welt die Wahrheit zu bringen. Wer die Wahrheit liebt, wird erkennen, dass meine Worte wahr sind*'" (Johannes 18,37). Solch ein Herrscher ist Jesus also: einer, der keine andere Macht hat als seine Worte. Der auf nichts bauen kann als auf die Zustimmung seiner Nachfolger.

Und genau das ist der Unterschied. Herodes hinterließ nach seinem Tod eine Vielzahl von Menschen, die ihn hassten. Jesus dagegen hinterließ Nachfolger. Am Ende hat sich gezeigt, welches Konzept von Macht machtvoller ist.

36

Bethlehem und Ramat Rachel: Himmlische Gärten

Zum Abschluss unserer Pilgerreise nähern wir uns wieder Jerusalem und besuchen den Geburtsort Jesu, Bethlehem, sowie das nahebei liegende Ramat Rachel. „Bet Lechem", das Haus des Brotes (so die Bedeutung des Ortsnamens), war die Heimat Davids. Die Stadt liegt nur zehn Kilometer südlich von Jerusalem, aber heute sind beide Orte durch Welten getrennt – besser gesagt durch eine dichte Grenze mit hohen Mauern und scharfen Kontrollen.

Bethlehem wird in der Bibel erstmals beim Tod Rahels erwähnt. Sie starb bei der Geburt ihres zweiten Sohnes Benjamin und *„wurde am Weg nach Efrata, dem heutigen Bethlehem, begraben"* (1. Mose 35,19). Ein anderes Frauenschicksal, dasjenige der Moabiterin Ruth, entschied sich ebenfalls dort. Sie wurde die Urgroßmutter Davids, der in Bethlehem zu Hause war und zum zweiten König von Israel gesalbt wurde. Der Ort galt als Symbol des Herrscherhauses und Zentrum des messianischen Glaubens. Der Prophet Micha sagte voraus: *„Du, Bethlehem Efrata, bist zwar zu klein, um unter die großen Städte Judas gerechnet zu werden. Dennoch wird aus dir einer kommen, der über Israel herrschen soll. Seine Herkunft reicht in ferne Vergangenheit zurück, ja bis in die Urzeit"* (Micha 5,1). Die Siedlung lag an der strategisch wichtigen Karawanenstraße von Jerusalem über Hebron nach Ägypten.

Der Ort, an dem Jesus geboren wurde, zog schon früh Pilger an. Etwa im Jahr 330 n.Chr. reiste Helena, die Mutter des Kaisers Konstantin, zur Höhle, die nach der Überlieferung der Stall der Geburt

Unter der Geburtskirche befinden sich außer der Geburtsgrotte noch zahlreiche andere Höhlen und Grotten.

gewesen sein soll. Ein christlicher Gelehrter, Hieronymus, hatte berichtet, dass in römischer Zeit in der Nähe der Jupiter- und Adoniskult praktiziert würde. Aus dem Jahr 333 erwähnte der Pilger von Bordeaux, dass eine Basilika* über der Grotte gebaut worden sei. Viele Pilger erzählten in der Folge von der prächtigen Innenausstattung der Kirche. Im 6. Jahrhundert wurde sie abgerissen – wahrscheinlich war sie zerfallen –, und Justinian ließ den Boden anheben und mit Steinpflaster belegen. Als im Jahr 614 die Perser in Palästina einfielen, wurden zahlreiche Kirchen und Klöster zerstört, nur die Geburtskirche in Bethlehem nicht. In einem Brief der Jerusalemer Synode wird als Grund angegeben, dass die Soldaten mit Erstaunen die Bilder der Magier aus Persien, der sogenannten „Heiligen Drei Könige", auf einem Mosaik an der Fassade gesehen hätten und aus Hochachtung und liebender Ehrfurcht vor ihren Vorfahren die Stätte verschonten.

Der Eingang zur Geburtskirche in Bethlehem ist niedrig.

640 kamen die Truppen des Kalifen Omar nach Betlehem. Auch diese sollen die Kirche unangetastet gelassen haben, denn Jesus wurde als Prophet Isa geehrt.

Im 12. Jahrhundert restaurierten die Kreuzfahrer die Geburtskirche. Im 17. Jahrhundert war wieder eine Ausbesserung nötig, und diese wurde von griechisch-orthodoxen Mönchen in die Hand genommen. Im 18. Jahrhundert brach ein Streit zwischen Armeniern, Katholiken und Griechisch-Orthodoxen um die Kirche aus. Die türkische Regierung sprach darauf jeder Konfession einen Teil zu. Die Auseinandersetzung war dadurch aber nicht zu Ende, es wurde sogar eine Mauer gebaut, um die verschiedenen Christen voneinander zu trennen. Erst 1917 wurde sie eingerissen. Wenige Tage vor Weihnachten im Jahr 1995 kam Bethlehem unter palästinensische Verwaltung.

Der offizielle Eingang der Geburtskirche ist nur 1,2 Meter hoch und 79 cm breit. Jeder Besucher muss sich bücken. Das Gotteshaus ist fünfschiffig und verfügt über ein großes Atrium, eine Vorhalle. Vier Reihen von je elf Säulen unterteilen den riesigen Raum. Im rechten Seitenschiff befindet sich ein steinernes Taufbecken aus ei-

Zur Geburtsgrotte geht es noch einmal hinunter.

nem Baptisterium*, das einmal außerhalb der Kirche stand. Stufen führen in die Grotte hinunter, in der ein silberner Stern den Ort bezeichnet, wo Jesus zur Welt gekommen sein soll. Ebenfalls unterirdisch sind einige weitere Höhlen zu finden. Es handelt sich dabei um Wohnhöhlen aus dem 7. Jahrhundert v.Chr. sowie um Begräbnisstätten. Heute stehen Altäre darin und erinnern an Josef, an die unschuldigen Kinder, die Herodes zum Opfer fielen, an verschiedene Kirchenmänner und -frauen und an Hieronymus aus Dalmatien, der im 4. Jahrhundert ein Kloster gründete und die lateinische Übersetzung der Bibel, die Vulgata, vollendete.

Ein silberner Stern soll die Stelle der Geburt Jesu markieren.

Ramat Rachel

Auf halbem Weg zwischen der Altstadt Jerusalems und Bethlehem liegt der Kibbuz Ramat Rachel. Er wurde 1926 durch Einwanderer aus Litauen und Russland gegründet. Den Namen erhielt er von dem nahe liegenden Grab Rahels. Ramat bedeutet Anhöhe, und es ist möglich, dass der Hügel (818 Meter ü.d.M.) früher als Wachposten diente, um das Heranrücken von Feinden per Feuerzeichen nach Jerusalem zu melden. Jeremia 6,1 beschreibt eine dazu passende Krisensituation: *„Lauft um euer Leben, ihr Einwohner Benjamins! Flieht aus Jerusalem! Schlagt Alarm in Tekoa! Richtet in Bet-Kerem ein Zeichen auf! Von Norden zieht Unheil herauf, das dieses Volk zu vernichten droht."* Allerdings werden auch andere Identifikationen vorgeschlagen.

Heute bietet ein hohes Hotel eine wunderbare Aussicht nach Bethlehem und zum Herodion sowie nach Jerusalem. Viele jüdische Familien nutzen die Räumlichkeiten, um mit ihrer zum Teil aus Amerika angereisten Verwandtschaft das Hochzeitsfest ihrer Söhne und Töchter zu feiern. In einer geschmückten Laube im Garten, der Chuppa, findet abends unter Musik und Reden die Trauung statt. Funde aus dem archäologischen Park von Ramat Rachel sind im Hotel ausgestellt. Ein protoäolisches Kapitell* aus der Königszeit Israels ist das bedeutendste Prunkstück. Kapitelle bilden den oberen Abschluss von Säulen und die Art, wie sie aus dem Stein gehauen sind, lässt gute Rückschlüsse auf die Zeit und den Ort ihrer Herstellung zu.

› Die judäischen Könige bevorzugten eine eigene Art von Kapitellen. Sie werden als protoäolisch bezeichnet.

Unvermutete Funde auf dem Hügel

1931 wurde ein jüdisches Felsengrab entdeckt. 1954 wollten die Kibbuzniks auf dem Hügel einen Wasserturm bauen. So kam es zu Notgrabungen. Die Funde waren so bedeutend, dass unter der Leitung von Yohanan Aharoni von 1959–62 systematisch gegraben wurde. 1984, 1999 und von 2004–10 wurde weiter geforscht, restauriert und das Gelände als archäologischer Park aufbereitet. Fünf Siedlungsschichten von der späten Eisenzeit (vom 8. Jahrhundert v.Chr. an) bis zur früharabischen Zeit (7.–8. Jahrhundert n.Chr.) kamen dabei zum Vorschein. Die jüngsten Strukturen sind Weinpressen und andere landwirtschaftliche Einrichtungen. Aus der byzantinischen Periode* stammen die Reste einer Kirche und eines angrenzenden Klosters. Ein Mosaik mit einfachen geometrischen Mustern schmückte den Fußboden. Es ist anzunehmen, dass schon in den ersten christlichen Jahrhunderten Pilger auf dem Weg von Jerusalem nach Bethlehem am Brunnen von Ramat Rachel haltmachten. Die arabische Bezeichnung Bir el-Qadismu leitet sich vom griechischen *kathisma* = „Sitz“ ab. Der Archidiakon Theodosius verfasste im 6. Jahrhundert n.Chr. ein Pilgerhandbuch mit Straßen und Stationsverzeichnissen und verwies auf die Tradition, nach der sich Maria an jener Stelle auf dem Weg von Bethlehem nach Ägypten auf einem Felsen ausgeruht haben soll. Seit der Mitte des 5. Jahrhunderts soll auf diesem Rastplatz Marias eine christliche Kirche gestanden haben.

Südlich der Kirche fanden sich Reste eines römischen Bades. Die Ziegel der Bodenheizung (Hypokausten*) trugen den Stempel der Legio X Fretensis, die in Jerusalem von der Tempelzerstörung (70 n.Chr.) bis etwa 300 n.Chr. stationiert war. Auch eine römische Villa wurde ausgegraben. Unter der römischen Schicht fand sich eine Schicht aus der Zeit der Herodianer. Sie ist vor allem durch Münzen erkennbar. Noch tiefer darunter waren nur spärliche Reste der persischen und hellenistischen Zeit* mit Amphoren- und Krughenkeln, die durch Siegel gestempelt worden waren, zu finden. Diese zeugen von der Besiedelung des Platzes durch jüdische Familien nach dem babylonischen Exil. 20 Mikwaot* wurden auf dem

Platz gefunden, ebenso Taubenschläge, ähnlich wie in Kapitel 33 beschrieben. Ein reger Handel mit der Hauptstadt Jerusalem zur Zeit Jesu ist anzunehmen. Die älteste Schicht stammt aus der Eisenzeit.*

Die jüdischen Könige nutzten die Anhöhe, um eine Zitadelle mit einer Kasemattenumfassungsmauer* zu bauen. Es wird sich dabei um einen königlichen Palast gehandelt haben, eine Art Wochenendhaus abseits der Stadt mit ihrem Lärm und Getriebe. Das Tor und die Innenbauten waren mit proto-äolischen Kapitellen* geschmückt. Ein großer Garten lud zum Verweilen ein. Das zur Bewässerung nötige Nass wurde durch ein ausgeklügeltes System herangeführt. Dank den fleißig gesammelten organischen Resten könnte es möglich werden, die angebauten Blumen, Sträucher und Bäume zu bestimmen. 145 Siegelabdrücke, in der Mehrzahl mit jüdischen Königsstempeln, waren wahrscheinlich auf Öl- und Weinamphoren angebracht und erzählen vom Leben damals. Die Menge der Siegel deutet auf ein administratives Zentrum hin, in dem wahrscheinlich auch Steuern erhoben wurden.

Zahlreiche Felsengräber, vorwiegend aus herodianischer und römischer Zeit, enthielten Ossuarien* mit Inschriften jüdischer Namen.

Das neue Jerusalem und seine Gärten

Gerne wäre ich durch die damaligen Königsgärten von Ramat Rachel geschlendert, hätte den Duft der Blumen geschnuppert und von den Früchten der Bäume genossen. Die Zeiten sind vorbei, und nur ansatzweise erhellen sich heute die Umstände des Lebens der Menschen in alten Zeiten. Die Archäologie blickt rückwärts und lässt uns nachdenken über die Lehren, die aus der Geschichte gezogen werden können. Dafür braucht es aber eine Offenheit vonseiten der Forscher und ihres Publikums. Wir wissen ja, dass man leider aus der Geschichte nur das lernt, dass die Menschheit aus der Geschichte nichts lernt! Wir dürfen aber auch vorwärts schauen und uns auf ein himmlisches Jerusalem mit unvergänglichen Gärten freuen. Offenbarung 21,1-4 zeigt uns ein wunderbares Bild:

„Dann sah ich einen neuen Himmel und eine neue Erde, denn der alte Himmel und die alte Erde waren verschwunden. Und auch das Meer war nicht mehr da. Und ich sah die Heilige Stadt, das neue Jerusalem, von Gott aus dem Himmel herabkommen wie eine schöne Braut, die sich für ihren Bräutigam geschmückt hat. Ich hörte eine laute Stimme vom Thron her rufen: ‚Siehe, die Wohnung Gottes ist nun bei den Menschen! Er wird bei ihnen wohnen und sie werden sein Volk sein und Gott selbst wird bei ihnen sein. Er wird alle ihre Tränen abwischen, und es wird keinen Tod und keine Trauer und kein Weinen und keinen Schmerz mehr geben. Denn die erste Welt mit ihrem ganzen Unheil ist für immer vergangen.'"
Ich schaue gerne zurück, aber noch lieber nach vorn!

Anmerkungen

1 Die mit einem* bezeichneten Begriffe sind im Glossar auf den Seiten 326–333 näher erläutert.
2 Max Küchler: Jerusalem. Ein Handbuch und Studienreiseführer zur Heiligen Stadt. Orte und Landschaften der Bibel Band IV,2, Göttingen 2007, S. 32.
3 Zitiert nach Ulrich Wendel: Ein König zwischen Weltgeschichte und Krankenbett. Hiskias Wassertunnel und Sanheribs Keilschrift-Report. In: Faszination Bibel 1/2011, S. 20–23. Siehe auch Elberfelder Bibel mit Erklärungen und zahlreichen farbigen Fotos zur Welt der Bibel, Witten/Dillenburg [6]2016, Bildtafel 38–39. 1200 Ellen entsprechen 532,8 Metern, 100 Ellen 44,4 Metern.
4 Küchler (siehe Anm. 2), S. 279.
5 Nach M. Ben-Dov / M. Naor / Z. Aner: The Western Wall (Hakotel), Jerusalem [4]1986, S. 6.
6 Herbert Donner: Pilgerfahrt ins Heilige Land. Die ältesten Berichte christlicher Palästinapilger (4.–7. Jahrhundert). Stuttgart 1979, S. 352.
7 Ph. Häuser: Des Heiligen Cyrillus, Bischofs von Jerusalem, Katechesen, aus dem Griechischen übersetzt und mit einer Einleitung versehen. München 1922, S. 224.
8 Küchler (siehe Anm. 2), S. 238.
9 Küchler (siehe Anm. 2), S. 239.
10 Zitiert nach Klaas A.D. Smelik: Historische Dokumente aus dem Alten Israel. Göttingen 1987, S. 70 (übersetzt von Helga Weippert).
11 K.G. Holum / R.L. Hohlfelder / R.J. Bull / A. Raban: King Herod's Dream. Caesarea on the Sea, New York 1988, S. 55.
12 Plinius: Naturgeschichte, IX, S. 170–171.
13 André Lemaire: König David, die Tel Dan- und die Mescha-Stele. Vortragsmanuskript für das Seminar für Biblische Archäologie, Schwäbisch Gmünd 2011.
14 „Akropolis" ist der weithin eingebürgerte Name der Burganlage in Athen, doch das Wort meint eigentlich eine Burg auf der „Spitze" *(akron)* oberhalb der Stadt *(polis)* oder eine Oberstadt. Akropolen gab es an vielen Orten.
15 Manfred Weippert: Historisches Textbuch zum Alten Testament, Göttingen 2010, S. 67.
16 Apollodor III, 120–122; zitiert nach Ludwig Mader: Griechische Sagen. Düsseldorf 2003.
17 De vita Mosis II,19.20. Zitiert nach Philo von Alexandria: Die Werke in deutscher Übersetzung, hrsg. von Leopold Cohn, Isaak Heinemann, Maximilian Adler und Willy Theiler, Band 1, [2]1962, S. 302.

18 Andreas Fuchs: Waren die Assyrer grausam? In: Martin Zimmermann (Hrsg.): Extreme Formen von Gewalt in Bild und Text des Altertums, München 2009, S. 65–119.
19 Der hier erwähnte Mefi-Boschet ist nicht gleichzusetzen mit einem Sohn Jonathans gleichen Namens. Diesen verschonte David und gab ihm einen festen Platz an der königlichen Tafel.
20 Armin Lange: Artikel „Qumran", in: Die Religion in Geschichte und Gegenwart, 4. Aufl., Band 6, Tübingen 2003, Sp. 1880.
21 Yigael Yadin: Bar Kochba. Archäologen auf den Spuren des letzten Fürsten von Israel, Hamburg 1971, S. 215.
22 Nat. Hist. V,73.
23 Yigael Yadin: (siehe Anm. 21) S. 217–219.
24 Die ganze Geschichte der Belagerung und Eroberung von Masada wird von Flavius Josephus in seinem Buch „Geschichte des jüdischen Krieges" („Bellum Iudaicum") VII, 252–406 geschildert.
25 Diodor II,48; zitiert nach Diodor's von Sicilien historische Bibliothek, übersetzt von Julius Friedrich Wurm. Erstes Bändchen, Stuttgart 1827.
26 Die islamische Tradition sieht Josefs Grab hier in Hebron. In der Bibel heißt es, Josef wurde in der Nähe von Sichem bestattet.
27 Zitiert nach Alan Millard: Schätze aus biblischer Zeit, Gießen 1986, S. 124.
28 Es handelt sich um eine einzige Toranlage mit hintereinandergestaffelten Pforten, nicht um zwei Tore an verschiedenen Stellen der Stadtmauer, wie es in Khirbet Qeiyafa der Fall ist (siehe Kapitel 27).
29 „Die Fürsten sind hingestreckt und sagen: ‚Friede'. Niemand erhebt sein Haupt unter den Neun Bogen. Tehenu [ein libyscher Stamm] ist verwüstet, Hatti ist in Frieden. Kanaan ist geplündert mit allem Übel, Aschkalon ist weggeführt, Gezer ist gefangen, Jenoam vernichtet; Israel ist verwüstet, sein Same ist nicht (mehr) da, Hurru wurde zur Witwe wegen Ägypten. Alle Länder sind zusammen in Frieden. Die umhergingen, sind unterworfen vom König ... Merenptah." (Zitiert nach F. Rienecker / G. Maier / A. Schick / U. Wendel: Lexikon zur Bibel, Witten ²2015, S. 796.)
30 Siehe Anmerkung 14.
31 Zitiert nach Klaas A.D. Smelik: Historische Dokumente aus dem Alten Israel. Göttingen 1987, S. 26f (übersetzt von Helga Weippert).
32 Für uns klingen die Namen Arsuf und Reschef völlig unterschiedlich. Doch in den semitischen Sprachen sind die Konsonanten entscheidend. S und sch bilden dabei oft denselben Buchstaben. „rsf" ist also der gemeinsame Grundbestand des Götter- und des Stadtnamens.
33 Bellum Iudaicum I, 671–673.

Glossar

Die hier erklärten Begriffe sind im Text des Buches mit einem * markiert.

Ächtungstexte: Aus dem Alten und Mittleren Reich von Ägypten sind beschriftete Tonscherben und -figuren erhalten. Auf ihnen sind Namen verfeindeter Personen, Städte oder Länder aufgelistet. Man nimmt an, dass diese Schriftstücke in besonderen Ritualen zerbrochen wurden, um symbolisch die Macht der Feinde zu brechen. Sie stellen eine wichtige Quelle zu den politischen Verhältnissen in den Nachbarländern von Ägypten dar.

Amarna-Briefe: Der umfangreiche Schatz an Tontafeln, die in Amarna, der neuen Hauptstadt des ägyptischen Pharaos Echnaton, gefunden wurden, geben Aufschluss über die Beziehungen des Nillandes zu seinen nördlichen und östlichen Nachbarn. Die genannten Namen und Verwandtschaftsverhältnisse der jeweiligen Herrscher helfen, ein chronologisches Gerüst zu erstellen, und liefern viele Details. Die Texte in Keilschrift* (bis heute 382 an der Zahl) sind vorwiegend Abschriften von Briefen, die archiviert wurden. Besonders interessant sind solche Verträge, von denen wir die Versionen beider Vertragspartner besitzen.

Apsis, Pl. **Apsiden:** Meistens schließen die Apsiden den lang gestreckten Innenraum einer Basilika* an der Stirnseite ab. Die Form des Halbrundes stammt aus der *exedra* oder *tribuna*, einer Erweiterung des Baukörpers in griechischer und römischer Architektur. Manche Basiliken weisen mehrere Apsiden auf. Fügen sich vier aneinander, entsteht eine Kleeblattform. Eine Apsis diente der Aufstellung von Statuen (oft des Kaisers). In christlichen Gebäuden steht dort der Altar. Die Apsis ist meist mit einer Halbkuppel überdacht.

Astragal, Pl. **Astragaloi:** Spielsteine von antiken Geschicklichkeits- und Würfelspielen bestanden aus Knöchelchen von Schafen, Ziegen oder Rindern. In ländlichen Gebieten Griechenlands und der Türkei wird heute noch mit solchen Steinen gespielt.

Baptisterium: Mit diesem Begriff wurde ursprünglich das römische Kaltwasserbad der Thermen bezeichnet. Die Christen übernahmen ihn zur Bezeichnung eines Taufbeckens und später eines ganzen Taufhauses, das an Basiliken* angebaut wurde. Die ältesten christlichen Baptisterien sind eindeutig für die Taufe von erwachsenen Personen angelegt. Oft führen, ähnlich wie bei den Mikwaot*, Treppen hinein und auf der anderen Seite wieder heraus. Dadurch ergab sich häufig ein kreuzförmiger Grundriss. In manchen Baptisterien ist noch zu sehen, dass auf das ursprüngliche große Becken ein kleineres aufgesetzt wurde, um in einer späteren Phase Säuglinge unterzutauchen. Heute ist in vielen Fällen nur noch der Taufstein erhalten, über dem Kleinkinder durch Übergießen getauft werden.

Basilika: Dieser Bautyp bezeichnete ursprünglich eine Königshalle. Sie wurde für Gerichtssitzungen, Handelsgeschäfte und öffentliche Veranstaltungen benutzt. Die römischen Marktbasiliken dienten im Zuge der Christianisierung als Vorbild für die Errichtung von Kirchengebäuden oder sie wurden umfunktioniert.

Bronzezeit: Siehe **Chronologie**.

Bulla, Pl. **Bullae:** Zur Versiegelung z.B. einer Tür, eines Korbes oder einer Amphore dienten in alten Zeiten Schnüre und ein Tonklumpen, auf den das Siegel* des Besitzers oder der kontrollierenden Macht abgerollt oder gestempelt wurde. Die eingedrückten Zeichen lassen Namen und Bilder erkennen, die eine Einordnung und Datierung sowie Erkenntnisse über den Inhalt des Gefäßes und die religiösen Vorstellungen der Menschen damals zulassen.

Byzantinische Zeit: Siehe **Chronologie**.

Chalkolithikum: Siehe **Chronologie**.

C14-Methode: Die Radiokarbonmethode dient der Datierung kohlenstoffhaltiger Materialien. Geeignet dazu sind organische Teile wie Knochen, Olivenkerne, verkohltes oder konserviertes Holz. Das Verfahren beruht darauf, dass in abgestorbenen Organismen die Menge an gebundenen radioaktiven C14-Atomen gemäß dem Zerfallsgesetz abnimmt. Gute Ergebnisse sind bei sorgfältigen Bestimmungen für einige wenige Jahrtausende zu haben. Die Glaubhaftigkeit lässt zu wünschen übrig, je älter ein Gegenstand sein soll, denn die chemischen und physikalischen Gegebenheiten waren wahrscheinlich nicht so konstant, wie es für eine exakte Altersbestimmung nötig wäre.

Chronologie: Der zeitlichen Einordnung von Funden dient ein chronologisches Gerüst. Dieses ist ein Konstrukt, das sehr viele verschiedene Aspekte berücksichtigen muss und daher ständig in Bewegung ist. Jedes neue Artefakt kann im Prinzip neue Zusammenhänge erschließen und bestehende angenommene Verbindungen infrage stellen. Kommt beispielsweise ein Schriftzeugnis an den Tag, welches in die Familienfolge eines Herrschers einen neuen Namen einsetzt, rückt das ganze System um eine Generation vor. Die Forscher schlagen die Abfolge und zeitliche Einordnung aus der Sicht ihrer jeweiligen Disziplin vor. So entstanden Hunderte verschiedener Zeitstrahlen, die es zu koordinieren gilt. Welcher ägyptische Herrscher regierte zeitgleich mit einem sumerischen Machthaber? Welcher Kriegsherr der Hethiter zog nach Syrien, um gegen welchen Rivalen zu kämpfen? Mit wem wurde eine bestimmte Prinzessin verheiratet? Regierte der Thronfolger schon zu Lebzeiten seines Vaters? Welche wiederkehrende Konstellation von Sternen oder Planeten ist gemeint, wenn sie zusammen mit einem Ereignis erwähnt wird? In der beigefügten Tabelle (s.u.) sind einige grobe Anhaltswerte aufgelistet; dabei werden die gebräuchlichen Begriffe und Zeitangaben verwendet. Das heißt nicht, dass die Abfolge überall klar und eindeutig wäre. Schon während der Bronzezeit beispielsweise war Eisen bekannt, und in manchen Gegenden löste das neue Metall die verwendeten Materialen gar nie ab. Auch heute noch werden Steinwerkzeuge benutzt – schlicht weil sie einfacher zur Hand und günstiger sind. Das Atomzeitalter ist auf der ganzen Welt angebrochen, auch wenn im Verhältnis nur wenige Menschen davon profitieren (wenn überhaupt!).

Die Zeitangaben beziehen sich auf den Vorderen Orient und sollen nur eine grobe Einordnung ermöglichen. Jede Epoche wird vielfältig unterteilt, z.B. „Spätbronze IIB1".

Periode	Zeitraum	Charakteristische Merkmale bzw. Ereignisse
Neolithikum	bis 5. Jt. v.Chr.	Siedlungen überall in Israel
Chalkolithikum	5. Jt.–3000	Kupferbearbeitung auf hohem technischem Standard; Stadtstaaten
Bronzezeit	3000–1200	Vielfältige Keramik, weitreichende Handelsbeziehungen. Die Philister siedeln sich entlang der Küste an; Landnahme Israels unter Josua; Richterzeit
Eisenzeit	1200–586	David und Salomo; Bau des ersten Tempels in Jerusalem; Könige von Israel (Nordreich) und Juda (Südreich); assyrische Heere dringen bis Ägypten vor
Persische Zeit	586–332	Babylonisches Exil; Rückkehr unter persischer Herrschaft; Bau des zweiten Tempels
Hellenistische Zeit	332–63	Eroberungen Alexanders des Großen; Aufteilung der Gebiete unter seinen Generälen; Zeit zwischen den Testamenten; Makkabäer
Römische Zeit	63 v.Chr. – 324 n.Chr.	Römische Provinzen entlang des Mittelmeeres; Herodes erneuert den Tempel; Konstantin der Große führt das Christentum als Staatsreligion ein
Byzantinische Zeit	324–638	Christianisierung unter dem Oströmischen Reich mit der Hauptstadt Byzanz bzw. Konstantinopel
Früharabische Zeit	638–1099	
Kreuzfahrerzeit	1099–1291	
Spätarabische Zeit	1291–1516	
Osmanische Zeit	1516–1917	

Eisenzeit: Siehe **Chronologie**.

Favissa, Pl. **Favissae:** Gegenstände, die in einem kultischen Kontext verwendet wurden, durften nicht einfach weggeworfen, eingeschmolzen oder für den profanen Gebrauch umgenutzt werden. Man bestattete sie rituell in besonderen Gruben, wenn in den Tempeln kein Platz mehr bestand, wenn die Gegenstände alt und brüchig geworden waren oder wenn eine neue Zeit mit einer neuen religiösen Praxis anbrach.

Figurine, Pl. **Figurinen:** Kleine Statuen aus Ton (auch als „Terrakotta", d.h. „gebrannte Erde", bezeichnet) oder Holz stellten Menschen, Götter oder Tiere dar. In manchen Grabungen tauchen sie zu Hunderten oder gar Tausenden auf. Was genau die Besitzer in alter Zeit darin sahen, ist schwierig zu sagen. Manchmal dienten sie als Talismane oder Schutzgeister in den Häusern, standen in Kultnischen, wurden rituell und als Stellvertreter zerstört oder dienten schlicht als Schmuck oder Spielzeug. Warum kaufen heute Touristen allerhand Kram und Kitsch, nehmen ihn von ihren Reisen mit nach Hause und stellen ihn (zumindest für eine kurze Zeit) in ihren Häusern auf?

Glacis: Um eine Verteidigungsanlage zu verstärken, wurden Mauern oder Wälle mit ansteigenden Erdaufschüttungen versehen. Sie sollten Feinde daran hindern, mit ihren Streitwagen oder Belagerungstürmen zu nahe an die Mauer heranzukommen. Tote Winkel wurden vermieden, eine Dekkung war nicht mehr vorhanden. Die Kreuzritter versahen ihre Glacis mit abgeschrägten Bausteinen, die möglichst wenig Halt boten. Gut erhaltene Glacis sind in Cäsarea Maritima zu sehen.

Hellenistische Zeit: Siehe **Chronologie**.

Hippodrom (griechisch) **oder Circus** (römisch): Auf den antiken Rennbahnen wurden Pferde- und Wagenrennen ausgetragen. Zunächst waren keine architektonischen Umfassungen vonnöten. Zwei Zeichen waren zu umrunden. Dadurch ergab sich die elliptische oder ovale Form. In römischer Zeit wurden Zuschauerränge gebaut; es galt dann, die *spina*, eine Mauer, zu umrunden. Herodes der Große liebte diesen Sport offensichtlich, denn in seinen aus dem Boden gestampften Städten und Palästen durfte ein Hippodrom nicht fehlen. Der Film „Ben Hur" zeigt ein historisch recht adäquates Bild solcher Anlagen und deren Benutzung.

Hypokausten: Römische und byzantinische Thermen* verfügten über eine Boden- und Wandheizung. Durch das *praefurnium* wurde der Raum unter (*hypo*) dem Fußboden befeuert. Kleine 30 bis 60 cm hohe Ziegeltürmchen waren im Abstand von 30 bis 40 cm aufgereiht und trugen den Estrich. Die Wände wiesen *tubuli*, Hohlziegel, auf, durch die die warme Luft aufsteigen konnte. Das Beheizen der Thermen verschlang Unmengen von Holz; dies war mit ein Grund dafür, dass riesige Wälder geschlagen wurden, durch Erosion gute Böden verloren gingen und Wüsten entstanden, wie sie heute besonders im Libanon zu finden sind.

Kapitell: Der Kopf einer Säule wurde im Laufe der Zeit und an unterschiedlichen Orten nach bestimmten Vorlagen gestaltet. Dadurch lassen sich Architekturstile und Zeiten erkennen. Die Griechen bauten Tempel mit dorischen (eine Art Kissen, welches das Gebälk trug), ionischen (Voluten* oder Schnecken zu beiden Seiten) oder korinthischen (mit Akanthusblättern versehenen) Kapitellen. Die jüdischen Könige schmückten ihre Paläste mit sogenannten proto-äolischen* Kapitellen, wie sie in Ramat Rachel entdeckt wurden.

Karawanserei: Ummauerte Herbergen entstanden entlang der Karawanenrouten. Reisende fanden dort Übernachtungsmöglichkeiten und Schutz für ihre Tiere und Handelswaren. Meist waren es massive Wehranlagen, die einen quadratischen Grundriss aufwiesen. Der Innenhof wurde von arkadenumsäumten Gebäuden umschlossen. Dort waren Ställe, Läden, Werkstätten, Lagerräume, Gaststätten, auch Bäder und Arztpraxen untergebracht. Die Quartiere der Reisenden befanden sich im Obergeschoss.

Kartusche: Im alten Ägypten wurden hieroglyphisch geschriebene Königsnamen mit einer ovalen Linie, einer Seilschlaufe, versehen. Dadurch sind sie sofort erkenntlich und besonders hervorgehoben.

Keilschrift: Die Schriftzeichen wurden mithilfe eines Keiles oder eines angeschrägten Holzstabes in weichen Ton gedrückt, der dann aushärtete oder gebrannt wurde. Das System durchlief in der jahrtausendelangen Zeit der Verwendung einige Umformungsphasen. Sumerer, Akkader, Assyrer, Babylonier, Hethiter und Perser benutzten die Keilschrift für ihre Korrespondenz, Chroniken, Königs- und Weihinschriften, Lexika, Rezeptsammlungen, Lieder, Göttersagen und vieles mehr. Im Gegensatz zu Dokumenten, die auf vergänglichen Materialien wie Papyrus, Holz oder Pergament festgehalten wurden, überlebten Tontafeln Brände. So blieben in zerstörten Archiven Tausende von Zeitzeugnissen erhalten. Sie beschäftigen bis heute die sprachenkundigen Philologen rund um die Welt. Die speziellen fotografischen Aufnahmen der Tafeln werden nach und nach in digitalen Bibliotheken veröffentlicht.

Keramik: Tonscherben bilden den größten Anteil an den Funden einer archäologischen Grabung. In jedem Schnitt* steht ein farbiger Eimer, dessen Etikett das Datum und den genauen Ort der Funde bezeichnet. Alle Scherben werden gereinigt, gezählt und „gelesen" oder bestimmt. Besondere Teile (als *diagnostics* bezeichnet) wie Kruglippen, Böden und Henkel mit Stempeln werden in den Archiven der Museen aufbewahrt, um sie später mit anderen vergleichen zu können oder Neubeurteilungen vorzunehmen. Manche Gefäße haben die Jahrtausende unbeschadet überstanden, andere können restauriert werden. Die Art, wie die einzelnen Teile eines Gefäßes geformt sind, Bemalung, Dekor, Brandtechniken, Magerung (d.h. die Beimengung von Sand, Stroh etc. zum fetten Ton) und weitere Merkmale helfen bei der Einordnung in ein chronologisches Raster. Vergleiche lassen recht zuverlässige Datierungen zu. Highlight einer Grabung ist der Fund eines Ostrakons*.

Kolumbarium: Taubenschläge dienten dazu, den Tieren Nistplätze anzubieten, um später den Kot als Dünger, Eier und Fleisch als Nahrung oder die Tauben als Opfertiere zu verwenden. Meist wurden Kolumbarien glockenförmig angelegt, damit der Mist nach unten fiel, ohne die anderen Gelege zu beschmutzen.

LiDAR-Mapping: Das *Light detection and ranging-Mapping* ist eine der in der Archäologie verwendeten zerstörungsfreien Untersuchungsmethoden. Dabei werden Laserstrahlen ausgesandt, um in das Erdreich hineinschauen zu können. So ist es möglich, besondere Steinformationen, Hohlräume usw. zu entdecken, ohne den Spaten anzusetzen.

Mikwe, Pl. **Mikwaot:** Die Ritualbäder der Juden sind heute noch in allen lebendigen Gemeinden zu finden. Meist wird ein tief gelegenes Tauchbecken mit Grundwasser versorgt. In der Antike wurden oft Zisternen in Mikwaot umgebaut; sie zeugen von der Besiedelung der Orte durch eine jüdische Bevölkerung.

Nekropole: Das griechische Wort *polis* bezeichnet eine Stadt, *nekros* heißt „tot". Eine Nekropole wurde als Begräbnis- und Weihestätte für die Toten angelegt, meistens außerhalb der bewohnten Gebiete.

Neolithikum: Siehe **Chronologie**.

Nymphäum: In griechischer und römischer Zeit wurden Brunnen oder Quellen mit Heiligtümern für die Nymphen überbaut. Später waren Nymphäen halbkreisförmige, aufwendige und repräsentative Bauwerke mit Wasserbecken und mehrgeschossigen Säulenfassaden.

Osmanische Zeit: Siehe **Chronologie**.

Ossuarium, Pl. **Ossuarien:** Die Knochenkästen aus Ton oder Stein lassen auf die Art der Bestattung und durch ihr Dekor und eingravierte Namen auf die Familienverhältnisse schließen. Wie in Kapitel 9 beschrieben wird, legte die jüdische Bevölkerung Wert auf den Erhalt des Körpers. Leichen wurden einbalsamiert (nicht mumifiziert wie in Ägypten), mit Leinentüchern umwickelt und auf eine Bank in einem Felsengrab gelegt. Um weiteren Platz zu schaffen, wurden die trockenen Knochen gesammelt und in ein Ossuarium verbracht. Seit dem Mittelalter bezeichnet der Begriff Ossuarium ein Beinhaus.

Ostrakon, Pl. **Ostraka:** Beschriftete oder bemalte Tonscherben, auch wenn sie nur von Schülern bekritzelt wurden, geben wertvolle Informationen weiter. Zerbrochene Krüge waren immer und überall billig zu haben und dienten quasi als Notiz- oder Einkaufszettel, als Quittung oder zu Schreibübungen.

Persische Zeit: Siehe **Chronologie**.

Proto-äolisch: Kapitelle* (obere Abschlüsse von Säulen) waren im Laufe der Zeit sehr unterschiedlich ausgeprägt. Die sogenannte proto-äolische Variante (auf der Rückseite jeder Fünf-Schekel-Münze zu sehen) gilt als Marker für die Zeit der jüdischen Könige.

Römische Zeit: siehe **Chronologie**.

Schicht: Die verschiedenen Siedlungsschichten in einer Grabung können an den Stegen, die zwischen den Schnitten* stehen bleiben, abgelesen werden. Sie bilden die Stratigrafie, das vertikale Profil der Straten oder Schichten. In einem Tell* werden manchmal mehr als 20 Schichten unterschieden. Daraus zu schließen, dass die unterste Schicht die älteste und die oberste die jüngste ist, kann zu Missverständnissen führen. Gruben wurden eingetieft, Schätze vergraben, Pfosten eingelocht, die Erosion trug Schichten ab und Lücken entstanden, Wind oder Wasser verfrachteten Sand usw. Eine neue Ebene wird oft durch ein neues Gehniveau oder einen Fußboden, eine Brandschicht, eine Ablagerung von Sedimenten, unterschiedliche Bauweisen, Materialien, Keramik oder sonstige typische Funde markiert. Leider wurden und werden Stratigrafien durch Raubgrabungen massiv gestört. Der Fund landet meist auf dem Schwarzmarkt; sein ursprünglicher Kontext kann nicht mehr hergestellt werden. Die Informationen sind unwiederbringlich verloren.

Schnitt und Tiefenschnitt: Ein Sondier- oder Suchschnitt legt ein lokales Profil. Durch Prospektion und Survey (Begehung) und zerstörungsfreie Untersuchungsmethoden wie Geoelektrik, Geomagnetik, Bodenradar, Bodenwiderstandsmessung und Bohrungen wird ein Erfolg versprechendes Gebiet abgesteckt. Meist werden aneinander liegende Schnitte von 4 × 4 Metern mit einem Abstand von 1 Meter mithilfe von Satellitenortung genau abgemessen und markiert. Jedes Grabungsteam arbeitet sich dann in seinem Quadranten nach unten, die Stege dazwischen bleiben vorläufig stehen. Dadurch werden Transportwege und Zugänge offen gehalten sowie die

Schichten* deutlich. Archäologen sind immer auch zerstörerisch tätig, denn nur durch das Abtragen einer Schicht gelangt man an die darunterliegende. Ein Tiefenschnitt zieht sich durch alle Schichten idealerweise bis zum gewachsenen Felsen oder bis in nachweislich fundfreie Schichten.

Siegel: Heute wird der Besitzer einer Sache oder die Berechtigung des Zugangs mithilfe von Pin-Codes, Fingerabdrücken, Unterschriften, Spracherkennung etc. festgestellt. Früher trugen Handelsherren, Herrscher, Verwalter und andere Amtsträger an einer Schnur ein Roll- oder Stempelsiegel oder einen Siegelring mit sich. Zeichen wurden in Stein oder Fritte (ein Glasprodukt) eingeschnitten. Die meisten Skarabäen* stellen Stempelsiegel dar. Die Art der Herstellung, das Dekor, die Schrift, die Form und das verwendete Material zeigen die Herkunft, die Zeit und den Zweck eines Siegels. Die Millionen von gefundenen Siegeln und ihre Abdrücke bieten wertvolle Informationen, vor allem, wenn sie aus stratifizierten (siehe **Schicht***), offiziellen archäologischen Grabungen stammen.

Skarabäus: Der Pillendreher oder Mistkäfer galt den alten Ägyptern als ein Symbol der Schöpferkraft und des Lebens. Die Dungkugel, die solche Tiere vor sich herrollen, wurde in vielen Darstellungen zur Sonnenscheibe. Geschnitzt oder gegossen aus Basalt, Granit, Steatit, Granat, Amethyst, Jade, Alabaster, Lapislazuli, Fritte, Silber und Gold dienten Skarabäen als Amulette (besonders bei der Mumifizierung) und Siegel*. Die Unterseite war mit Hieroglyphen und symbolischen Darstellungen dekoriert. Ihr Aussehen unterlag im Laufe der Zeit einer Entwicklung, und so konnten Typologien festgelegt werden, nach denen eine Einordnung in ein zeitliches und geografisches Raster möglich ist.

Spachtel: Das persönliche Werkzeug eines Archäologen und einer Archäologin wird in einem Lederhalfter am Gürtel getragen. Die dreieckige Maurerkelle ermöglicht ein genaues Arbeiten, Schaben, Aufnehmen von Funden, Abglätten und vieles mehr.

Spolie: Bauwerke wurden früher nicht unter Denkmalschutz gestellt. Sobald ein Ort oder Bauwerk verlassen oder erobert war, benutzte man das Baumaterial, um es den neuen Bedürfnissen entsprechend wiederzuverwenden. Säulentrommeln, Steinquader, Bodenplatten, auch Ehrentafeln, Gebälkteile und Dekorelemente wurden oft in hastig errichtete Verteidigungsanlagen integriert. Manchmal „versteckte" man – aus christlicher Sicht heidnische – Bilder, indem einfach die Unterseite nach oben gekehrt wurde.

Stele: Ein bearbeiteter, aufgerichteter Stein, oft mit Inschriften oder Reliefs. Im heutigen Gebrauch werden auch Informationstafeln so bezeichnet.

Stratigrafie: siehe **Schicht**.

Tell, auch **Tel** oder **Tall:** In grauer Vorzeit suchten sich die Menschen oft niedrige Erhebungen aus, um darauf ihre Wohnstätten zu errichten. Geschah dann irgendein Unglück, Krieg, Brand, Erdbeben oder eine andere Naturkatastrophe, fielen die Häuser ein. Die Überlebenden oder die nächsten Bewohner machten sich meistens nicht die Mühe, den Schutt abzuräumen, sondern ebneten den Boden ein, um darauf neu zu bauen. So erhöhte sich mit der Zeit der Hügel. Manche Tells weisen mehr als 20 Siedlungsschichten auf. In Israel, Jordanien, Syrien und den Ländern Mesopotamiens sind sehr viele solche künstlichen Erhebungen zu finden; manche warten noch auf ihre Erforschung.

Tempel: Im Unterschied zu Wohnhäusern und öffentlichen Gebäuden werden Bauten, die als Anbetungsort oder Heiligtum dienten, als Tempel bezeichnet. Damit sind aber nicht nur griechische oder römische mit Säulen und Bildern geschmückte Gotteshäuser gemeint. Eine Ziegelzikkurat in Mesopotamien, ein Lehmhaus mit kultischem Inventar, eine Steinhütte, vor der ein Altar steht, und andere Strukturen markieren einen Unterschied zu profanen Gebäuden. Oft wurde ein Bezirk (als *temenos* bezeichnet) durch eine Mauer oder sonst eine Begrenzung abgeschieden, abgeschnitten oder eben als „heilig" erklärt. Archäologen bezeichnen manchmal allerdings voreilig Gebäudereste als Tempel, weil darin vielleicht ein Weihrauchständer, eine Stele* oder in seltenen Fällen ein Götterbild gefunden wurde. Der Sachverhalt ist oft nicht eindeutig und muss mit Vorsicht betrachtet werden. In Bezug auf Jerusalem wird das unter Salomo auf dem Tempelberg errichtete Gebäude als erster Tempel bezeichnet. Nach dem Exil in Babylon bauten die zurückgekehrten Juden den zweiten Tempel am selben Ort. Dieser wurde dann von Herodes dem Großen renoviert und prächtig ausgebaut. Er bestand bis in das Jahr 70 n.Chr. und wurde von den Römern zerstört. Heute beherrscht der Felsendom, ein islamischer Schrein, den Platz.

Terrakotta: Siehe **Figurine**

Thermen (immer im Plural): Der Begriff wird vor allem für römische öffentliche Badeanlagen verwendet. Sie dienten nicht nur der Reinigung, sondern auch der Schönheitspflege, der Kommunikation, dem Zeitvertreib, der Bildung (viele Thermen verfügten über große Bibliotheken) und der sportlichen Betätigung mit einem Außenschwimmbecken und anderen Anlagen. Im *apodyterium* wurden die Kleider abgelegt, dann betrat der Besucher das *caldarium*, den Heißbaderaum, mit einem meist recht kleinen Becken. Wer Lust hatte, konnte im *sudatorium* zusätzlich schwitzen. Der Übergang zum kalten Bereich wurde durch das *tepidarium*, einen Raum mit milder Wärme, erleichtert. Dann ab ins *frigidarium,* ins kalte Wasser. Dort konnte man sich auch einölen und massieren lassen. Ein Besuch der *palaestra*, des Sportplatzes, diente der körperlichen Ertüchtigung oder man schwamm einige Runden in der *natatio*. Thermen verfügten natürlich über Latrinen (Toilettenanlagen). Sie boten auch Ärzten ihre Praxisräume.

Tonfigurine: Siehe **Figurine**.

Volute: Die Bezeichnung für die Schneckenform der ionischen und protoäolischen Kapitelle* leitet sich vom lateinischen *volutum*, „das Gerollte", ab. Die Ägypter benutzten für diese Verzierungen stilisierte offene Lotosblütenkelche.

Zisterne: In unterirdischen Behältern wurde Trink- und Nutzwasser gesammelt und gespeichert. Meist wurden Zisternen in den Felsen gehauen und mit wasserfestem Mörtel ausgekleidet. Ausgeklügelte Systeme leiteten das kostbare Nass von Hausdächern und Straßenpflastern hinein. Mit der Zeit lagerten sich Sedimente am Grund ab, aber auch mancher Fundgegenstand und „Abfall" fand seinen Weg dorthin. So bilden Zisternen wertvolle Fundgruben für die Archäologen.

Zweiter Tempel: Siehe **Tempel**.

Bildnachweis

Seite 13 oben: Christan Walker © Israelarchiv Alexander Schick / www.bibelausstellung.de

Seite 21 und 22: © Israelarchiv Alexander Schick / www.bibelausstellung.de

Seite 23: Stefan Wörner © Israelarchiv Alexander Schick / www.bibelausstellung.de

Seite 9: Prof. James Charlesworth © Israelarchiv Alexander Schick / www.bibelausstellung.de

Alle übrigen Bilder: © 2005, 2010, 2015 Gunther, Hanna und Kis Klenk